麥爾坎·葛拉威爾

Malcolm Gladwell

Revenge of the Tipping Point

鄭煥昇、黃佳瑜　譯

OVERSTORIES, SUPERSPREADERS, AND THE RISE OF SOCIAL ENGINEERING

小事件如何燎原成大災難？

暗黑引爆點

獻給伊迪、黛西和凱特

各界讚譽

▼劉奕酉，《看得見的高效思考》作者

我們曾以爲資訊愈多、科技愈進步，我們就能愈自由。但葛拉威爾毫不留情地指出一個令人不安的現實：在這個敘事被工業化、情緒被演算法精準投放的時代，眞正的自由其實愈來愈稀少。

葛拉威爾在本書中拆解了「大背景故事」如何打造群體情緒的燃點，也揭露那些看似中立的資訊背後，其實早已藏著操控的邏輯與目的。這不只是一本談傳播效應的書，更是一封寫給我們這個「被故事駕馭」世代的警告信。

身爲長期觀察敘事與品牌戰略的人，我認爲這本書最值得省思的，是它提醒了我們：唯有重新學會獨立思考與覺察，才能在這場資訊洪流與情緒操控的時代，找回屬於自己的選擇權。

▼**艾瑪．戈德堡**（Emma Goldberg），**《紐約時報》**

在本書中，各種引人注目的理論層出不窮，就像葛拉威爾的Podcast《修正主義者歷史》一樣……顛覆了《引爆趨勢》中的概念，轉而探討推動負面流行現象的力量，這些力量在他看來，更符合我們當下的時代氛圍。

▼**法蘭西絲卡．比林頓**（Francesca Billington），**《歐普拉日報》**

嚴謹的研究搭配風趣的筆觸，這是葛拉威爾的忠實讀者，以及對當代社會關鍵問題與危機起源感興趣的讀者必讀之作。

▼**亞歷克斯．塔普史考特**（Alex Tapscott），**《紐約郵報》**

充滿趣味與啟發性的軼事……本書讓人不禁思考起葛拉威爾的理論，並引發更多疑問……這本書探討個人如何利用權力與影響力，來塑造我們作爲群體或整個社會所認知的集體敘事，進而引導政策與觀點。

▼**茱莉亞．M．克萊因**（Julia M. Klein），**《洛杉磯時報》**

葛拉威爾在對學術研究的巧妙整合中，加入了新聞調查的好奇心、精煉的寫作風格，以及對反直覺觀點的掌控。他經常從一個謎團出發，尋找能夠闡明問題的案例研究與概念，從而稍微或徹底地改變我們對世界的理解。

▼**法蘭克．羅斯**（Frank Rose），**《華爾街日報》**

葛拉威爾爲我們帶來了一種互動式的非虛構敘事，類似於偵探故事……本書基本上在提出質疑，爲何我們會曾經如此輕易相信，任何像病毒般傳播的事物可能是有益的。在第一本書中，我們認識了「少數原則」、「定著因素」和「環境力量」，而現在則有了「大背景故事」、「超級傳播者」和「社會工程」……《引爆趨勢》封面上那根優雅的火柴，如今已經燃燒起來。

▼**香農．卡林**（Shannon Carlin），**《時代雜誌》**

這是讀者期待已久的續作，延續了葛拉威爾西元二〇〇〇年開創性的處女作《引爆趨勢》，探討定義當代社會動盪時代的關鍵時刻……充滿好奇與幽默。

▼《經濟學人》

葛拉威爾擅長說故事，且寫作時充滿強烈的好奇心，每個發現都讓他和讀者一樣興奮……本書提供了一個機會，讓我們得以審視他的成功以及批評者的觀點。

▼《書單》

一場精闢而振奮人心的文化評估，探討文化如何成功或失敗……葛拉威爾巧妙地展示了對統計數據與資料點的關注如何影響企業、學校或社區。

▼《科克斯書評》（星級評論）

深思熟慮、謹愼敘事……葛拉威爾精煉並深化他和我們對風俗、習慣與行爲傳播的理解，強調那些關鍵的故事脈絡，並以曲折離奇的故事加以說明。

目次

第一部 三道謎題

第二部　社會工程

第三部 大背景故事

第四部 結語

作者的話

二十五年前，我出版了我的第一本書，書名是《引爆趨勢》。當時的我在紐約曼哈頓的切爾西區有一間小公寓，我會坐在遠遠能瞥見哈德遜河的書桌前，利用出門上班前的早晨，日復一日地寫。由於我此前是個寫書的小白，所以具體該怎麼做，我並沒有一個很清晰的概念。我就是懷著這麼一種混雜了自我懷疑與過分幸福的心情在那兒動筆，就跟每個初次寫書的作者大同小異。

「《引爆趨勢》以立傳的方式詳述了一個概念，」我就這樣開始，「一個非常簡單的概念。」

話說我們想理解時尚趨勢的崛起、犯罪浪頭的漲落或諸如此類，想了解沒沒無聞的書籍如何一躍而成爲暢銷榜首，或是吸菸如何興起於青少年之間，口碑發酵是什麼樣的現象，乃至於各式各樣其他謎樣的變遷是如何充斥在我們的日常生活中，最好的辦法就是將之想成一種流行病。觀念、產品、訊息與行爲的擴散，其實就與病毒無異。

《引爆趨勢》出版於二〇〇〇年春，而我打書之旅的頭一站，是在洛杉磯一家小小獨立書店裡舉辦的朗讀會。現場就來了兩個人，一個是與我素昧平生的路人，再來就是我一個朋友的媽媽——而不是我的朋友（我已經原諒她了）。我對自己說，**好吧，好歹也算是出過書，解鎖成就了**。但我太快下定論了！《引爆趨勢》就像書中描述的流行病一樣，進入了成長期——剛開始是慢慢地，然後突然拔腿狂奔。就這樣，到了平裝本問世時，《引爆趨勢》已經一腳踏進了**時代精神**裡，在那當中有了一席之地。該書在《紐約時報》的暢銷榜上盤踞了數年，還成了比爾·柯林頓（Bill Clinton）口中「大家都在講的那本書」。Tipping point，也就是「引爆點」一詞，成為了流行語的一員。我常開玩笑說這個詞已經在我的墓誌銘上訂好了位子。

你問我《引爆趨勢》是如何引起讀者的共鳴？我也不清楚。但如果要我猜的話，我會說是因為那是一本充滿希望的書，一拍即合地遇上了一個充滿希望氣氛的時代。新的千禧年已然到來，犯罪與社會問題如自由落體般下降，美蘇冷戰也已不再。我在書中針對如何促進正向的改變，提出了一套方案——也就是如副書名「小改變如何引發大流行」所言，找到辦法去讓小事情觸發大改變。

二十五年，不是一段短暫的時間。想想現在的你跟四分之一個世紀前的你，有多麼不一樣。我們的想法會改變。我們的品味會改變。我們對某些事情的關心會與日俱增，對另一些事情的關心會隨風而逝。這些年來，我不時會回顧起自己在《引爆趨勢》中寫過的東西，然後邊看邊納悶自己當年是怎麼能寫出這樣的東西。我光是講《芝麻街》與《妙妙狗》（*Blue's Clues*）這兩個兒童電視節目，就寫了一整章？我是從哪兒蹦出來的靈感？我那時家中甚至都還沒有小孩。

我後續寫成了《決斷2秒間》、《異數》、《以小勝大》、《解密陌生人》與《失控的轟炸》，並創立了名為《修正主義者歷史》（*Revisionist History*）的Podcast節目。我與所愛的女人定了下來，有了兩個孩子，埋葬了我的父親，重拾跑步的習慣，剪掉了我的頭髮。我賣掉了切爾西的公寓，搬出了紐約城。有個朋友與我合夥成立了名為普希金實業（Pushkin

Industries）的Podcast節目暨有聲書公司。我養了一隻貓，並將牠起名叫「大個小子」。[1]

你知道看著照片裡許久以前的自己是什麼感覺嗎？當我這麼做時，會認不太出來照片裡的人是誰。於是我有了一個點子，適逢出版二十五週年之際，把《引爆趨勢》翻出來舊地重遊，或許會挺有趣，因為我可以用一雙截然不同的眼睛，去重新檢視自己很久以前寫出來的東西：在《引爆趨勢》二·〇裡，一名作家將會重返當年初出茅廬、少年得志的現場。

惟隨著我再次將自己沉浸到社會流行病學的世界裡，我意識到我並不想重新走一遍自己在《引爆趨勢》裡走過的路，那個世界在我的眼裡，已經太不一樣了。在《引爆趨勢》裡，我介紹了一系列原則來協助我們理解，構成這個世界的各種突如其來的行為變遷或觀念變遷。我依舊認為那些觀念是有用的；但現在的我懷抱著不同的問題，而且我發現我對於社會流行病學在許多事情上，仍存在著不了解。

在為這本新書做準備，重讀《引爆趨勢》的過程裡，我發現自己每隔幾頁就會停下來把

1 Biggie Smalls，黑人饒舌歌手聲名狼藉先生（The Notorious B.I.G.）的小名。

心自問，這邊是怎麼一回事？我怎麼會沒把那一點寫進去？我發現在內心深處的某個角落，我從來沒有真正停止跟自己辯論，我一直都在思考著該如何解釋跟理解引爆點會更好，乃至於引爆點的種種謎團。

所以我用一張全新的白紙，再次站上了起點。而《暗黑引爆點》就是我繳出的答案卷：一組全新的理論、故事與主張，講述了觀念與行為是遵循著怎樣一種怪誕的路徑，貫穿我們的世界。

引言

被動語態

「也被牽扯上了……」

1

主席女士：我想問你們最後一個問題，而且我想從妳先開始，——醫師。妳願意爲了……向美國民眾道歉嗎？

某群政治人物召開了一場聽證會討論某種流行病。三名證人收到了傳票前來。此時正值疫情高峰，眾人開的是虛擬會議，所有人都在家中，背景不是書櫃就是廚櫃。訴訟程序已經進行了一個小時，我暫且隱匿各種有辨識性的細節，因為此刻我只想專注在討論會議中的發言內容：當中的遣辭用句，乃至於其背後的意圖。

一號證人：我很樂意爲他們所承受的痛苦，以及他們家庭所經歷的悲劇，向美國民眾道歉——我想，在稍早的開場白中，我就已經這麼表示過了。這原本就是我想做的事。

一號證人是一名七十多歲的女性。嬌小、白髮，一身黑色衣著。會議剛開始時，她有點手忙腳亂，因為她似乎不太知道怎麼使用麥克風的靜音按鈕。但此刻，她依舊顯得手足無措。這不是她習慣的場面。她出身優渥，為了自己的某種行為被人針鋒相對，顯然不是她生命中談得上常見的場景。她那副時髦的眼鏡，看著好像隨時都會從鼻頭滑落。

一號證人：我也非常氣憤。我很氣在——上班的某些人做了違法的事。我因爲二〇〇七年的事就很氣憤，而二〇二〇年的今天，我又再一次感到憤怒。這——這——我覺得這——

主席女士：我知道妳感到生氣。對此我深表遺憾，但那並不是我們尋求的道歉。妳對有人承受的痛苦道了歉，但妳從不曾爲妳在——危機中所扮演的角色道歉。所以我再問妳一次，妳願不願意爲了妳在——危機中所扮演的角色道歉？

一號證人：對於這個問題我已經苦惱很久了。這些年來，我一直在捫心自問。我始終努力想搞清楚的是，當年——或就此刻來說，我能不能以過去而非現在所知，想到什麼不一樣的做法。但我必須說，我想不到——以我當時的認知與理解，以及根據管理層給董事會的報告所獲知的內容，加上我從董事會上的同事那裡所耳聞的，我想不出自己還能有什麼別的做法。這讓我感覺非常煎熬。讓我感覺——

主席女士看向二號證人。他是黑衣女士的親戚：一名年輕人，精心打理過，看起來乾淨整齊，身穿西裝並打著領帶。

主席女士：——先生，你願意爲你在——中扮演的角色道歉嗎？

二號證人：我呼應我表姊方才所言。

會有人期待這些證人承認他們是某場流行病的始作俑者嗎？多半不會。律師大軍顯然已經在事前傳授他們自保的技藝。然而，他們撇清責任時的那種自以為是，暗示著另外一種可能性：他們還沒有接受自己的罪人身分，抑或他們是以自己也搞不懂的方式，啟動了某種急遽惡化失控的東西。

一個小時過後，事情來到了關鍵的瞬間。調查委員會的另外一名成員——我們姑且稱他為政治人物——將目光投向三號證人。

政治人物：——醫師，——公司裡有沒有哪位高層爲該公司的行爲坐過一天的牢？

三號證人：據我所知沒有。

沒有哪個證人覺得自己有任何責任，然而，分明也沒有哪個其他人認為他們需要負這個責任。

政治人物：主席女士，人們會直覺對這家公司的所作所爲感到憤慨，但我們的政府放任了這樣的企業胡作非爲、違法亂紀，最後還能全身而退，就什麼責任都沒有嗎？

政治人物看向年輕的二號證人。他所屬家族的公司剛與政府取得協議，就一系列的刑事指控達成和解。他一度是董事會成員，也是該企業帝國的預定接班人。

一號政治人物：——先生，做爲與司法部和解的條件，你是否必須對造成美國的危機承認有任何不當行爲、法律義務或責任？

二號證人：不，我們沒有這種約定。

一號政治人物：你是否曾做爲這場調查的一部分，針對你在這些事件中的角色接受過美國司法部的面談？

二號證人：沒有。

一號政治人物：對於造成美國身陷這場有如惡夢般的——危機，你是否承認自己有任何責任？

二號證人：嗯，雖然我相信等完整紀錄公諸於世後，社會大眾會知道我們家族與公司董事會都採取了合乎法律與倫理的行動，但我願意在此承擔深切的道義責任，因爲雖然我們問心無愧且已經竭盡所能，但我認爲我們的——產品，確實被牽扯上濫用與成癮問題，並且——

被牽扯上。

二號政治人物：你剛剛說「被牽扯上濫用」，用的是被動語態，那代表出於某種原因，你與你的家族並沒有意識到這當中，究竟發生了什麼……

把三小時又三十九分鐘的聽證會錄音全部聽完後，有幾個字會在你的腦中揮之不去：**被動語態**。

2

二十五年前，在《引爆趨勢》中，我很著迷於一種概念，即在社會流行病裡，小事情可以引發大改變。我發想出了各種規則去描述社會傳染的內在運作：少數原則、環境力量、定著因素。我主張流行病的法則，可以用來促進正向的改變：降低犯罪率、教會孩子閱讀、遏止吸菸。

「看看你周遭的世界，」我寫道，「你可能會感覺那是一個八風吹不動、也無從勸說的地方；但實則不然。只要你輕輕一推——重點是要推對地方——天秤的平衡就會打破。」

在《暗黑引爆點》裡，我想討論的是，我在多年前探索過的那些可能性裡頭，究竟有什麼陰暗面。如果這個世界可以輕輕一推就產生變動，那麼那個知道推哪裡跟什麼時候推的人，就會彷彿大權在握。所以那些人是誰呢？他們在打著什麼主意？又是在使用什麼樣的技巧？在執法的世界裡，「鑑識」這個概念指的是，針對某樁犯罪行為的起源與範疇去進行調查，具體來說，就是想知道案件對應的「理由、嫌犯、後果」。按照這個道理，《暗黑引爆點》就是打算進行一場鑑識調查，對象則是社會流行病。

在後續的章節裡，我會帶各位去幾個景點：在邁阿密一處神祕的商辦大樓裡，有著一群非常奇怪的租客；在波士頓的萬豪酒店，有一場大走鐘的高管度假會議；一座看似完美無缺的城鎮白楊林（Poplar Grove）；加州帕羅奧圖（Palo Alto）的一條死胡同。接著再從那兒出發，前往你聽過或沒聽過的一些地方。我們會去調查提供華德福教育體系[1]的學校有什麼奇怪之處，會去見一位長期遭到忽視的毒品戰士保羅．E．麥登（Paul E. Madden），會去了解一九七〇年代一齣改變了世界的迷你電視影集，會去認識讓你眉毛忍不住挑起的哈佛女子橄欖球隊。這些案例的共通點是裡面的人——也不知道是故意或不小心，是懷著善意或壞心——用他們的選擇，改變了某種傳染性現象的走向與輪廓。同時，在每一個案例裡，這些人為干預都帶出了我們必須回答的問題跟我們必須解決的難題。這就是引爆點的**復仇**：我們用來打造美好世界的同一批工具，也可以被拿來對我們不利，正所謂水能載舟、亦能覆舟。

而後，在本書的尾聲，我想要利用我們從這一個個案例中所汲取的教訓，去講述一號、二號與三號證人的**真實**故事。

一號政治人物：我們有一封來自北卡羅萊納州一名母親的信件……她失去了她二十歲

的孩子，從此一直走不出來。她說：「那是一種太過強烈的痛，一種我承受不了的痛。我簡直不知道該用什麼樣的心情活下去，只能過一天算一天。」

——先生，我想要在此列出我們收到的每一則故事，我希望你個人能對這些故事做出回應。

二號證人開了口，但沒有聲音傳出。

一號政治人物：我聽不見，他開了靜音。

證人手忙腳亂地操作著他的電腦。

二號證人：我很抱歉……

1 Waldorf，華德福是創立於一九一九年的一種所謂「人智學」（人類智慧學）教育體系，非宗教機構，但有其一定的基督宗教色彩，算是一種體制外的非主流教育體系。

這是他今天首次真心道歉，為了忘記取消麥克風的靜音功能。他接著說：

我深感同情、難過與痛心的是，像——這樣一個用來幫助人的產品，一個我相信已經幫助過千百萬人的產品，也被牽扯上您所講述的那些故事。對此，我有說不出的遺憾。同時，我知道我們整個家族也都有同感。

也被牽扯上。

是時候針對流行病進行一場嚴肅的對話了。我們必須承認自己在流行病的創造中，所扮演的角色。我們必須不諱言自己試圖以各種幽微且時而隱晦的手段，操控這些流行病。面對圍繞在我們身邊的各種狂熱與傳染病，我們需要嚮導。

PART

1

三道謎題

第一章

卡士柏與C狗

「那就像是野火燎原，所有人就這樣往遊戲中縱身一躍。」

1

一九八三年十一月二十九日，時間剛進入午後，美國聯邦調查局的洛杉磯調查站接到一通電話，打來的是美國銀行（Bank of America）位於梅爾羅斯區（Melrose District）的分行。接起電話的是ＦＢＩ探員琳達・韋伯斯特（Linda Webster）；她是調查站裡負責所謂2-11案件，也就是「銀行搶案通報」的探員。剛剛有銀行被搶了，她在電話裡被告知。嫌犯是一名年輕的白人男性，頭戴紐約洋基隊的棒球帽，身材纖瘦，很有禮貌，操南方口音，打扮講究。他把**請**跟**謝謝**都掛在嘴上。

韋伯斯特望向她的同事威廉・瑞德（William Rehder），他是聯邦調查局本地銀行搶案部門的主管。

「比爾，[1]是洋基佬。」

洋基大盜從那年的七月起，就在洛杉磯四處犯案。他搶了一家又一家銀行，每次都用皮製的公事包裝著幾千塊美元後，逃之夭夭。瑞德的挫折感愈來愈重。這人到底是何方神聖？偌大的聯邦調查局，僅有的線索是他戴著頂洋基隊棒球帽。他的綽號——洋基大盜或洋基佬——就是這麼來的。

半個小時過去。韋伯斯特又接到一通代號2-11的報案電話。這回來電的是西邊十六個街區外的一家城市國家銀行（City National Bank），位置在費爾法克斯區（Fairfax）。他們被

1 威廉的暱稱。

搶走了兩千三百四十九美元，來電者向韋伯斯特提供了細節。她望向瑞德。

「比爾，又是洋基佬。」

四十五分鐘後，洋基佬先是找上了一家位於世紀城（Century City；一個商業區）的安全太平洋國家銀行（Security Pacific National Bank），接著又馬不停蹄地步行了一個街區，在街道另一頭搶了第一州際銀行（First Interstate Bank）兩千五百零五塊美元。

「比爾，是洋基佬。兩場搶案，背靠背連著來的。」

一個鐘頭不到，電話再度響起。洋基佬又跑到威爾榭大道（Wilshire Boulevard）搶了一家帝國銀行（Imperial Bank）。如果你從世紀城開車去威爾榭大道的帝國銀行，聯邦調查局的調查站正好是必經之地。

「他多半有跟我們揮手打招呼，」瑞德這麼告訴韋伯斯特。

這下子，他們有心理準備了。這是歷史性的一刻，他們靜候著。洋基佬能否繼續出手並得手呢？五點三十分，電話響起。一位不知名的白人男性——纖瘦、南方口音、洋基球帽——剛成功行搶西諾區（Encino）的第一州際銀行，位置就在往北車程十五分鐘處的四〇五號高速公路旁，銀行損失了兩千四百一十三元。

「比爾，是洋基佬。」

一個人。四個鐘頭。六家銀行。

「那創下了世界紀錄，」瑞德日後在他的回憶錄中寫道，「至今仍未被打破。」

2

沒有哪種罪犯能在美國文化中享有如此崇高的地位，除了銀行搶匪。在美國內戰後的那些年裡，這個國家被像詹姆斯—楊格幫[2]這類搶匪的功績所吸引，他們透過劫持銀行和搶劫火車把西部荒野搞得人心惶惶。在經濟大蕭條時期，一堆銀行搶匪成了名人：鴛鴦大盜邦妮

2 James-Younger gang，詹姆斯與楊格都是姓氏，詹姆斯是著名的傑西與法蘭克・詹姆斯兄弟（Jesse & Frank James），楊格則以一家四兄弟為主。

與克萊德、[3]約翰・迪林傑、[4]「漂亮男孩」佛洛伊德。[5]但在二戰告一段落後，這類犯罪似乎淡出了人們的視野。

一九六五年，全美總共有八百四十七家銀行被搶——這個數字其實不算高，畢竟美國是一個幅員遼闊的國家。當時就有人猜測銀行搶劫案可能會走向滅絕，少有重大犯罪會像銀行搶劫案一樣有這麼高的逮捕率與定罪率。銀行認為他們已經學會了如何保護自己。一九六八年，一份權威的銀行搶劫研究報告名為〈無可損失〉（Nothing to Lose），意思是這種搶劫行為看似如此不理性，以至於其犯罪者肯定已是走投無路，將一切都豁出去了。這看起來就像是偷牛賊穿越到二十世紀的現代，這年頭還偷牛？會不會太老套了一點？

但就在這個時候，一款流行病跑了出來。從一九六九到一九七〇單單一年內，銀行搶案的數量就近乎翻倍，然後在一九七一年又再度上升，一九七二年第三次上升。到了一九七四年，遭搶的銀行總數共有三千五百一十七家。一九七六年，這項數據變成四千五百六十五家。一九八〇年代開端，銀行搶劫的數目已經不下一九六〇年代尾聲的五倍。這種程度的銀行搶劫熱潮，稱得上史無前例，而且，這還只是起頭而已。一九九一年，聯邦調查局接獲的2-11銀行報案電話，全美加總起來共有九千三百八十八通。

而這股驚人浪潮的核心就是洛杉磯市。

那些年，美國有**四分之一**的銀行搶案都發生在洛杉磯。有些年頭，聯邦調查局的洛杉磯調查站得處理多達兩千六百件銀行搶案——搶匪之眾、被搶的銀行之多，瑞德與聯邦調查局不得不幫他們起綽號，免得搞混：用外科紗布偽裝自己的那個人，成了「木乃伊」；作案只戴一只手套的那位（很合理地）成為了「麥可．傑克森大盜」；[6]一組戴著假八字鬍的雙人搭檔成了馬克斯兄弟；有個矮矮胖胖的搶匪是「豬小姐」；有名頗具幾分姿色的搶匪是「美國小姐大盜」；還有個拿把刀揮舞的搶匪被稱做「紅花鐵板燒大盜」（Benihana）。[7]這東西

3 Bonnie and Clyde，亡命鴛鴦的代表性二人組，故事曾被拍成電影《我倆沒有明天》，英文片名就是《邦妮與克萊德》。

4 John Dillinger，1903-1934，出身黑幫，多次搶劫銀行並不止一次越獄成功，讓警方傷亡慘重，生涯極具傳奇性，被某些人奉為現代羅賓漢。

5 “Pretty Boy” Floyd，本名查爾斯．亞瑟．佛洛伊德（Charles Arthur Floyd，1904-1934），據說會在搶劫過程中順便燒掉民眾的抵押證明，因此獲得不少讚譽，後遭圍捕者擊斃。

6 這位上世紀八、九〇年代的流行樂之王，習慣在表演時只戴一只白色手套。

7 日本人在美國開的連鎖鐵板燒。

說起來真的沒完沒了：有搶匪被取名為美國歌壇名人強尼·凱許（Johnny Cash）與好萊塢男星勞勃·狄尼洛（Robert DeNiro）。還有三人一組的搶匪——其中一個打扮成重機騎士、一個打扮成警察、一個打扮成建築工人；可別跟我說你不知道他們的外號是什麼，那是一九八〇年代的事，他們是探員口中的「村民」。[8]

「**那就像是野火燎原，**」彼得·胡拉漢（Peter Houlahan）這名鑽研洛城銀行搶案大爆發的非官方歷史學者回憶道，「**所有人就這樣往遊戲中縱身一躍。**」

搶案數暴增十年後，事情很神奇地沒有好轉就算了，反而還大幅惡化。局勢每況愈下的觸發關鍵，是一個由兩人組合帶頭的犯罪集團，叫做西山雙煞（West Hills Bandits）。初代的洛城搶匪就像洋基佬：他們會走到出納員的面前，告知他們有槍，搜刮對方手上的現金，隨之轉身就逃。有些民眾因而帶些不屑地說他們是在「傳紙條」。但西山雙煞回歸了傑西·詹姆斯（詹姆斯—楊格幫的靈魂人物）跟邦妮與克萊德所代表的傳統大場面。他們會旋風似地衝進來，假髮與面具一應俱全，手上揮舞著攻擊性武器。他們會硬闖入收納員被護欄圍住的工作區內，清空整家銀行的錢——盡可能把金庫一掃而光——然後才開始執行精心計畫的脫逃。西山雙煞在聖費南多谷（San Fernando Valley）挖了一處地堡，裡頭有滿滿的軍用武器，以及二萬七千發彈藥，為他們的首腦認為即將到來的世界末日做準備。即便以一九九〇年代的洛城標準來看，西山雙煞幫也有些瘋狂。

在他們的第五場劫案中，西山雙煞闖進了某家富國銀行（Wells Fargo Bank）位於塔扎那（Tarzana）的金庫，搶走了四十三萬七千美元——以今天的幣值來計，超過一百萬美元。而富國銀行犯下了一個致命的錯誤：該銀行一五一十地將西山雙煞幫搶走的金額，告訴了媒體。這消息之於外圍的搶匪而言，豈不等同於在乾柴上點火。**四十三萬七千美元？你是在跟我開玩笑嗎？**

首先注意到這則消息的傢伙，是一個想幹一番大事業的羅伯・薛爾頓・布朗（Robert Sheldon Brown），時年二十三歲的他，人稱卡士柏。卡士柏撥了撥算盤，「我搶過劫、我闖過空門、我什麼都幹過一點，」他後來解釋說，「但那些錢跟搶銀行都沒得比。你只要走進一家銀行，花個兩分鐘，就能到手你在外頭得摸爬打滾六、七週才能得到的金錢。」

8 Village People，創立於一九七〇年代的美國合唱團，其成員特色會分別裝扮成警官、原住民酋長、工地工人、軍人、重機騎士與牛仔，《ＹＭＣＡ》是他們最為人知的代表作。

約翰．懷利（John Wiley）做為最終將卡士柏繩之以法的其中一名檢察官，還記得他是何等地「出類拔萃」。「卡士柏真的很放蕩，但腦筋也真的很好。」懷利這麼說：

> 他經過一番思考後，覺得搶銀行有個最大的問題，就是你得親自進入銀行，所以他找了人代替他。你會想說，**你去哪兒找願意代你搶銀行的人啊？**這就是他才華過人之處了……他就是有本事招募到人去替他搶銀行。而且他一招還不是一兩個人，那人數多到讓你不敢置信……用好萊塢的概念去比喻，他就像是一名電影製作人。

卡士柏有一個犯罪同夥，唐澤爾．湯普森（Donzell Thompson），外號C狗（C-Dog）。他們會挑好一家他們認為是肥羊的銀行，接著找來一輛黑幫術語叫做「G車」的脫身用車——G是getaway的字首。在一九九〇年代初期，洛杉磯經歷了意想不到的劫車案大爆發——這件事傳到了媒體那裡，變成洛城街上亂象頻仍，不時會有大亂鬥的另一項獨立指標。但其實那當中有很大一塊，都是卡士柏與C狗搞的鬼。他們花錢找了個人，專門替他們準備好G車。要是你也像卡士柏一樣有那麼多家銀行要搶，你自然會需要很多輛車子。卡士柏最後要挑選的，就是組員。對此，懷利檢察官也補充說：

很多他手下的搶匪都只是孩子。我在想，他們當中的一些人恐怕連一毛錢也沒有拿到。他只是恐嚇他們，逼著他們去搶劫。他是個塊頭很大，看上去很恐怖的傢伙。你要知道，他可是滾動六十的一員，而滾動六十幕後可是窮凶極惡的瘸幫。[9]

懷利記得有一名代搶者「非常年輕」——可能只有十三、四歲。

我記得他把那孩子從學校裡拉出來問：「你什麼時候有空去幫我搶個銀行？」那小伙子回：「營養零食時間[10]應該可以吧。」於是他們算準了營養零食時間去學校接他，然

9 瘸幫（Crips）是南加州的大幫派，而滾動六十（Rolling Sixties）是地痞流氓，類似瘸幫的分堂。

10 Nutrition break，美國中學會設立一些特殊的下課時間，讓學生到校園食堂攝取蔬果等健康零食，好補足青少年飲食失衡的狀況。

後由布朗和〔C狗〕向他解釋銀行是怎麼個搶法。你進去，把所有人嚇到半死，拿錢，閃人。

卡士柏向他的子弟兵傳授了一種名為「神風特攻隊」的技巧。他的娃娃兵會憑著一股氣勢闖進銀行，揮舞著手中的衝鋒槍跟突擊步槍，朝天花板射個幾發，然後大吼幾句髒話：「趴在地上，他媽的混帳東西！」他們會把能找到的所有現金塞進枕頭套，搜刮皮夾，甚至扯下女人手指上的戒指，作為臨走前的額外戰利品。

在至少兩場劫案中，卡士柏「借用」了校巴接駁他的年輕手下到安全之所；還有一次，他借用了一輛郵局卡車。卡士柏會運用**想像力**模擬犯案。他會在街區的遠處停好車，以管理者之姿，從安全處監控計畫的執行，然後跟著其精選的團隊在大街小巷狂飆。

「這些傢伙知道他們不用想要捲款潛逃，因為他們後面會跟著那兩名瘸幫分子，」懷利說，「而那兩個人可不會讓叛徒好過。」

脫逃用的G車會被拋棄，整個行搶小組會撤退至卡士柏的藏身處，通常是在某間汽車旅館。他會在那兒支付少得可憐的酬勞，然後讓行搶者滾蛋。那些人都還只是乳臭未乾的屁孩——有很高的機率會被逮；但卡士柏一點也不在乎。懷利形容他的態度是：

我是說，好吧，那當然不是好消息。我的人被抓了，我們得再去找新人。不過我們本來就一天到晚在找新人。

就這樣短短四年，卡士柏就以「製作人」之姿搶了**一百七十五家銀行**，至今仍是銀行搶案史上的世界紀錄，而他之前的紀錄保持人正是搶了七十二次的洋基大盜。卡士柏與C狗甚至差點成功挑戰洋基大盜的單日六搶高牆。一九九一年八月的某天，他們兩人就一手包辦了五場搶案：拉辛恩內加大道上的第一州際銀行、然後是鷹岩、帕薩迪納、蒙特瑞公園與蒙特貝洛的四家銀行。還有別忘了，洋基大盜是自導自演的個人秀，而卡士柏所企劃執行的場面要比洋基大盜難不知多少倍：他組織並監督著成群的劫匪。

有了卡士柏讓世界見識到占領銀行有多輕而易舉，其他匪幫也全跑來共襄盛舉。瘸幫的附隨組織八三兄弟（Eight Trey Gangster）開始招兵買馬；一個叫做「夠嗆少年」（Nasty Boys）的二人組劫掠了將近三十家銀行，前後花不到一年的時間——就只靠他們兩個。這兩個夠嗆少年……是真的**很嗆**：他們喜歡把所有人質集中在金庫裡，大聲嚷著要將人處刑，然後在人質的耳際開槍取樂。

「回過頭來看，銀行搶案在一九九二年達到了最高峰。光是一年內就發生了兩千六百四十一件。」懷利說。

這麼算起來，就是銀行有開門的日子，平均每四十五分鐘會發生一起搶案。最糟的時候是一天內有二十八家銀行遭殃。聯邦調查局簡直快被逼瘋了。我是說，他們被搞得疲於奔命。

搶個銀行就是幾分鐘的事情，但調查銀行搶案卻得花上幾小時。由此隨著搶案堆積成山，聯邦調查局根本無從追趕。

一天二十七件搶案擺在你面前，一組人一天搶個五家，我就問誰有那個鐵打的身體去悉數調查完。這些傢伙飆著車在市區裡穿梭，光是要在洛城的車流中跟上他們，就是一大難題。好不容易趕到銀行，你知道一件搶案有多少目擊者嗎？嗯，銀行裡有多少人，你知道嗎？二十個人。那你就要做二十人份的筆錄，這可是大工程。

然後，當你捲起袖子才要開始，就又有事發生了？

沒錯，你到達現場才不過五或十分鐘，市區某個角落就又傳出有人搶銀行的緊急事件。聯邦調查局就是這樣被操傻的。

當時的洛杉磯堪稱世界級的銀行搶案之都。「你完全看不到這亂象的天花板。」懷利接著說。他秀出一張洛杉磯從一九七〇年代到一九九〇年代的銀行搶案走勢圖，「看著這趨勢線，似乎都可以藉著它順勢登上月球了。」

聯邦調查局讓五十名探員去辦這案子。在以月為單位的漫長時間裡，他們針對被卡士柏與C狗恐嚇的搶案集團成員蒐集了大小線索，層層分析了卡狗二人是用何種詐術隱藏他們的資產，並追蹤了他們在南洛杉磯一處又一處的藏匿地址。他們忙到地老天荒，也沒能讓大陪審團同意起訴卡士柏與C狗，究竟他們做了什麼犯法的事嗎？沒有。他們沒親身搶過一家銀行。他們只是坐在街道另一頭的某輛車子裡。聯邦調查局能拿出來的，不過是一些空口無憑的證詞，而這些證詞的提供者，不過是趁午餐與課休時間蹺課溜出來，一群被嚇壞了的少年。

最後，檢察官認為他們蒐羅的證據足夠了。他們在C狗位於卡爾森（Carson）的祖母家找到了他，當場逮捕了正要從計程車下來的卡士柏。這兩個指標性人物一落網，洛城風聲鶴唳的銀行搶劫潮總算無法繼續猖狂：大約一年不到，市內的銀行搶案數便大降三成，這樣的趨勢就此一路往南。銀行搶案並沒有成功登月，狂潮終成過往雲煙。

二〇二三年夏天，卡士柏與C狗步出聯邦監獄，並隨即前往好萊塢兜售他們的生平。在一場場與電影公司的會議上，製片人與影壇高層都不敢相信他們聽到了什麼：這種事能發生在**洛杉磯**？

欸，還真可以。

3

在《暗黑引爆點》的開篇，我想提出一系列的謎題——三個互有關聯，但乍看之下莫名其妙的故事。第三個故事，將牽涉到一座名為白楊林的小鎮；第二個故事，會牽涉到一個名為菲利普・艾斯弗梅斯（Philip Esformes）的男人。而此處的第一章，牽涉的則是洋基大盜跟卡士柏與C狗二人組的各種「豐功偉業」。

發生在洛杉磯一九九〇年代初期的銀行搶案危機，是一種流行病。它符合流行病的所有規則。這並不是從一名名搶匪體內爆發出來的疫情，不像牙痛的概念；這應該是一種傳染病的概念。美國先是在一九六〇年代尾聲染上了一場輕度發燒的小感冒。一九八〇年代，洋基大盜在洛杉磯也被感染到，後來，西山雙煞也染上了這種病毒，在他們手中，它產生突變，變得更為黑暗與暴力。他們又將這種新的病毒株傳到了卡士柏與C狗身上，而卡狗二人則將之重新發想，外包了勞動、狠狠地放大了行事規模，就像二十世紀末的資本主義者那樣。從此，這種傳染病就在洛杉磯肆虐起來——以八三兄弟與夠嗆少年為起點，一發不可收拾，席捲了數以百計的年輕男性，直到搶銀行的熱潮在洛城盛極一時。洋基大盜年代小家子氣的「傳傳紙條」，在那時已成為若有似無的遙遠回憶。

社會流行病的推動力，源自於推波助瀾的少數特例——有些人會在社會上扮演起被破格放大的角色，產生無比的影響力——洛杉磯的搶案一瀉千里，完全就是這麼一回事。這從來不是什麼眾人「共襄盛舉」的事件，這跟大城市的馬拉松會有成千上萬人來報名參加，有著本質上的不同。這是一小撮人一搶再搶、搶了又搶後，所營造出的現象級亂象。洋基大盜在最終被聯邦調查局逮到前的九個月裡，搶了六十四家銀行；他坐了十年牢，出獄，**然後又搶了八家銀行**。夠嗆少年搶了二十七家銀行。卡士柏與C狗以主謀之姿籌劃了一百七十五場搶案。只要聚焦於洋基大盜、卡士柏與夠嗆少年，你就能頗完整地一窺洛杉磯在一九八〇年代與九〇年代初，都發生了些什麼樣的事情：一款具有感染力的現象興起，然後像骨牌一樣一路往前倒，其動力來源是少數人的誇張行徑。「卡士柏，」懷利說，「就是超級傳播者，要是你喜歡流行病的比喻。」

一九八〇年代與九〇年代初期的時代背景特別適合銀行搶案的爆發嗎？答案是肯定的。從一九七〇年代到一九九〇年代末，美國的銀行搶案數量翻了三倍。對卡士柏與C狗而言，搶銀行就跟甕中捉鱉一樣輕鬆簡單。

一九八〇年代末與九〇年代初的銀行搶案熱潮會橫掃洛杉磯，道理上完全說得過去——除了一件事。

那是個謎題。

4

一九五〇年三月九日清晨，威利．薩頓（Willie Sutton）起床並化了個大濃妝。前一日晚間，他將頭髮染淡了好幾個色階，以至於此刻他幾乎是金髮狀態，為此，他打算幫自己搭配一款橄欖色的膚色。他往眉毛塗上睫毛膏，讓眉毛看起來更濃密。他往鼻孔塞進了小塊的軟木塞，讓鼻翼顯得更寬。最後，他穿上一套灰色的西裝，剪裁合身並加了襯墊，以改變他的身形輪廓。他相當滿意自己看起來已是另一個人。威利．薩頓離開了他位於紐約史坦頓島的住家，前往皇后區的桑尼塞（Sunnyside），在位於紐約市第四十四街與皇后大道的交叉口，有一家製造商信託公司（Manufacturers Trust Company）。

之前的三個星期，薩頓每天早上都站在對街，為的就是觀察並熟稔該信託公司員工的例行事務與作息。他對於觀察所得很是滿意。對街有一座高架的地鐵站，一處公車站，還有一個計程車候車處。街道上熙來攘往，而人多這一點也很合薩頓的心思。公司的警衛是個慢郎中，姓威斯頓（Weston），就住在附近。他會在每天早上八點半，手握正看得聚精會神的報紙到班。在八點半與九點之間，他會放公司的同事進門，壓軸的會是準時得像鬧鐘的霍夫曼先生（Mr. Hoffman），也就是天天都在九點零一分出現的公司經理。製造商信託公司對外營業時間是上午十點——這比大多數銀行晚許多。這點對薩頓而言又是加分項：他把第一名員工抵達跟第一位客人抵達之間的時間，視為「他的時間」，而在此例中，「他的時間」會是一個半小時。

八點二十分，薩頓混入了在等公車的人群。幾分鐘後，沉浸於報紙魔力中的警衛威斯頓繞過了轉角。接下來，趁著威斯頓掏出鑰匙開門當下，薩頓溜到了他的身後，回過身來的威斯頓大吃一驚。薩頓直視著威斯頓的雙眼，壓低聲音說道：「往裡走，我有話跟你說。」

薩頓並不是「槍迷」，槍枝之於他只是道具。他真正的武器是在低調中，讓人不得不聽他說話的氣場。他對警衛解釋了接下來的流程。首先，他們會放薩頓的一名同謀進來；然後，其餘的製造商信託員工仍會獲准進入公司，與平日的作息沒有任何不同。重點是，每進來一名員工，薩頓的同謀就會跳出來抓住他們的手肘，領他們到事先準備好的一排椅子上坐下。

「控制住銀行後，」薩頓在多年後的回憶錄中寫道——此時的薩頓已經出名到回憶錄可以出續集，彷彿他是什麼必須對歷史的來龍去脈有所交代的政治家。

真正的重點不是誰走進了門內。有一回，我在占領賓州一家銀行的時候，一行三人的油漆工意外地跑來湊了熱鬧，而我只是叫他們攤開防滴到地板的布，照常去上工。「就你們領的那麼多錢，銀行可經不起讓你們在那兒閒待著不做事。銀行都買了保險，會理賠正宗搶匪造成的損失，但他們可沒買保險對付你們這種薪水小偷。」整個搶劫過程裡，我都開著話匣子，聊著要是我們銀行搶匪有跟他們一樣強悍的工會，這會兒我早就退休享清福了。大夥兒都聊得挺盡興，事實上，等我們帶著錢走出銀行時，他們已經把其中一整面牆都漆好了。

薩頓的魅力強得嚇人。那天早上，製造商信託公司的員工們有意識到大名鼎鼎的威利．薩頓在搶劫他們嗎？那當然。他們魚貫進入了會議室，一個接著一個。「大家別擔心，」他對眾人喊話，「我就是要錢而已，而且又不是你們的錢。」九點零五分，比平常晚了四分鐘的霍夫曼經理抵達公司了。薩頓讓他坐了下來。

「我話說在前頭，別給我惹麻煩，不然你在這裡的一些同仁就要挨子彈了，我希望你對這點不要懷有任何錯誤的想像。話說你或許可以把自己的命給豁出去，但別忘了這裡這麼些員工，他們的幸福安康可也是你的責任。他們要是有什麼三長兩短，千夫所指的可是你，不是我。」

這是在虛張聲勢，想也知道，問題是這招每次都奏效。他從金庫裡撈了筆錢，不疾不徐地出了公司大門，鑽進待命的接應車輛，然後消失在紐約市的交通之中。

威利．薩頓就是紐約版的卡士柏——只不過這麼說，稍微對威利．薩頓有點失敬就是了。主要是卡士柏即便在擔任銀行搶案幕後首腦時的最高峰，也沒什麼知名度，甚至於他被捕後的審判過程，也沒在新聞報導裡引發太大風波。但威利．薩頓可就不同了，薩頓就是個名人。他交往的女性是小明星，他本身是易容大師，他先是大膽地逃獄一次，然後又逃了第二次。有回，他被問起：「你搶銀行做什麼？」而他的回覆是：「因為錢就在那兒。」後來他否認說過這樣的話。但直至今日，他這句看似是廢話的金句仍以「薩頓定律」之名傳世，並被用來教導醫學院學生一件很重要的事：診斷病人時，一定要優先考慮可能性最高的病因。[11]好萊塢將他的生平拍成了一部電影，還有作者把他的故事寫成了一部傳記小說。以今天的幣值來算，他宣稱自己的行搶生涯共進帳兩千萬美金。真要報稅，卡士柏跟他不會在同一個級距（當然身為銀行搶匪，他們都沒做過這種事啦）。

重點是，若有人能啟動一種搶銀行的流行病，你心目中所想的那個人選應該會是威利・薩頓。你比較能想像得出紐約市那些愛跟風的犯罪者——看著「絲滑威利」（Slick Willie）毫不費力地溜進某銀行分行，一槍未開就帶走一大筆錢——對自己說：**這我也辦得到**。在流行病學中，有一個術語叫做「指標案例」（index case），指的是啟動流行病的頭一個人。（我們會在本書後面介紹到一名近代史上很勁爆的指標案例。）威利・薩頓理應是銀行搶案熱潮的指標案例，對吧？畢竟，他可是將這種進到銀行裡叫人手舉起來別動的髒活兒，變成了一門藝術。

但威利・薩頓並沒有啟動紐約市的銀行搶案流行病——在他當打之年的一九四〇與五〇年代不曾，在後來他回憶錄出了一本又一本的年月裡也沒有。一九六九年，靠一張嘴走出監獄後（他宣稱自己健康出了問題，出獄後又活了十一年），薩頓為自己打造了一款新人設，一名獄政改革專家，並以此身分在全美各地演講。他給那些想預防搶案的銀行當起了顧問，

11 不過薩頓在否認這麼說過後，又補了一句話，大意是如果真有人這樣問過他，他應該就會回答「因為錢就在那兒」，畢竟那是再顯然不過的答案了。

甚至幫信用卡公司拍了一支電視廣告，首創在信用卡上放照片的設計：「他們管這叫**臉卡**。這下子我說**我是威利．薩頓**，人們終於不再懷疑我了。」這些做法有讓全世界都想要變成威利．薩頓嗎？顯然沒有。在卡士柏的活躍期，紐約市的搶案為患也不過是洛杉磯的零頭。

流行病，顧名思義就是一種眼裡沒有邊界，該傳染就會傳染的現象。當COVID-19在二〇一九年首見於中國時，流行病學專家擔心的是它會天涯海角地四處傳播，結果證明專家們的擔心完全沒錯。但在銀行搶案的例子裡，這種熱潮在生吞活剝了洛杉磯之餘，卻完全跳過出了洛杉磯的其他每一座城市。這該做何解釋呢？

這就是三道謎題裡的第一道。而它的答案得從醫師約翰．溫伯格（John Wennberg）一項著名的觀察說起。

5

一九六七年，剛完成醫學訓練的菜鳥醫師溫伯格在佛蒙特州找到了一份工作，成為了所謂「區域醫療計畫」（Regional Medical Program，簡稱ＲＭＰ）裡頭的一員。當時正值號稱

「偉大社會」（Great Society）年代，美國政府整體動員起來企圖擴大美國的社會安全網，而RMP就是當中一項由聯邦資助的項目，旨在提升美國境內醫療照護的水準。溫伯格負責的，是巡迴佛蒙特州紀錄醫療服務品質，藉此確保民眾獲得的治療都能維持在同等的標準。

年輕的他充滿理想，並曾在約翰霍普金斯大學（Johns Hopkins University）一些醫界翹楚的手下學習醫術。這樣的溫伯格來到佛蒙特州時，他還對「科學不斷地有所進展，且正持續被合理地轉化為有效醫療這個普遍定論」深信不疑。

佛蒙特州轄區有兩百五十一座市鎮。溫伯格首先根據在地居民在何處取得醫療照護而對這些社區進行了劃分。由此，他將佛蒙特州劃分為十三個「醫院區」，接著一區區統計起當地的醫療預算支出。

溫伯格預設的想法是在佛蒙特州某些偏遠的邊角地帶，即所謂的窮鄉僻壤區域，醫療支出會比較低。以此類推，他認為在較為富裕的社區如伯靈頓（Burlington）——該州第一大城暨佛蒙特大學與尚普蘭學院（Champlain College）所在地，那兒有州內最新穎的先進醫院，醫師也更多是來自聲譽卓著的一流醫學院——相關支出金額應該會稍微高一些。

他錯得離譜。確實，不同醫院區域之間存在著醫療花費的差異，但那些差距並不小。事

	佛蒙特州米德伯里	新罕布夏州蘭道夫
社經特質		
白人	98%	97%
在佛蒙特或新罕布夏土生土長	59	61
在當地居住滿二十年或以上	47	47
所得水準低於貧窮線	20	23
有健康保險	84	84
會去固定的地方就醫	97	99
慢性疾病水準		
盛行率	23%	23%
過去兩週曾活動受限	5	4
去年度臥病在床超過兩週	4	5
就醫管道		
一年內有就醫紀錄	73%	73%
就醫後的醫療使用率		
每一千人出院人次	132	220
每一千人術後出院人次	49	80
每名登錄者的聯邦醫療保險[12]B部分給付	92	142

實上，那些差距不是普通的大，而且還不按牌理出牌。按照溫伯格的說法，那些差距「既不押韻也不講道理」，比方說，在某些地區，切除痔瘡的手術比起其他地區多出五倍。手術切除增大的前列腺，經由子宮切除手術摘除子宮，或盲腸炎發作進行開刀切除的機率，在某些地區是其他地區的三倍。

「就統計結果來看，差異性可說是無所不

在。」溫伯格說。「譬如說，我們一家住在斯托（Stowe）與沃特伯里（Waterbury）之間。我的小孩上學是去十英里外，道路另一頭的沃特伯里學校系統。但要是我們家坐落在往北大概再一百碼（約當九十公尺）左右，那他們就得去上斯托的學校系統。在斯托，七成小孩都在十五歲之前切除了扁桃腺，而這個比例在沃特伯里只有兩成。」

這一點道理都沒有。斯托與沃特伯里都是風光明媚的小鎮，兩處都是一堆飽經風霜的十九世紀建築，沒有誰認真覺得誰更見過世面，或是更加被某種迥異的醫療意識形態所掌控。這並不是因為斯托吸引了一種人，而沃特伯里吸引了另一種截然不同的人。這些人基本上是同一種人——除了一件事，那就是沃特伯里的孩子傾向於保留扁桃腺，而斯托的孩子們則不然。

這下子溫伯格傻眼了。難道他誤打誤撞碰上了專屬於佛蒙特小鎮的某種奇特屬性嗎？他決定把分析範圍擴大到新英格蘭的其他區域，然後就佛蒙特州的米德伯里（Middlebury）與新罕布夏州的蘭道夫（Randolph）進行了比較（見右圖）。請比較一下前十列的數據：這兩

12　美國醫療安全網粗分為聯邦醫療保險（Medicare；老人健保）與聯邦醫療補助（Medicaid；窮人健保），其中前者的給付又可分為A、B、C、D四部分，B部分主要為非住院的醫療補貼。

座城市簡直是雙胞胎，接著再看倒數三列的數據。我的天啊，在蘭道夫，醫生們以一種咖啡因過量的狂熱態度行事：他們揮霍無度，將目力所及的蘭道夫居民全都抓來住院跟開刀。但米德伯里呢？米德伯里是另外一個不同的世界。

溫伯格將他的發現稱之為「小區域差異」（small-area variation），並在全美各地都找到了相關的證據。一開始只是佛蒙特小鎮被觀察到的奇特現象，最後變成了一則鐵律——在溫伯格被自身發現嚇了一跳的半世紀後，這項定律仍歷久彌新地顯示：在許多情況下，你的醫生如何對待你，與他在哪裡受的專業訓練、或他在醫學院的成績良窳、又或是他有著什麼樣的個性無關，至少不及**他住在什麼地方**來得有影響力。

「地方」這件事為什麼影響這麼大？小區域差異最簡單的解釋是醫生對病人有求必應。所以，舉個相對單純的醫療事件為例：在病人死前的最後兩年中，醫師曾去探訪過他們幾次。二〇一九年，這種事件的全美平均值是大約五十四次。但只看明尼亞波里斯，這個數字就要低上許多：三十六次。但你可知道在洛杉磯的數據是多少？答案是一百零五！**同樣是在病榻上奄奄一息，洛杉磯的醫生來看你的次數是明尼亞波里斯醫生的三倍**。

這個差別不是大，是非常大。這是因為剩一口氣的明尼亞波里斯鄉親跟斯堪地那維亞人一樣，能咬牙苦撐，還是因為洛杉磯的人瑞們更黏人、更好意思開口嗎？答案好像並非如此。含溫伯格在內的一眾學者們發現，小區域差異並非源於人們希望醫生怎麼做，而是**醫生想對他們的病人做些什麼**。

所以，醫生為什麼會有這種換地方就換腦袋的狀況呢？單純是錢的關係嗎？或許是那種積極治療對醫生來說有利可圖的保險，在洛杉磯賣得特別好的關係。嗯，事情的緣由好像也不是這樣。[13]

難道這一切都只是偶然？畢竟醫生不是神，他們也是人，而既然是人，大家就會各有各的想法。也許洛杉磯就那麼剛好，聚集了一堆執業風格特別積極的醫師，而明尼亞波里斯就恰好找不太到這種醫師。

13　這種狀況牽涉到術語中所說的「付費者組成」（payer mix）。一座城市裡，若百分百的民眾都買的是「實支實付」（fee-for-service）的保險，醫師每做一件事就可以領一次錢，跟另外一座城市裡百分百的民眾買的都是「管理式照護」（managed care）保險，醫院與醫師能領到的給付都是固定金額，那兩座城市的醫療模式肯定會截然不同。惟洛杉磯的付費者組成並未迥異於其他大城市。

並不是！

真正的**隨機**，應該是幹勁超強的醫師要分散在全美各地，然後每年的分布以某種模式起起伏伏。真正的**隨機**，應該是每家醫院都有不同的醫師組合，如同抽樣似地反映著不一而足的行醫理念。會有某位史密斯醫師不厭其煩地一次次割掉扁桃腺，也會有一名瓊斯醫師每每都會刀下留扁桃腺，另有一位麥當諾醫師會介於兩者之間依個案行事。但多年前的溫伯格並沒有看到這種隨機分布。他看到的是醫療人員的大團結，同一個院區裡的醫生都採取同一陣線，就好像他們都感染了同一種思維病毒。

「那是一個物以類聚的謎題，」強納生・史金納（Jonathan Skinner）這位達特茅斯大學（Dartmouth University）的經濟學家如此表示，他的另一個身分是溫伯格研究工作的繼承人。「那就像是，好吧，不同的醫生有不同的看法……人們對怎樣做會有效都會發想出不同的看法……但問題是，就平均而言，是什麼因素導致同區域裡的某些醫師施以同樣的作法？

「難道是那兒的水有什麼蹊蹺？」

小區域差異就此成為了醫學研究人員的一種執念，並以此為題寫成了各種書籍。學者們將之做為研究標的，但真正有趣而令人不解的是，何以同樣無法解釋的差異模式，會在醫療**以外**的世界冒出頭來。關於這點，容我在此舉個案例。

加利福尼亞州有一個公共資料庫，裡頭紀錄的是州內所有中學裡的七年級生，有多少比例的學生注射了建議接種的疫苗：天花、麻疹、腮腺炎、德國麻疹、小兒痲痺等諸如此類。迅速掃一眼這張（落落長的）清單，看起來似乎非常直接了當，加州絕大多數公立學校的孩子都把疫苗打好打滿。那私立學校的孩子又如何呢？私立學校規模往往小一點，行事更有個性一點。所以那當中會存在差異性嗎？讓我們來看一眼。[14]

14　這些統計數據是出自二〇一二到二〇一三學年。二〇一五年，加州立法禁止因「非醫學」理由豁免學童注射疫苗。換句話說，如果你想理解華德福學校的家長——在沒有政府干預的狀態下——怎麼照顧孩子的健康，你就得去看二〇一五年前的資料。

這是自舊金山以東，康特拉科斯塔郡（Contra Costa）的若干私立小學中，隨機挑選出的疫苗接種率。

聖浸信約翰小學——百分之百

艾爾索布蘭提基督教學校——百分之百

康特拉科斯塔猶太日間學校——百分之百

以此類推，康特拉科斯塔郡有一大堆私立學校，而且那兒的家長似乎都鐵了心，堅決保護他們的孩子遠離疾病的感染。

聖蓓蓓——百分之百

錫耶納的聖加大利納——百分之百

但且慢，怎麼有所學校不太合群。

東灣華德福——百分之四十二

百分之四十二是怎樣？碰巧嗎——穩定模式下的偶發變異？

我們來看看艾爾多拉多郡（El Dorado）的私立學校是什麼狀況，它就按字母順序排在C開頭的康特拉科斯塔郡下方。

金色山丘學院——百分之九十四

聖三一學校——百分之百

然後，等著瞧喔：

雪松泉華德福——百分之三十六

我們來試試洛杉磯。大部分的中等學校，如同在加州各地的其他中學一樣，都有著百分之九十到百分百的高接種率。但凡事都有例外，那就是遠在洛城西邊的高級社區太平洋帕利塞德（Pacific Palisades）裡的一所學校。

西城華德福——百分之二十二

假使你從未聽說過華德福學校的話，它們是奧地利教育家魯道夫·斯坦納（Rudolf Steiner）於二十世紀初發起的一種運動。簡單講，華德福學校有三個特色：規模小、學費貴、聚焦所謂的全人學習——他們追求的，是去開發學生的創意與想像力。全球範圍內，有幾千所華德福學校——大部分是幼稚園與小學——其中，加州有大約二十四所。同時幾無例外地，加州城鎮裡只要有華德福學校，那麼當地疫苗接種率最低的就會是……華德福學校。[15]

譬如索諾馬郡（Sonoma County）：

聖文生德保祿小學——百分之百

林康谷基督教學校——百分之百

索諾馬郡日間學校——百分之九十四

聖尤金天主教學校——百分之九十七

聖蘿絲學校——百分之百

桑默菲爾德華德福學校——百分之二十四[16]

加州兩度在二〇一〇年代中期爆發麻疹大流行——其中一次還源自迪士尼樂園。這兩

15 不是沒有學校的未接種率不下於華德福體系的學校，但就是鳳毛麟角。

16 算是為有好奇心的讀者服務，以下是加州其他一些華德福學校的數據。

橘郡華德福學校——百分之四十四

沙加緬度華德福學校——百分之四十六

聖地牙哥華德福學校——百分之二十

舊金山華德福學校——百分之五十三

聖塔克魯茲華德福學校——百分之六十

塞拉華德福學校——百分之五十八

場疫情導致許多人認為加州存在著疫苗懷疑論這個問題，但這種看法並不正確。再看一眼那些疫苗接種率百分之百的學校，你會發現加州境內有疫苗接種問題的，其實是自成一格的一個個小區——譬如有家長鍾情於某品牌的教育體系，而把孩子送到極為特定的小學就讀。約翰．溫伯格能一眼辨認出這個模式。疫苗接種懷疑論，就是小區域差異。

這是關於社會流行病的第一課。當看到一個傳染性事件時，我們會假設其採取的路徑中存在某種狂野不羈的東西。但洛杉磯的銀行搶案流行病，或是沃特伯里對比斯托的醫師行醫模式，乃至於華德福學生家長的教育理念，那裡頭都沒有任何狂野不羈的東西。不論是什麼樣具感染性的觀念把這幾個例子裡的人們團結起來，那觀念都很有規矩地知道要在其社區的邊界停下腳步。所以說，一定有一組規則埋藏在其表面下的某處。

而這，就帶我們看到了第二個謎題。

第二章

邁阿密風雲

「他會抽根大麻雪茄，然後在八點到——比方說——中午之間，他會洗錢洗個上百萬美元。」

1

法官大人，站在你面前的我，是個謙卑而破碎的人……我已經失去了我心愛跟在乎的一切……我毀掉了我的婚姻。我讓孩子身上留下了疤痕，我那三個可愛的孩子。我讓我年邁的父母承受了無法撫平的傷痛。這一切都只能怪一個人，那就是我。

二〇一九年九月十二日。聯邦法庭。陪審團針對一起在美國史上名列前茅的聯邦醫療保險大型詐騙案，判決菲利普．艾斯弗梅斯有罪。這會兒被告正在向法官求情。

我從二〇一六年七月二十二日被羈押以來，已經瘦了超過五十磅。比起從前，我現在就是皮包骨而已。我的腳血液循環不良。我的膝蓋腫了。我染上了皮膚病。我已經超過三十七個月沒有曬到太陽。

美國政府對艾斯弗梅斯的老人療養院體系，發起了為期數年的調查。審判進行了近八週。陪審團聽到的庭審內容包括賄賂、假發票、回扣、洗錢、兩百五十六個獨立的銀行帳戶，還有一些見不得光的醫師。他最心腹的同事戴著竊聽器，蒐集了數小時的錄音證據，當中盡是艾斯弗梅斯指揮他龐大詐騙帝國的內情。

這些錄音檔裡的我是個不擇手段也要走上歹路的壞人，是個人在福中不知福，不懂得珍惜的傢伙，還是個不守規矩，自以爲高於法律的混蛋。我願意爲自己的所作所爲負起責任。

然後他掉下了眼淚。

2

有朝一日會有某個人，把艾斯弗梅斯的案子拍成一部很棒的電影。好萊塢歷來想要的東西，本案裡一應俱全。首先艾斯弗梅斯本身就不可多得——曬得黝黑的皮膚與媲美電影明星的俊美，完全是保羅．紐曼[1]的翻版。他開的是一部一百六十萬美元的「馬王」——法拉利的Aperta跑車，手上戴的是價值三十六萬美元的瑞士名錶，東西兩岸飛來飛去搭的是私人

1 Paul Newman，1925-2008，美國七〇年代的代表性型男明星，一九六九年以電影《虎豹小霸王》竄紅，隨後的《往日情懷》與《刺激》也都是叫好又叫座的影史經典。

噴射機。陪審團聽聞了他在豪華酒店房間裡私會的許多美女，他動不動就會來一陣的狂叫，他在天沒亮前打的一通通電話，以及他對於把現金稱為「義大利寬麵」的堅持。他被形容為「有強迫症」跟「多半有躁鬱症」，一個「整天整夜電話打個不停的人，讓人為他到處奔波，他把人逼瘋，他對人能多不客氣就有多不客氣，身邊的大小事都可以抱怨」的男人。

連他**己方**的一名律師都這麼說。

菲利普．艾斯弗梅斯會遵守安息日不工作的戒律，然後等午夜十二點一過，宗教的禁令一解除，他就會跑去自家的療養院，再三確認一切事情都有按照他的意思在運作。他有兩個兒子，其中大兒子明明沒什麼運動細胞，卻被他設定要成為大學籃球明星。去YouTube上搜一下，你會看到他個頭嬌小的兒子在影片裡努力進行訓練，旁邊還有許多專業教練跟訓練員在盯場。

「你很難相信他把自己的孩子逼到什麼程度，」艾斯弗梅斯的律師雷．布萊克（Roy Black）說道，「那就像是一支全職的專業團隊。」布萊克接著說：

我是說，他有著異常的執著。他會跟著他們一起上路巡迴。而且他訂飯店都是找那種附近有猶太會堂的地方，如此他們就可以在星期六步行過去聚會。孩子們生活中哪怕是一點點細節，他都會抓在手裡，因爲他就是那樣的人。他就像是……

布萊克暫停並試著尋找貼切的字眼：「直升機爸媽[2]已經不足以形容他。這傢伙是他媽的整個空軍。」

布萊克是名身經百戰的律師，漫長職涯中，他代表過的被告不乏三教九流的毒販、詐騙犯、洗錢專家、江湖郎中，但即便如此，見多識廣的他，似乎也受不了菲利普・艾斯弗梅斯。「我是說，（菲利普）他想要把辯護策略抓在手裡，而我們自然沒有任由他胡來。他不知道為什麼繃得那麼緊。」布萊克說。

我會跟他聊，你知道，一聊就是幾個小時，然後離開聯邦拘留所時的我會渾身濕透，不回家沖個澡都不行。我會需要來顆煩寧（焦慮用藥）什麼的。

2 像直升機一樣飛在孩子身後，緊迫盯人的爸媽。

坐在法庭裡的是菲利普的父親，充滿傳奇性的莫里斯・艾斯弗梅斯（Morris Esformes）——聰明、英俊、機智，或是在葉史瓦（猶太教的大學）的同學口中，「酷到不行的傢伙」。莫里斯身為正統派猶太教的拉比，在芝加哥建立了他的療養院帝國，累計慈善捐款超過一億美元。莫里斯將他車子的喇叭聲設定成《教父》的電影配樂。他曾經在接受兩名記者採訪時，身穿美國職籃洛杉磯湖人隊的紫金配色制服，外加同款的猶太小圓帽。老艾斯弗梅斯告訴記者，要是他們因為調查他的生意而受到任何傷害，以色列的一個拉比委員會已經同意赦免他所有「精神上的後果」。

「我在想，菲利普的行事動機是出於活在父親的陰影下，而他想要證明給老艾斯弗梅斯看，他也可以成功。」艾斯弗梅斯的一名律師在某個格外坦白的瞬間如是說。佛洛伊德要是在世，絕對可以被叫來擔任艾斯弗梅斯案的品格證人，負責證明他其實並不壞。

這場審判裡有狂歡的故事，有前往拉斯維加斯的旅程，有憧憬成為「維多利亞的祕密」內衣模特兒的女性出來客串。除此之外，審判裡有一條詭異的支線是菲利普賄賂了賓夕法尼亞大學的籃球教練。具體而言，就是用一袋袋的現金買通對方，好讓他的兒子莫耶可以進入賓大的籃球校隊。再者，這場審判裡有兩位「明星級」的證人：戴爾加多兄弟檔。[3] 其中一人體重高達五百四十磅，跟女朋友生了個孩子，然後為求方便，就把小三藏在他正牌老婆名下的公寓裡。（戴爾加多兄弟檔很善於這樣鋌而走險。）逐字讀完九千七百五十七頁的審判紀錄，你會發現當中這樣的時刻多到不行，多到你會覺得那沒什麼了不起。

問：那這是何時開始的？

檢察官在向政府的眾多證人之一詰問涉及某ＡＴＣ公司的一起相關醫療詐騙。

答：二〇〇二年，我拿到供應商編號的那年。

問：那ＡＴＣ公司向聯邦醫療保險申請了多少給付？

答：兩億零五百萬美元。

3 他們是吉列爾摩與蓋布瑞爾．戴爾加多（Guillermo & Gabriel Delgado），兩人都是在邁阿密領有執照的護理師。

問：那……你每個月付給不同供應商的回扣總金額，數字是多少？

答：一個月大概三、四十萬。

一會兒後，律師又繞回到了回扣的問題上。

問：你可否對陪審團形容一下，讓他們有個概念，一個非特定月份裡，你會如何把要付出去的不同金額準備好？

答：如我前面說過的，我已經有從洗錢生意那兒收到的錢。然後我會將錢兌換成百元、五十元、二十元、十元、五元等不同面額的紙鈔，一疊一疊擺整齊。然後我會準備好信封袋。

沒錯，為了每個月用現金付出總共四十萬的回扣，你需要很多信封袋。順帶一提，要是花在這案子上的時間夠多，你可能就會達成一個結論，也許——只是也許——菲利普・艾斯弗梅斯也不是真的全然那麼壞。

他會在週六晚間來到療養院，檢查各種設備。他會長期維持這個習慣，然後在鎮上跑來跑去就爲了巡視各院。

這是菲利普的其中一名律師霍華・斯瑞伯尼克（Howard Srebnick）在一段最終答辯裡所言。聽著聽著，你會感覺他不時達到了詩的境界。

他會領著（美國職籃明星）德維恩・韋德（Dwyane Wade）到療養院，讓病人們可以見到他……艾斯弗梅斯先生會到院內給人擁抱。他會去院裡跟病人們跳舞。他會去到院內，對替他幹活兒的員工表達關愛，那樣的愛多到那些人都願意出庭，只爲回饋艾斯弗梅斯先生的愛。

所以菲利普・艾斯弗梅斯到底發生了什麼事？何以一個這麼有愛的男人，會如此不顧一切地拋棄自己的人生？

在量刑聽證會上，最具力量的證詞來自秀隆・利普斯卡（Sholom Lipskar），一位與艾斯弗梅斯一家結識多年的猶太拉比。利普斯卡在艾斯弗梅斯於獄中等待受審的漫長年月中，探訪過他多達五十次。利普斯卡對艾斯弗梅斯的心境，有著不輸給任何人的掌握。

「他的靈魂已經裂成一片片。他心碎了。他的人格也已經不同於從前。」利普斯卡這麼告訴法官，接著他說：

> 我明白法官大人自己也曾說過，世上有會做壞事的壞人，也有會犯錯誤的好人……菲利普就屬於後者。一開始的他是家世不凡，出身顯赫的菲利普．艾斯弗梅斯。他的祖父母我都認識，他們會在猶太會堂裡祈禱。他的祖父會坐著輪椅，來到會堂中，全心全意地禱告……然後他在芝加哥出人頭地，成爲了芝加哥的菲利普，在那兒，他成爲撐起各種體系的中流砥柱。再後來，他來到了邁阿密，一不小心就成了邁阿密的菲利普，一個毀了的人，卡在了一個他不只想賺錢的環境裡。

邁阿密。利普斯卡認為艾斯弗梅斯的問題始於他離開家鄉，前往佛羅里達南部的那天。我們別忘了這是一場量刑聽證會——這就是一個設計來給重刑犯安排親朋好友過來，替他美言幾句的場子。**那其實不是他的錯**是所有人在這個處境裡的標準防線，從被送去校長辦公室的兩個小男生開始就是如此。

但與此同時，利普斯卡的說法聽起來又令人熟悉到可怕。銀行搶案與華德福學校帶給我們的教訓是：我們不時會感到訝異，但人的行為模式就是會像「地縛靈」一樣，附著在某個地方。拉比在此所做的，就是一個小區域差異的主張。

他迷失了自己。你可以去問他的家人……菲利普自己也會這樣告訴你：「我迷失了自己。我誤入了歧途。我墜入了深淵。」

他原本是芝加哥的菲利普，一個家世顯赫的殷實商人。然後他變成了邁阿密的菲利普，並且迷失了自我。[4]那就像是他從沃特伯里搬到了斯托，正所謂橘逾淮為枳。

4 這裡要把話說清楚，艾斯弗梅斯家族從來不是什麼模範公民。他們在伊利諾州（芝加哥是該州大城）就違反過一些相對輕微的州法，只不過跟他們在邁阿密的所作所為沒得比罷了。

讓我們暫且倒帶回華德福學校的故事裡。華德福學校的異狀一個最直觀的解釋就是，這些學校很單純地會吸引到對疫苗內建敵意的家長。但當人類學者伊莱莎・索伯（Elisa Sobo）研究了華德福教育體系的文化之後，她發現了不同的事實。「有學齡孩子的家庭之所以選擇華德福學校，不見得是因為他們想找到一片無人接種疫苗的綠洲。」她說。當然，她接著說道，這樣的人**不是沒有**。但若論行為模式，其方向恰好相反。「那感覺像是一種行為或態度，一種人置身其中，便會耳濡目染的信念。」她說。她從某所華德福學校裡，有不止一個孩子就讀的家庭中注意到一件有趣的事。「假設你是帶著三歲的孩子去那兒念幼稚園小班，然後開始擴大家庭規模，並決定在當地住下來，那麼你下一個孩子的疫苗接種量會變少，你家老三的疫苗接種量則會比少還要更少。」華德福學校會對其成員施加一種咒術，而且你在華德福學校裡待得愈久，這種咒術對你的掌控就愈發深入。

所以這種咒術是怎麼個運作法？關於這個問題，我們可以來看看華德福校友的證言，其來源是芝加哥一所華德福學校的公關錄影帶。（我是隨便這麼一挑；這種影片在YouTube上一抓一大把。）影片裡是一個個年紀輕輕且外貌出眾的專業人士，在講述著他們在華德福就讀時都學到了什麼。譬如當中的一位莎拉就說：

在華德福念書的特別之處在於，它絕對會讓你對世界產生滿滿的好奇心。所謂的華德福效應就是你會什麼都想要學習，會什麼都想打破砂鍋問到底。而不會被壓抑，不會被塞進各種框框裡。

接著是奧蘿拉：

華德福的獨到之處是他們會教會你如何學習。甚至除了教會你如何學習外，他們還會教會你如何「想要」學習，亦即他們會在你身上創造出學習的慾望跟能力，讓你能找到需要被找到的答案，搜出你需要掌握的資訊。

華德福能在其學生身上培育出一種對世界的好奇心，這點令人稱許。但你也能看出這種教育是如何開綠燈，允許人朝一些奇怪的方向發展。

家長讓孩子接受疫苗接種，就代表他們願意尊重並聽從醫療界的專業判斷。我有辦法明確地跟大家分享疫苗的作用原理，乃至於你的孩子注射完疫苗後，體內的免疫系統都發生了什麼事嗎？不，我沒辦法。但我明白有很多人對這件事的理解要勝過我，而我信得過他們的判斷。然而身為華德福社群的一分子有一個特點，那就是你會被鼓勵不要去輕信專家的意見：你會被賦予一種自信去自行釐清這種艱澀問題的來龍去脈。在前述的YouTube影片裡，一名喚作艾瑞克的電影製片說：

> 不論任何地方我都可以降落，然後一觸地就全速奔跑，一拍都不漏掉……不會畫地自限，會擁有這樣的信心去相信自己做得到，這就是華德福灌輸給我們的東西。

影片裡壓軸發言的，又是莎拉。在華德福念書，她說，「會讓你獲得一點超級英雄情結。」然後她眨了下眼睛，「那是你送小孩去那兒念書，唯一的危險。」

別忘了華德福的家長不是只跟其他華德福家長社交。他們活著的世界裡有滿滿的同事跟朋友，有親戚跟鄰居，而這當中會有很多人堅信接種疫苗是件好事。毫無疑問地，華德福的家長經常能聽到這些相反的意見。每次他們帶孩子去看醫生，小兒科醫師一定都會看著他們像看著瘋子一樣。但對華德福大家庭裡的大部分人來講，這些外在壓力都不痛不癢。

「他們會生病嗎？當然會。」一名自稱華德福媽媽的部落客寫道。她說的是在她選擇退出醫界建議的疫苗接種行事曆之後，孩子們所發生的事情。

某年聖誕節，我們爲了水痘自我隔離。（那年過節的社交應酬我們全都不用出席，眞的挺輕鬆的！）對我家底迪來說，水痘的症狀發得很明顯，他到現在都還能把當時留下的坑坑巴巴秀給別人看。

至於我家葛格呢，症狀非常輕，感覺就像一陣風吹過而已。多年後，等學校裡其他同學開始得水痘時，他冒出來的卻是帶狀疱疹。[5]果不其然，好好發個病是有用的。你得過、撐過，就會有金身護體。

5　水痘跟帶狀疱疹背後是同一種病毒。

當然，想要保護你的孩子不受帶狀疱疹侵襲——從一到十，十是最痛，那帶狀疱疹通常可以排到九跟十之間——不用這麼費勁，你就讓他們接種水痘疫苗便是。

華德福媽媽的天才不只是這樣而已。她還選擇退出了百日咳的疫苗施打。結果還需要我說嗎？底迪跟葛格都染上了百日咳。

我們得過最嚴重的病是百日咳。孩子們會染病，是因爲我們有天在海灘上，跟另外一個孩子玩了一下午。我們當時人在加州，直到今天，那都是我人生中最辛苦、最煎熬的體驗。我小兒子從來沒有病得這麼嚴重過。我大兒子因爲打過兩輪三合一（白喉、破傷風、百日咳）疫苗，所以症狀輕很多，但他還是得了病。要是我知道事情會來到這步田地，我當初會選擇讓孩子們打疫苗嗎？也許會吧。但如今既已撐過去了，我對孩子將來面對這種疾病可以百毒不侵也更具信心了。

看著孩子們飽受種種痛苦不堪的體驗，包括皮膚變得坑坑巴巴、連番被帶狀疱疹折磨，乃至於百日咳讓人愈來愈虛弱，華德福媽媽還能夠堅持到底，靠的是一件事情。

我的孩子也有華德福教育體系站在我們這邊，所以我們有很多日常的藝術與創意、室內與戶外的遊戲，乃至於一種無壓力且令人充滿生氣的教育，足以支撐他們的身心發展。我固然選擇了不（讓孩子）接種疫苗，但我保證讓他們獲得了我能力範圍內所能給予，最大的後援。

華德福的咒語，不論來自何地，其力量之強大都不容質疑。

讓我在此再舉一個例子，而且這次的案例是直接來自小區域差異研究內的嫡系。要是你的心臟有問題，那麼你心臟科醫師手握的治療工具之一就是心導管。所謂導管是一條塑膠管——比三英尺長一點，寬約兩公釐。其用法是醫師會把導管插入動脈或靜脈裡，然後再小心翼翼地將之伸入心臟中，如此，醫師就能看到心臟內部，並藉此診察心臟或血管出了什麼問題。但一如各種有用的醫療工具，醫師使用心導管的頻率也在不同城市之間存在巨大的差異。比方說，若你把觀察範圍設定在一九九八到二〇一二年間的美國，那麼心導管用量的冠軍就是科羅拉多州的波德（Boulder）。要是你心臟病發在波德，那麼「心導（管）」就有百分之七十五點三的機率在等著你。在這張榜單上吊車尾的，是紐約州的水牛城，那兒只有百分之二十三點六的機率會使用心導管。事到如今，我想這樣的小區域差異案例已經無以讓人感到震驚。但我認為我們仍不應該忽視這兩者間的差距之**巨大**。在這段期間，你是在波德治療心臟病，還是在水牛城治療心臟病，有著截然不同的意義。[6]

這種狀況有一個顯而易見的解釋。「我可以從我的窗外，看到加拿大的伊利堡（Fort Erie），它就在伊利湖的對岸。」說這話的維傑・艾爾（Vijay Iyer）是水牛城大學心臟醫學系的主任。艾爾主張，水牛城無可避免地受到了其北方那大上許多的鄰國影響。在那些年，艾爾說，水牛城的心導管使用率要更加接近多倫多的數據，而非紐約市的數據。另外一個類似的例子，他說，是一種叫做「橈動脈插入」（radial insertion）的臨床技術。有很長一段時間，心臟科醫師都是選擇股動脈來作為心導管的入口：股動脈就是貫穿你大腿的那條血管。但時間來到一九八〇年代尾聲，盧先・坎伯（Lucien Campeau）這位加拿大心臟科醫師使用了另一處當作導管入口：橈動脈，也就是你手腕上的那條血管。橈動脈版的心導管手術較考驗醫師的技術，但事實證明其較無副作用，病患的身體負擔輕得多，死亡率較低，且病人術後住院天數較短。水牛城採用這種創新技術的時間，要早於美國其他城市許多。「兩名出身多倫多的醫師帶來了這項技術。外加有一名前往蒙特婁取經，因為他認為這是項不可多得的寶貴技術，」艾爾表示，「我（在水牛城）受訓是二〇〇四年與二〇〇五年，當時橈動脈心導管手術在美國的病例數，大概是落在十分之一這個區間，」艾爾接著說道，「當美國其他地方的橈動脈心導管手術還在一成這個比例時，我們已經可以做到七成。」

加拿大的醫學從很多方面來講，都有著迥異於美國的生態。加拿大有國家辦理的全民健保，而美國只有由保險業者所組成，讓人搞不清東西南北的給付迷宮。二〇二二年，美國花了國內生產毛額，也就是GDP的百分之十七點三在醫療支出上。在加拿大，這個比率是百分之十二點二——比美國低了大約**三分之一**。在加拿大，他們明顯更強調去質疑昂貴的醫療干預貴得有沒有道理。（加拿大的醫生會那麼乾脆地採用橈動脈心導管手術，這也是其中一個原因，畢竟那比從大腿插導管進去要**便宜**多了。）換句話說，水牛城之所以是水牛城，

6 還有一點也同樣值得我們注意，那就是這兩地的心導管用量差距；不見得你在波德心臟病發，就意味著會比在水牛城心臟病發走運。事實上，事情可能正好相反，心導管手術所費不貲，且自帶有風險。實務上並無證據顯示人在水牛城心臟病發，死亡率會高於你在波德心臟病發。真要說，我們可以主張的一點是美國醫療體系實在是出了名的浪費又昂貴，為此，只要我們把每個心臟病發的患者都轉送到紐約州的西部治療，那醫療體系就可以獲得長足的改善，因為我們可以把省下來的錢，拿去鼓勵有高血壓的朋友一方面吃得健康，一方面多加運動。

是因為加拿大的做法多多少少且無可避免地漂過了尼加拉河，籠罩住了大水牛城地區的醫療院所。純論醫療，水牛城等於是加拿大的第十一省。但波德呢？科羅拉多州的波德距離加拿大邊境有數百英里遠。波德肯定會有不一樣的做法。

事情有趣的地方就在這裡。時間推回幾年前，經濟學者大衛・莫利特（David Molitor）曾在腦中冒出過一個問題：要是有個心臟科醫師原本執業於像波德這樣的地方，但後來又換到像水牛城那樣的地方呢？

莫利特的答案是：波德型的心臟科醫師會變身成水牛城型的心臟科醫師。當然這種轉變不會是百分之百（否則就恐怖了）。但基本上，醫師只要換了地方，他就會朝新家的行醫模式移動三分之二的距離。

「事情的發生極其之快，而這也是能告訴我們真相的某種線索。換地方的頭一年，醫師的改變就會以非常、非常快的速度發生。」莫利特說。「別以為那純粹是某種學習的過程——你知道的，人會從新同事處取得新資訊，進而更新他們的認知——因為學習應該要呈現出一種較為按部就班的模式，」莫利特接著說，「立即性的文化衝擊不是不可能，但衝擊完的你還是需要持續演化，才會在一段時間後生出較形似新地方的模樣。」

但實際發生的狀況並不是這樣。實際上，你會在水牛城初來乍到，然後**砰**一聲，你就變了。試想那有多麼奇怪。你身為心臟科醫師，且在波德的大型教學醫院醫治了十五年的心臟疾病。你的傑出表現使得水牛城特別禮聘你前往行醫，但他們並沒有說你要在上任前接受水牛城的新生訓練，你的新同事也沒有在你前腳剛到，他們後腳就找你促膝長談，跟你約法三章，對你說**我們這兒有我們的做法**。不，他們聘任你，是因為他們欣賞你原本的樣子。所以你報到，你的新辦公室看起來很像你的舊辦公室，你能取用的科技與藥品都跟在波德時如出一轍。你診察的新病人，與你的老病人有著一模一樣的問題與症狀。一切的一切，基本上都是過去的翻版。除了如今當你望出窗外，看到的不再是落磯山脈而是加拿大。就是這樣！一夜之間，你無限接近起典型的水牛城心臟科醫生。「這其實無關乎學習怎樣的做法更好，」莫利特說，「這更加關乎環境對一個人會產生怎樣的影響。」

猶太拉比不是說菲利普・艾斯弗梅斯去了邁阿密後，身上有些什麼不一樣嗎，他說的就是這個。拉比實質上就是在說他的朋友無異於從波德去水牛城報到的醫生，或是把孩子送入華德福體系就讀的家長。每個社群都有其自身的故事，而那些故事都具有自身的傳染性。

事實上，**故事**，也就是story這個字，用得可能不太貼切。一個更好的說法應該是**故事**

上的故事，也就是overstory。所謂overstory的本意是指林冠，即在一座森林裡，屬於最上層的那一片枝葉，而林冠層的大小、密度跟高度，足以影響遠在林地底部每一個物種的行為與發展。我認為小區域差異——譬如華德福學校與其他學校之間的差別，乃至於波德與水牛城之間的那些不同之處——更像是一種林冠形式的故事，一種故事上的故事；那並非一種被灌輸到每位居住者思想裡的明確訊息，它的構成，是那些懸在空中，讓人仰之彌高的事物，而很多時候，那些事物都不在我們的意識範圍內。我們常常一個不注意，就忘卻了它的存在，只因為我們太過專注於眼前跟周遭的生活。但事實證明，故事上那些故事的影響力，往往遠比我們想像中更**真實**有力。

所以謎題難波兔：[7]邁阿密是用什麼樣的林冠、或說故事上的故事，對菲利普・艾斯弗梅斯施加魔咒？而這個林冠又是從何而來？

4

聯邦醫療補助——美國政府營運的醫療保險系統，俗稱老人健保——囊括了六千七百萬人，每年的支出超過九千億美元。聯邦醫療保險創辦於一九六五年，而懷著犯罪意圖的有心人很快就意識到一件事，那就是一個規模如此龐大、經手金額如此之高的計畫，代表著一個千載難逢的機會，要發財就靠這次了。

首先，想要成為聯邦醫療補助的供應商其實並不難。你只需上網申請一組十位數的號碼，叫做「全國醫療供應商識別碼」（National Provider Identifier；NPI），然後就可以登錄為供應商，並且在提供完服務後，依此去向美國政府請款。

「這是一套防君子不防小人的系統。」艾倫．梅迪納（Allan Medina）說。梅迪納是艾斯弗梅斯一案的首席檢察官，他花了十年多一點的時間在司法部高層任職，平日負責追查聯邦醫療保險的詐騙案，對於系統被濫用的來龍去脈要比任何人都知之甚詳。

「你填好這些表格，然後在背面以書面保證『我會遵守聯邦醫療保險的規定』，」他說，「你做出了承諾，信任就此展開。」

7 number two的音譯。

這時得有人擔任新公司的「名義負責人」（nominee owner），但這個人究竟是誰呢？一套管理六千七百萬人的系統很難去一一查驗每個人的身分。新企業還必須設有一處地址——某個實體的營業處——稽查才有辦法進行，但稽查能得知的訊息有限。「只要你知道他們哪天會過來查，」梅迪納說，「你就可以安排出任何你想要讓人看見的模樣——而走完這一切程序，恭喜你，你就可以加入醫療保險詐騙的起跑線了。」

「想要從事醫療保險詐騙，你得湊齊三要素，」梅迪納接著說，「首先，你得要有病人，對吧？有了病人，接著你需要的是醫療專業人員。你需要護理師。你需要願意簽下聯邦醫療保險信得過並有辦法核實訂單的醫師。惟（即便）有了醫師跟病人，也不代表你就能成事，因為你還需要完成第三個步驟。你需要檔案，你需要偽造的病歷。」

聯邦醫療保險詐騙的世界，基本上就是一系列無止盡的創意改編，而其改編的素材就是假病人／假醫師／假病歷的組合。有時候，真醫生也會參與詐騙；有時候，你只需要上網偷來醫生的供應商識別碼；有時候，你是真的有提供醫療服務，只不過請款時，你會大手筆地以少報多，例如對普通的治療添油加醋。有時候，你甚至都不用這麼燒腦，你可以，比方說，直接開一家物理復健機構。由此，你可以招募假病人謊稱他們受了他們沒受的傷，送他們去不肖醫生那兒領取用回扣換來的假復健單，然後，在偽造的病歷上寫下你讓病人接受的艱苦復健流程，但其實你根本什麼都沒做。

但萬一聯邦醫療保險的總部有人起了疑心，那該如何是好？你的姓名與地址不都在供應商識別碼的登記表格上嗎？這就是為什麼你要在表格上填入別人的名字，而那個人如今很剛好人在國外。聯邦醫療保險一撥款給你那家隨時可以落跑的空頭公司，你就要將之提領出來，謹慎地洗到銀行都察覺不出異狀。針對這部分的流程，毒販會是你的好搭檔。毒販隨時都有一大堆想要送出國的現金，而你**需要**現金來付回扣給黑醫師或黑醫院。所以，你也許可以讓毒販在你的「正當」生意裡插一些乾股，藉以交換來自毒販的現金挹注，這樣，你就不用擔心沒錢去從事必要的賄賂。

然後現在還有一種新崛起的領域叫「遠距醫療」（telemedicine），依現行規定是你不用真的與病人面對面，也可以進行治療並獲得給付。**你不是在跟我開玩笑吧**？在COVID-19疫情期間，遠距醫療的規定有所鬆動，聯邦醫療保險詐騙的世界樂得上街高唱起哈利路亞。這些詐騙劇本的數量與變化開始愈發天馬行空、創意無極限——以至於聯邦醫療保險詐騙的總金額隨便一年，都估計可達一千億美元之譜。而這種非比尋常的犯罪流行病，其「發祥地」

莫過於——也一直都是——美國的邁阿密。

梅迪納從小在邁阿密海灘長大。有志從事聯邦醫療保險詐騙的孩子在邁阿密長大，就像夢想成為高山滑雪選手的孩子出生在阿爾卑斯山上。比起平地上的孩子，你已然贏在了起跑點。「我原本沒有注意到，但驀然回首，我才想起藥局是如何一家挨著一家開，」他說，「那其實還挺大膽的。我是說，我祖母——她老人家最近才剛過世——等公車等到一半，就被招募假病患的人上前搭訕。」

等聯邦政府終於要認真掃蕩聯邦醫療詐騙時，他們組建了一支特別的區域性「打擊部隊」，當中結合了聯邦調查局、美國聯邦檢察官辦公室（US Attorney's Office），以及來自美國衛生及公共服務部（Department of Health and Human Services）下轄督察長辦公室（Office of Inspector General）的幹員。你猜，第一支打擊部隊部署在何處？答案是邁阿密。至於為什麼他們選擇邁阿密作為第一個打擊的目標，最簡單的說明或許就是拿出下頁的數據，顯示在二〇〇三年，聯邦醫療保險平均在每名註冊者身上花了多少耐用醫療設備的錢。**耐用醫療設備**指的是像拐杖、牙套、矯具、輪椅與助行器等這類醫療輔具用品。從二〇〇三年到現在，詐騙的世界已然蓬勃到更加有利可圖、且更加腦洞大開的計畫上，但輪椅與助行器終究是這一切的起點。
總之，我們來看一下佛羅里達州的相關數據。

佛州，布雷登頓：211.07美元
佛州，清水市：233.56美元
佛州，羅德岱堡：198.24美元
佛州，邁爾斯堡：190.90美元
佛州，蓋恩斯維爾：283.25美元
佛州，哈德遜：228.26美元
佛州，傑克遜維爾：249.44美元
佛州，萊克蘭：287.20美元
佛州，奧卡拉：238.54美元
佛州，奧蘭多：241.93美元
佛州，奧蒙德海灘：190.36美元

佛州，巴拿馬市：321.42美元
佛州，彭薩科拉：260.36美元
佛州，薩拉索塔：189.87美元
佛州，聖彼得斯堡：228.42美元
佛州，塔拉哈西：294.91美元
佛州，坦帕：222.25美元

巴拿馬市（Panama City）是這份清單中金額最高的城市，平均每名聯邦醫療保險的病患獲得三百二十一點四二美元的支出。最低的薩拉索塔，每名病患獲得的支出僅一百八十九點八七美元。這個差別不可謂不大，而如果你是一名詐騙調查員，有個你應該會想問的問題是：**為什麼聯邦醫療保險因為輪椅這類器材被索取的費用，在巴拿馬市會比在薩拉索塔高出七成**？但除此之外，在其他地方，這類支付看起來都沒什麼異狀：羅德岱堡、傑克遜維爾、清水市、奧蘭多乃至於大部分其他的城市，這項金額都落在每年兩百美元的範疇中。

但等等，我還沒有跟你們說邁阿密的數字是多少。準備好了嗎？答案是一千兩百三十四點七三美元。

5

邁阿密的林冠層來自何方？你去找一百名邁阿密的居民聊，他們會告訴你一百種不同的答案。但或許最具說服力的解釋是可稱之為「一九八〇理論」（The 1980 Theory）的說法。這個理論出自一本引人入勝的書籍，書名是《天天都危險的一年》（*The Year of Dangerous Days*，暫譯），作者是尼可拉斯．葛里芬（Nicholas Griffin）。

葛里芬的論點走的大抵是這樣的思路：截至一九七〇年代，邁阿密都還是一座困乏無生氣、經濟上苦苦掙扎的南方小城。它一開始是作為一個冬天的度假勝地，但噴射客機的崛起使其流失掉眾多遊客。反倒是奧蘭多躍居成佛羅里達州首屈一指的觀光景點。邁阿密因此陷入了險境。沿著邁阿密海灘可見一整排破落的住宿飯店。而對思考著要如何復興社區的邁阿密商界領袖而言，他們的榜樣千篇一律，都是那些典型的成功美國城市。他們一心想成為區域商業中心，就像亞特蘭大；想坐擁繁榮的金融產業，好比夏洛特；想扮演內陸港的角色，一如傑克遜維爾。

但，葛里芬認為，三起發生在一九八〇年的獨立事件，讓邁阿密得以**脫胎換骨**。頭一件，是毒品交易金流。南佛羅里達的毒品交易曾經是老爹老媽守著一家鋪子的那種等級，小家子氣的業者會將大麻從加勒比海用船載運過來，進入到佛羅里達群礁（Florida Keys）。但一夕之間的劇變，讓市場主流從大麻換成了來自拉丁美洲的古柯鹼。時間來到一九七〇年代尾聲，戴德郡（Dade County）——邁阿密所在地——的地下經濟規模已經估計來到一百一十億美元。邁阿密兩成的不動產交易都是以全額現金給付，意思是買家會用上健身房揹的大包包裝滿鈔票，前來銀貨兩訖。在一九八〇年代一段為期三年的時間裡，買車的花費在邁阿密達到了在傑克遜維爾與坦帕——佛羅里達州的另外兩座大城——的將近十倍。單算一九八〇這年，美國一名國稅局（ＩＲＳ）專員估計有十二個人在邁阿密的銀行存入了二點五到五億美元的金額，我是說**分別**。

「我認為那年的關鍵事件，頭一條莫過於美國的社會體制如何以極快的速度，遭到了外來資金——好吧，就是販毒黑錢——的流入跟破壞，說白了就是這樣。」葛里芬說。古柯鹼貿易將邁阿密市的銀行體系變成了國際上各個毒品卡特爾[8]的共犯。

透過這個缺口，貪腐開始滲透刑事司法系統。「專責命案的刑事組被古柯鹼的利益弄得腐敗不已，」葛里芬說。某家與走私者狼狽為奸的銀行把一位前市府官員放上了他們的賄賂名單，不肖的警察開始黑吃黑，竊取起毒販的貨品。這一切亂七八糟的事情，葛里芬說，都發生在「命案發生率飆高到百分之三百的同一個時刻」。邁阿密成了一座失控的城市。一九七九年的冬天，一名年輕黑人在警方對其展開高速追逐後遭到員警毆打，並在數日後於醫院不治。一群警官為此出庭受審，但最終卻全身而退。消息一出，邁阿密的黑人社群一片譁然，激憤的他們整個炸開，引爆了美國史上最嚴重的種族暴動之一。成千上萬的邁阿密白人開始往北跨過郡界，朝北邊的羅德岱堡、波卡拉頓（Boca Raton）等地奔逃。

同年春天——一九八〇年四月——古巴強人菲岱爾・卡斯楚（Fidel Castro）決定開放其國家邊界。葛里芬稱此為那一年所發生「最瘋狂」的事件，沒有之一。「邁阿密的人口結構幾乎在一夕之間改變。我不覺得這種事情曾發生在美國其他任何一座城市。什麼事情呢？

8 Cartel，源自德文Kartell，意思是協議或聯盟，在國際販毒的語境下即欲壟斷商機的販毒集團。

就是年頭的時候你還覺得這兒基本上是一個人們口中所謂的盎格魯城市，毫無疑問是白人當家。然後不過到了年底，你就眼睜睜看著一座多數為拉丁裔的城市憑空冒了出來。而那都得歸因於『馬利爾大偷渡』：[9]卡斯楚往一座當時人口勉強破三十萬的城市丟進了十二萬五千人。就這樣，非比尋常的人口移動發生了，而這些人口移入的是一座各種關鍵機構與體制基礎都剛剛遭到破壞的城市。」

話說這些事件裡頭的任何一件，都足以獨力撼動一座城市的穩定。邁阿密挨的是會受重創的**多重事件**，而那當中的每一件打擊效果都同樣重：他們把持了幾代人以來支撐這座城市的機制與沿習，然後動搖了它們的根基。

「在某個時間點上，這種種事件全撞在一起，」葛里芬說，「而那個點就是一九八〇年的春季。你可以想像一下在六個星期的區間內，這所有事件都找上了這座城市，那就像是一個月內有三個颶風來襲。」

一九八〇年春，邁阿密一份《邁阿密先鋒報》（*Miami Herald*）的專欄作家問了市長一個問題，那就是這座城市打算如何因應。

這事有飽和點嗎？做為一個社群該如何出手回應？我拿這個問題去請教了邁阿密市長莫里斯・費雷（Maurice Ferre）。

「波士頓怎麼處理我們就怎麼處理，他們也在一八七〇年代面臨過愛爾蘭移民大舉入侵。」他回答。

那他們是怎麼個應變法？

「以不變應萬變。」

好一個**以不變應萬變**。邁阿密沒有試圖去吸收這三項事件帶來的地動山搖，舞照跳馬照跑。結果是邁阿密變得不再是邁阿密。

所以，如果今天是你搬到了國境之南的邁阿密，會發生什麼事情呢？你如果是一九八〇

9 Mariel Boatlift，也稱馬利爾事件，指的是一九八〇年四月起，主要由古巴前往美國的大規模移民事件，兩大主因是美國卡特政府針對政治犯的人道考量與古巴的順水推舟。馬利爾是卡斯楚宣布有去處的移民可前往出海的港口，該事件因而得名。最終在六個月內，古巴有約十二萬五千人渡海抵達了佛羅里達，受刑人是當中的大宗。

年之前搬的，那就還好。你只不過是住進了一座相對千篇一律的南方城市，有點像傑克遜維爾，有點像坦帕，也有點像南喬治亞州的某個角落。但如果你剛好是在一九八〇年搬的呢？那你可就來到了一個體制性的權威——經年累月建立起來的模式和沿習的穩定力量——已經被打碎的地方。

一九八〇對惡名昭彰的哥倫比亞洗錢者艾薩克．卡譚．卡辛（Isaac Kattan Kassin）而言，是他的生涯高峰之年。他當年的做法是把車靠邊停在邁阿密鬧區、比斯坎大道（Biscayne Boulevard）邊上的一家銀行前，把警衛叫過來，然後讓對方替他扛兩只超大的行李箱進銀行，箱裡是滿滿的數十萬美元。那是卡辛的日常，他天天這麼幹。

「我想，那年的紀錄應該是三億兩千八百萬，全都是扛進去的。我是說……（那間）銀行得請五個人忙一整個通宵才數得完，」葛里芬說，「當然，他們會假裝一切都很正常，但那一幕實在是很荒唐。」

如果時光回到一九八〇年，而你的上班日晨間行程會經過比斯坎大道，你就會親眼目睹那個場面：一個為非作歹的傢伙把紅色雪佛蘭 Citation 掀背車並排違停在銀行前，卸下幾百萬要洗的美元現金，而且**銀行還是歹徒的幫手**。你不認為那會瓦解你的道德觀，讓你無法再用原來的眼光看世界嗎？

「那種狀況是否直接埋下了伏筆，你知道的，導致了三十年後的聯邦醫保詐欺？這我不敢說，但至少這麼看上去，體制的不健全似乎也是這場遊戲的一片拼圖，」葛里芬說，「你知道，這裡簡直無處不藏污納垢。就算你只是在這兒開車超了速，警官也會叫你別真的乖乖去繳罰款。他會說：『喔，有個辦法便宜很多……你打個電話給我表弟開的專門處理交通罰單的（律師）事務所，花個六十塊他們就會過來。你的駕照就不會被記點。』……這裡的玩法就是這樣。」

6

佛羅里達一個陽光普照的日子，我去北邁阿密的聯邦醫療保險詐欺打擊小組（Medicare Fraud Strike Force）總部，坐進了他們的會議室，同席的還有指揮邁阿密辦公室的歐瑪·裴瑞茲·艾巴（Omar Pérez Aybar）跟他的一名同事費南多·波拉斯（Fernando Porras）。他們倆的共通點是年輕、雙語，可以在英語跟西班牙語間無縫地切來換去。他們似乎在面對自己需要互動的罪犯時，懷抱著一種複雜的心情，一方面覺得這些人很有趣，一方面又對其道德觀念充滿了質疑。我問他們有沒有邁阿密的故事可以跟我分享。

「所以，艾弗雷多．魯伊茲（Alfredo Ruiz）是名洗錢犯。」裴瑞茲首先發難。洗錢在詐欺的世界裡，是很重要的一環，且其道理並不難。聯邦醫保的給付一旦到手，你就得儘管快一秒也好地將之領到帳戶外。要是聯邦醫療保險詐欺打擊小組得以逮到你，將錢扣住，就代表你太慢了。

而他會在早上醒來時——這些是他跟我們說的原話——先來根大麻雪茄，然後在八點與，嗯，中午之間，他會洗個百來萬美元。洗完，他這天就收工了。

裴瑞茲指了指天花板。

你要是問哪兒找得到這種可以合理推測是在洗錢的空殼公司？嗯，我們樓上、四樓，扎扎實實就有一家。

魯伊茲租了辦公室空間作為他其中的一處門面，地點就在以讓他的門面關門大吉為職志的詐欺打擊小組樓上。裴瑞茲與波拉斯似乎對這種大膽行徑有一種既不滿又不得不佩服的情緒。魯伊茲開的是一輛價值二十五萬美元的藍寶堅尼Urus，而且還一天到晚換顏色，搞得人很難追蹤他。（Urus這種超跑看上去就像是漫威超級英雄電影裡的道具，那是一種出了邁阿密就不會有人開的車款。）

「我們在比爾莫飯店的艾爾．卡彭[10]套房裡逮到了他。」裴瑞茲說。

怎麼感覺不太意外。

裴瑞茲說美國有些別的地方——最有名的就是洛杉磯——會偶爾在聯邦醫療保險裡的某些可疑活動中力壓邁阿密一籌。但是邁阿密有種正字標記的無恥，某種別無分號的厚顏與招搖，讓它與眾不同。裴瑞茲有回在一個十二乘十英尺的房間裡發現一個「人頭老闆」，房間門上有道從外頭鎖上的鐵門。他的工作就是簽支票。顯然他也簽得差不多了，所以就被丟在

10 Al Capone，1899-1974，美國黑幫分子。比爾莫飯店（Biltmore Hotel）的大沼澤套房（The Everglades Suite）是艾爾．卡彭據稱在禁酒時期用來經營地下酒吧的地方，因而得名艾爾．卡彭套房。

小房間裡自生自滅。還有一次，在愛滋病用藥的靜脈注射詐騙很猖獗的時期，詐騙分子們會把遊民聚攏起來，包車載他們去診所注射維生素B_{12}，然後告訴聯邦醫保那是昂貴的抗病毒藥。顯見邁阿密的林冠層有很大一部分，叫作**發揮想像力**。

波拉斯與裴瑞茲接著表示要帶我去看他們最喜歡的一些熱點。我們跳進了一輛雪佛蘭公務車，往南開上帕爾梅托快速道路（Palmetto Expressway），前往機場邊一個不起眼，名為甜水（Sweetwater）的社區。

我們把車開進了停車場，來到了一棟稱作「楓丹白露園區辦公廣場」（Fontainebleau Park Office Plaza）的兩層樓小型商辦。那兒從外面看來沒有任何異狀：建於一九七〇年代，但狀態保持得很好、窗戶很多、油漆很新、草坪修剪得很整齊。大廳跟任何一棟辦公樓的大廳沒有兩樣——直到你查看過牆壁上的樓層格局圖。你一定看過那種圖，黑白色調的海報上，勾勒著每一層樓的配置，標記著每條走廊、每座電梯、每處火警逃生門。楓丹白露的地圖看起來就像**迷宮**，也像由小空間組成的老鼠窩，且經過隔間與分租後，又變成更小的空間。那兒的辦公室數目多到其編碼系統會讓你想起華人社區那種超大型公寓裡會看到的標示法：數字─字母─數字，而且看不出什麼特定的排序。1-R-2或2-F-3，像這樣一路下去，沒完沒了。

別忘了這張格局圖屬於一棟相對不大的建築物。「我二〇〇七年來到這裡。至今大概已經來過三十趟了。」裴瑞茲在我們往裡走的時候說。沿著長長的中央走廊，每扇門外頭都有一個尺寸不大但像制服一樣標準化的標誌。

波拉斯指著其中一扇門。「好吧，所以這是一家居家照護仲介。」他邊說邊翻了個小小的白眼。那兒當然不是真的居家照護仲介。怎麼可能呢？那兒就是一張兒童床的大小。稍微往走廊裡走一點，你會看到只有一個大型衣櫃大小的「醫學中心」，然後是醫師辦公室、復健機構，族繁不及備載。

在一棟有著幾十家醫療辦公室的建築物裡，你會期待看到病人。每一扇門上的標誌都載明了辦公

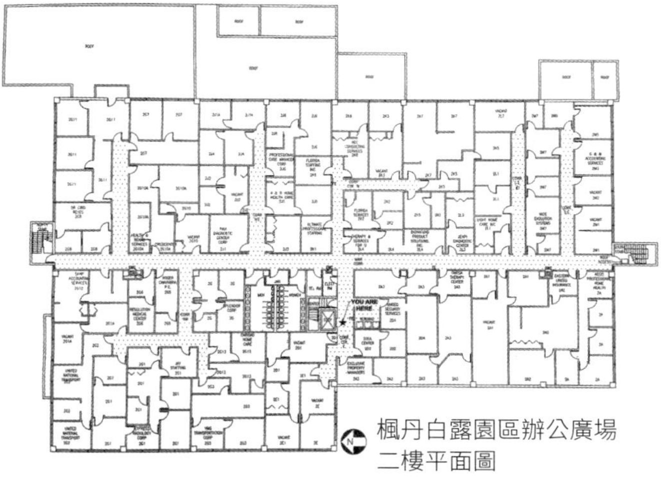

楓丹白露園區辦公廣場
二樓平面圖

時間，週一到週五，而我們抵達時是週一接近中午。大家呢？人都去哪兒了？

我們駐足在一扇門前。「門沒鎖。那兒理論上是一家公司，」裴瑞茲說，「你稍微探頭進去，看看門後是什麼。」我把門打開了一道縫。一名老人坐在桌子後方，抬起頭一臉驚恐，就好像他無法想像怎麼會有人想要打擾他。「這裡的每間辦公室裡，都只有一個人，」裴瑞茲說，「而且他們並不怎麼希望生意上門。」

在該棟建築物的牆壁上，管委會貼上了賞心悅目的照片海報，上頭印著正能量的標語，像是：「相信，就能成功。勇氣，無須怒吼。有時候，那只是一天結束時，一聲安靜的：**我明天會再來過**。」

兩名打擊小組幹員發出爆笑。

「他們還真的是相信就能成功！」裴瑞茲大聲說。

「至少在給付申請通過的時候！」波拉斯說。

這棟辦公樓裡充斥著被當成門面的空殼公司。聯邦醫療保險規定，所有的供應商都要有實體營業空間，而楓丹白露的模樣，似乎是他們不認為有必要費勁把表面工夫做足。

我們回到車上，到五分鐘車程外的一家飯店附屬的「業務用商城」。那是一棟兩層樓的室內購物中心，當中有一長廊，裡頭盡是小小的店面。主攻服飾產業的一樓，賣的是鈕釦、拉鍊與布料樣本。但二樓被改建成了一處醫療商城。我們停在了一間有著大窗戶的空辦公室前，大大的海報用膠帶貼在窗戶上，宣傳著醫療復健的服務。門是開著的。辦公室裡頭有一張書桌、一張茶几、一台印表機，還有一台沒接線的話機。牆壁上可以看到一系列廉價的十九世紀版畫複製品。一面布告欄上有各種公司文書：病人的權利法案、[11]公司的聯邦醫療保險授權書，還有公司的組織結構圖，上頭列著董事會的成員、行政幹部、法務主任與辦公室經理。一切看起來都合法合規，直到我靠向前仔細瞄了組織圖一眼，才赫然發現在每一格頭銜下面——董事、行政幹部、企業法遵長、辦公室經理——**都是同一個名字**。在業務用商城，他們的臉皮厚度一點也不輸楓丹白露。

「我們已知的是那當中有某種堪稱統包的一站式服務。」裴瑞茲說，「你告訴我你對哪

11 由美國醫學會所發布，病人的權利清單，當中略舉數例有：你有權利接受妥善而有尊嚴的治療；你有權利要求自己或你的親友能得到（以你所能理解的方式）有關自己的診斷、治療方式及預後的情況；你有權利知道為你醫療的人員之姓名；你有權利在任何醫療開始前，了解並決定是否簽署「同意書」；你有權利拒絕治療等。

種產業感興趣，或是你想扮演哪種類型的供應商，我就過來替你完成所有的設定。」不是有種業者會幫你把要出售的不動產裝潢一番，讓房子在市場上賣相更好嗎？這跟那是同一個概念。「我們去過的一些辦公室裡有電腦螢幕、電腦桌機、有滑鼠、有鍵盤，但沒有任何一樣裝飾有連網或通電。連接線不是躺在那兒，就是根本沒有線。」12

這間辦公室看起來就像個樣品屋，**假到不行**，假到辦公桌上也沒忘了要擺個有模有樣的名片架。裴瑞茲晃到隔壁去跟一名顧客接待櫃檯的女性聊了兩句，那是一家在廣告裡宣稱自己是醫療服務業者的公司。**女子肯定不知道自己在那兒幹嘛**，裴瑞茲心裡這麼想著。果不其然，他問起她在那兒忙些什麼，得到的答案是她不知道。

裴瑞茲來過業務用商城的次數不下於他去過楓丹白露園區辦公室廣場的次數。「我還滿訝異他們竟然沒有找個地方貼出我們的照片：『看到這兩個傢伙，別放他們進來。』」

在此同時，波拉斯講起了電話，他讓另一頭的打擊小組同仁查詢牆上有十九世紀版畫的那家公司，查驗他們的聯邦醫保請款金額有無異狀。

「喔，結果出來了，」他說著，念起了手機上的訊息。「這樣你可能會比較有概念。聽著，二〇二二年的第一跟第二季，他們請款了五百萬美元，獲得的給付是一百二十萬美元，再後來就沒有請款紀錄了。他們跑了。他們拔起營帳，轉移到下一個陣地了。」至於舊的假辦公室，他們連收拾都懶得收。

「你知道我負責整個（佛羅里達）州，是吧？」裴瑞茲說，「所以我有辦公室在坦帕，在西棕櫚，在奧蘭多，在傑克遜維爾。我們曉得他們在那兒的招數跟在這兒不同。他們在南佛羅里達這裡要明目張膽**得多**，有種當著你的面也無所謂的感覺。」

當我搭著車，跟隨裴瑞茲與波拉斯在邁阿密跑來跑去的同時，我向他們問起一個男人，瑞克．史考特（Rick Scott）。我沒抱期待他們會回答這個問題——這件事對於在聯邦政府裡任職的公務員而言，實在太過敏感了。但我猜得到他們在想什麼，因為沒有人可以在邁阿密工作，具體而論是在邁阿密的林冠層下工作，卻沒納悶過像瑞克．史考特這樣的人，會對像菲利普．艾斯弗梅斯那樣的人有什麼影響。

史考特曾經以執行長之姿，統理過全美最大的營利性連鎖醫院體系哥倫比亞ＨＣＡ

12 他們找到過一家公司開價五千美元，可以幫人布置出一間藥房。「他們可以幫你弄來四塊肥皂。你知道的，一副副眼鏡……一家真正的藥房在做生意時，架上起碼要有的各種商品。」

（Columbia/HCA；由哥倫比亞醫院公司與ＨＣＡ〔美國醫院公司〕合併而成）。一九九七那年，聯邦幹員突襲臨檢了哥倫比亞ＨＣＡ公司。在第一波的調查中，五名公司高層被責令出席大陪審團庭審。他們在公司裡待的是哪個分區？你猜得沒錯：佛羅里達。史考特在該案中沒有被控告，甚至也沒有被牽扯進任何不法。但他仍被迫請辭下台，感覺很不光彩。幾年後，哥倫比亞ＨＣＡ公司以有罪申辯認下了十四宗重罪——當中牽涉到給醫師的回扣、虛假請款、與其他供應商進行非法交易，諸如此類——最終以當時破紀錄的十七億美元完成了民事和解。

離開ＨＣＡ的史考特落腳在哪兒？你又猜對了：佛羅里達。又過了幾年，他決定投入州長競選……州長？哪一州？沒錯：佛羅里達，而且，他還勝選並連幹了兩任，在那之後，他代表……是的，佛羅里達，成為了美國參議員。就在菲利普．艾斯弗梅斯在那兒大搞回扣、請款詐騙、非法買賣，動輒幾十億美元上下的年頭，至少有部分時間的佛羅里達州長曾以執行長之姿，統領過一個連鎖醫院體系，並帶著該體系大搞回扣、請款詐騙、非法買賣，動輒幾十億美元上下。

當菲利普．艾斯弗梅斯晚上回到家，看著瑞克．史考特在電視上以一州之尊高談闊論，你覺得那會不會改變艾斯弗梅斯對自身行為的想法？高高覆蓋著林地的林冠層，對底下的每樣事物都投下了陰影。

林冠層有其特殊性。它會與一方土地綁定在一起。它有強大的威力。它能形塑行為，而且不會沒頭沒腦地冒出來。它會發生，一定有它的理由存在。

7

聯邦醫療保險詐欺打擊小組誤打誤撞，碰上了菲利普・艾斯弗梅斯。「我這輩子的第一個案子，辦的是一名藥房負責人，」檢察官艾倫・梅迪納仍記得。「他遭到羈押，也願意配合。」藥房老闆告訴梅迪納他一直在付回扣給蓋比與威利・戴爾加多（Gaby & Willy Delgado）這對兄弟檔，為的是換取他們引病人過來。「我原本以為就是這樣而已。」梅迪納說。

但慢慢地，水面下的案情浮了上來。戴爾加多兄弟從事著安排「配套」醫療服務的業務——這些所謂配套服務包括醫療設備、視覺照護、心理衛生諮商等。哥哥威利是該犯罪集團的首腦，他投身這項勾當時，還是個剛從護理學校出來的菜鳥。當時他找到了一份工作，是在由一位名為艾妲・薩拉扎（Aida Salazar）的女士經營的公司裡擔任外勤護理師。

「嗯，在她手下工作了一陣子後，她對我卸下了戒心，」威利在艾斯弗梅斯的審判裡作證說，「她說，我如果想賺點外快的話，可以透過簽署一些探視行程，但不用真的去居家訪視也沒有關係……」

艾斯弗梅斯的審判中，涉及威利・戴爾加多證詞的部分，是一個很好的個案研究對象，你可以從中看出邁阿密的林冠層是如何從上而下地代代相傳。

問：所以你寫了假的護理紀錄，那合乎規定嗎？

答：嗯，她會找別人謄寫紀錄，我只負責在上頭簽名。

問：所以你簽了那些紀錄，那些病人你都見過嗎？

答：我什麼？

威利・戴爾加多似乎是真的不敢相信檢察官會問出這種答案明顯到不能再明顯的問題。

問：我說你簽那些護理紀錄給她，病人你都見過嗎？

答：不，我一個都沒見過。

從此，威利就一頭栽了進去。

「摸清這門生意後，我就一門心思想要自立門戶，」他接著說。他做了一陣子的耐用醫療設備詐騙，專攻「氧氣製造機」。他找到了一位非常配合的醫生——且讓我們稱他為M醫師——M，他是好幾家輔助生活機構的醫療主任。

答：我會把處方箋帶去給他，他會替我簽好，有了處方箋，轉身，我就可以去找聯邦醫療保險請款。

問：筆在某些人手上特別**沒有節操**，這種說法你聽說過嗎？

答：那些處方箋他從來都是看也不看一眼。對他來說，簽完就是了。他的簽名，我知道——我是說，就是隨手鬼畫符而已，反正帶去交給他，他自然會搞定。

威利．戴爾加多變得愈來愈大咖。他開起餐廳、賣起雪茄。他開發了一項相當有賺頭的副業，組裝剩餘的疼始康定（oxycodone；一種鴉片類口服藥物）二次販售。接著，他和弟弟又重新跟老戰友艾妲．薩拉扎搭上線，她當時正與兒子尼爾森一起經營一家公司，無極限護理（Nursing Unlimited）。

「我是個業務員。」尼爾森在庭審中說。他會招待醫生去看籃球賽，去脫衣舞俱樂部，並在過程中吸食大量古柯鹼。等尼爾森在凌晨三點回到家，他會吞下幾顆安眠藥，隔天再重演一遍。

戴爾加多兄弟是梅迪納在查不肖藥師的檢察官處女秀中，找到的連結。藥師跟他提到了戴爾加多兄弟，然後梅迪納又在薩拉扎的協助下，蒐集到對這對兄弟檔不利的證據。等到戴爾加多兄弟開了口，他們提到一個名字，這人是他們從二〇〇〇年代就開始合作的某個男人。這個當時剛與父親一起從芝加哥搬過來的男人，就是菲利普．艾斯弗梅斯。

在那個時間點上，菲利普．艾斯弗梅斯已經在南佛羅里達組建了一支龐大的團隊，包括療養院與輔助生活機構。按照戴爾加多兄弟的說法，他們三個孵出了一個很聰明的計畫，可以讓艾斯弗梅斯的療養院永遠滿座。

在聯邦醫療保險的規定下，一名病人只要住院滿三天，就有資格在專業的護理機構中待上一百天。於是他們找來了新同夥，一家位在南邁阿密的醫院：拉金社區醫院（Larkin Community Hospital）。

問：跟我們說說這家拉金醫院有什麼吸引力。

威利．戴爾加多：這個嘛，跟他們合作很輕鬆。他們的任務標準非常寬鬆。

問：你說**合作很輕鬆**，具體是什麼意思？

答：比如今天你想讓某個病人入院，你可以先去急診室看看，看完，你就會知道要找到一張床位有多難……病人只要還能走路、狀況穩定，或是家裡有人可以看顧——他們就會叫你回家。但在拉金，他們的想法是……

我想你應該不難拼湊出「在拉金他們的想法」就是：任務標準十分**寬鬆**。

拉金醫院的人員會拿到回扣。做為交換，他們會把病人送往艾斯弗梅斯的療養院，而病人會被安排在療養院住下，出院後，再轉進艾斯弗梅斯的輔助生活機構。等輔助生活機構住得差不多了，戴爾加多兄弟會去接病人，帶他們去接受配套的醫療服務。再接下來，如果老天如五星連珠般眷顧，那麼病人就會再被**送回**拉金：一台聯邦醫保詐騙永動機就此成形運轉，轉呀轉的就從聯邦醫保處申請了超過十億美金；其運作動力源自那數千捆裝在雜貨紙袋裡的現金、無數趟拉斯維加斯的週末小旅行，以及醫生們手中那支「沒節操的筆」。

艾斯弗梅斯是個有強迫症，而且要求很多的人。他還是個大嗓門，只要開口幾乎都是用吼的。蓋比．戴爾加多當過他的司機兼助理；艾斯弗梅斯會在清晨五點打電話給蓋比，將一整天的行程交代給他。他身上隨時都有兩支手機，且會從車上打電話給他父親，把旗下每家機構的每日人口普查結果一一向父親稟明。到了最後階段，打擊小組開始鎖定他收網時，小艾斯弗梅斯變得疑神疑鬼。他命令蓋比．戴爾加多脫個精光，再到他的私人泳池畔見他，然後對蓋比訓話，大談「缺席辯護」的優點。

蓋比．戴爾加多：我第一次聽到這個詞是菲利普告訴我的。他說：「蓋比，你可以用一種缺席戰術。」我回：「那是什麼東西，菲利普？我不懂你在說什麼。」而他說：「這個意思就是你哥要是不在了，你懂的，你就可以想說啥就說啥。他反正，你知道的，不會在場。這就叫缺席戰術。」

問：被告有暗示你哥應該去什麼地方嗎？

答：這他有說過……他說，你得去重新弄張臉，找一下醫美之類的。但他確實提到了一個地方，他說，你可以離開去以色列。而我哥的反應是，你知道的，他對他跳起腳來，並說：什麼以色列，你心裡有數，我一到以色列，你就會找人把我幹掉。你（菲利普）在那兒有的是關係……

就像我說的，這拍成電影肯定超好看。高顏值的壞蛋，在邁阿密海灘開著法拉利跑來跑去，女朋友一個換過一個，清晨五點隔著電話吼著發號施令，試著讓他的詐騙永動機不停歇。但話說回來，也許這電影拍不起來，因為這些事情出了邁阿密都無法成立。

就連審判本身——通常故事裡秩序與理性會開始恢復的地方——都很快墜入了充滿各種邁阿密特色的深淵中。檢辯因為一個案外案陷入了激烈的角力，主要是雙方對律師與當事人間的祕密溝通豁免權問題產生了歧見，結果這條法律戰支線還莫名其妙鬧上了最高法院。八卦名媛金．卡戴珊（Kim Kardashian）在推特上發文評論起這場鬧劇。（她要是沒這麼做才奇怪。）而莫里斯・艾斯弗梅斯則被趕出了審判庭，因為他在旁聽席上一直在大聲叫囂像是「他在胡說八道！」這樣的話，而他的兒子則坐在被告席裡，手足無措得像被打了一千個結似的。

在整場審判中，菲利普・艾斯弗梅斯始終堅持自己的清白。他拒絕考慮用認罪協商去換得自己或許不用坐牢。一直到量刑聽證會的舉行，他都沒說一個字為自己辯護。他只是安靜地坐在那兒，看著威利與蓋比・戴爾加多兄弟在挖墳墓要埋了他。

答：菲利普總是跟我們說他袖子裡還藏著一張王牌……他有天還跟我說，他有人脈可以將所有事情擺平。順道一提，他還真沒唬爛。我們親眼目睹了事情被他擺平。

問：容我打斷你一下。所以他是什麼意思——或是你們覺得他是什麼意思——什麼叫做**袖子裡還藏有王牌**……？

答：嗯，他說他在政府裡有人脈。有個傢伙，傑瑞米，可以打通政府關節。我發現……我哥跟我說，他在總統大選時捐了一大筆政治獻金，所以他總是拿這件事到處說嘴。

二〇一九年二月，威利・戴爾加多在聯邦法庭宣誓實話實說後供出這件事。二〇二〇年十二月，川普給予菲利普・艾斯弗梅斯減刑。[13]

川普離開白宮後搬到哪裡？還用說嘛，當然是佛羅里達南部。

13 邁阿密的故事還有最後一個轉折，艾斯弗梅斯獲得川普寬大處理後，檢方走了不尋常的一步，試圖在最初指控的罪名基礎上稍作變化，對他進行重新審判。這一次，艾斯弗梅斯選擇認罪以避免第二次審判。根據協議，他以數百萬美元的罰金換來免入監服刑。

第三章

白楊林

「這些家長他媽的瘋了。」

1

一個陽光明媚的秋日，一位名叫理查的房屋仲介帶我參觀他居住的小鎮。理查個子很高，態度親切。我們開車穿過蜿蜒的街道時，他會向路過的行人揮揮手，或者指著一棟房子告訴我誰買了它、他們有幾個孩子，以及他們是幹哪一行的。他在這個地區長大，似乎認識每一個人。他的這個小鎮有什麼？他說，你想要的一切應有盡有，「一種安全、放心的感覺。一種優質鄰居的感覺。一種……**身邊每個人都很靠得住的感覺。**」

鎮中心瀰漫著一股愉悅的一九五〇年代復古風，到處是莊嚴的紅磚教堂。我們開車經過社區中心和鎮圖書館，然後駛進鎮上多條迷人的街區之一。

「我們這裡靠海，」理查指著樹林外的美麗海灣說，「濱海區是高檔的房地產，來，我指給你看，從水岸第一排，到可以直通水邊的街區。」

街道不寬，兩旁都是高大的橡樹。街道沿著一連串平緩的山丘而建，房屋櫛比鱗次，為街區平添一種溫馨的感覺。

在這裡，你不可能不認識你的鄰居。有人來這裡打電話給我說：「嘿，我想要一戶有三、四畝地的水岸宅。我想要隱私。我不想看到我的鄰居。」我當下覺得，那實在……實在不是我們這兒的強項。這就好像打電話給ＢＭＷ經銷商說你想要一輛小貨車一樣。

鎮上有一座大型公園，裡頭有數十個足球場、棒球場和網球場，還有慢跑道、可愛動物園、家庭式高爾夫俱樂部，以及可供划船和划獨木舟的小海灘。一個世代以前，這裡還是個普通的市郊住宅區，人們在周邊城市上班，晚上回來睡覺。但近年來，它變得炙手可熱，房價一飛沖天。

「富裕的打工仔。那就是我的客群。」理查喜孜孜地玩味這個自相矛盾的說法，然後繼續說道：「那些有工作、賺很多錢的人，也就是醫生、律師，以及並非出身名門望族的白領階級。」他說，白楊林的居民並非「富四代，你知道的，就是那些賣掉公司賺了兩億美元，卻不知道該怎麼打發時間度過每一天的人。我們這裡不是棕櫚灘，每個人都得上班」。

而且每個人都有家庭。那些跟理查買房子、從外地搬進這個社區的人，「百分之百」都有子女。這是個適合**闔家居住**的小鎮。

「他是做ＩＴ的，在家上班，」理查回想起那個星期剛賣掉的一棟房子，「她是高中音樂老師。爛透了的（市立）公立學校體系逼著她出走，他們要找一個可以養兒育女、把孩子送去上公立學校的安全地區。成交價：七十五萬美元。」

賣家搬出這一帶了嗎？沒有，他們留下了。他們只是想在附近換間更大的房子。誰會想離開這麼完美的社區？

> 這裡沒有連棟的房子，全都是獨門獨戶。我不知道精確數字，但我猜超過九成的房子都是屋主自住。我們這裡沒有公寓，沒有出租房，也沒有吸引多元人口的低端住宅。因

此，這裡成了一個高同質化的居住地，這也許就是我們之所以擁有「共同價值觀」的原因，人人看重好成績、好的運動表現、上最好的大學。有一種……

他沉吟片刻，試著找出最委婉的表達方式，因為儘管他對自己的小鎮充滿感情，但這裡的某些東西顯然讓他略感憂慮……「**志同道合**的感覺」。

2

我不打算透露理查所住的小鎮叫什麼名字。你盡可以去猜，但幾乎肯定會猜錯。順帶一提，理查的名字也不是理查，這兩項資訊都無關宏旨。前來調查這座小鎮的兩位研究人員把它命名為「白楊林」，這個名字再貼切不過。「我從來沒聽過這個社區，」其中一位社會學家塞斯．艾布魯汀（Seth Abrutyn）說，「它不在我的雷達偵測範圍內。」

誰會關注這樣的小鎮呢？白楊林不是那種會登上新聞頭條的地方。如果你在高速公路上開車經過，你不會為它駐足停留——這正合白楊林居民的心意。但你肯定對白楊林這種小鎮並不陌生。它是美國富裕郊區的完美縮影，居民之間交織著緊密的紐帶。

「它讓我想起充滿童話色彩的美國小鎮，學校活動和體育賽事構成了生活的軸心，」艾布魯汀說，「我們採訪過的許多年輕人和成年人都會告訴我們，他們認識所有鄰居，隨時可以找任何人幫忙。我的意思是，這聽起來實在幸福美好……似乎是個養兒育女的好所在。」

艾布魯汀和同事安娜·穆勒（Anna Mueller）一起研究白楊林。第一次造訪這座小鎮時，他們都才初出茅廬，在孟菲斯大學（University of Memphis）的社會學系擔任助理教授。他們是偶然聽說這座小鎮的。穆勒在臉書上跟某個人聊了起來。「跟我聊過之後，她問，**妳可以跟我媽媽談談嗎？**」穆勒說，「於是我跟她媽媽有了一段對話。」

這位母親住在穆勒和艾布魯汀後來稱為白楊林的鎮上。這段對話讓穆勒大為震驚，促使她立刻跳上飛機趕赴當地。她隨後二度造訪，這次是帶著艾布魯汀一起。他們倆後來一次又一次地造訪，因為他們愈來愈沉迷於那裡發生的戲劇性事件。

「我是說，那裡美得令人屏息，」穆勒說，「就像一個風景如畫的社區，洋溢著強烈的自我認同。居民以身為白楊林人自矜。」當地高中在全州排名數一數二，學校校隊稱霸各種運動賽事。「孩子們上演的舞台劇非常精彩，令人嘆為觀止，」穆勒說。

在白楊林幾英里外，有個被穆勒和艾布魯汀稱為安倪斯谷（Annesdale）的小鎮。安倪斯谷也很美，但有著大批公寓式建築，房價比較低廉，而且，安倪斯谷高中也不像白楊林高中那樣名列前茅。「我不會把我的孩子送去那裡上學，」一位家長告訴穆勒和艾布魯汀，「那所學校倒是沒什麼問題，只不過白楊林⋯⋯**畢竟是白楊林**。」如果你的孩子在白楊林長大，他們幾乎不可能偏離每一個中上階級父母為子女鐫刻的人生軌跡：積極進取、受人歡迎、在學校認真學習，並做出能讓生活變得更美好的選擇——當然，最然後榮歸故里，回到白楊林生活。穆勒和艾布魯汀後來寫了一本書，紀錄他們在白楊林的時光，書名為《活在壓力下》（*Life Under Pressure*，暫譯），這是一本引人入勝卻令人不安的學術著作，他們在書中寫道：

白楊林人在描述他們的共同價值觀時，用詞的明確與一致有時令人毛骨悚然。「我們」被始終掛在嘴邊。「當我們想到白楊林，」一位青少年的母親伊莉莎白分享道，「我們想到的是成就，我們談的是學術桂冠，我們說的是體育獎盃。」

一位名為夏儂的少年說：

我們的鄰里親密無間……每次走在街上，我都會跟我認識的每一個人打招呼，就算長輩也不例外，因爲我一生下來就認識他們了。這是一張很大的支援網……

這裡一直都是這樣。一位名叫伊莎貝爾的年輕女孩告訴穆勒和艾布魯汀：

如果我受傷了，我知道我可以走到任何一條街……得到我需要的一切，不一定非得找我爸媽。我可以直接走進去〔隨便一戶人家〕，哭著說我膝蓋破了，他們會幫助我……我喜歡我們這種守望相助的感覺。

到目前為止，我們探討了兩個觀念。首先是社會流行病既不瘋狂也不會失控，它們會依附於某個地方。其次，菲利普．艾斯弗梅斯和邁阿密的傳奇告訴我們，地方的力量來自於社區對自己訴說的故事。在這一章，我想從這兩個觀念出發，再加上第三個問題：如果流行病受到社區居民創造的大背景故事所影響，那麼，社區必須對他們染上的狂潮和疫病負起何種意義的**責任**？

這是第三道謎題。

3

在白楊林爆發危機的一個世代以前，動物園界也曾上演過一場奇特的類似危機。如果硬要說動物園的危機應該作為白楊林家長們的警鐘，未免過於牽強，畢竟這兩個世界可謂風馬牛不相及。唯有憑藉事後諸葛，兩起事件的相似處才逐漸浮現。

這場危機始於一九七〇年代。世界各地的動物園管理者開始投入愈來愈多資源，繁殖園方豢養的動物。個中邏輯顯而易見，何必大費周章捕捉野生動物？日漸興起的保育運動也支持繁殖計畫。新策略成效斐然——只有一個巨大的異數：獵豹。

「幼崽的存活率極低，許多獵豹甚至無法成功繁殖。」當時任職於美國國家癌症研究所的遺傳學家史蒂芬．奧布萊恩（Stephen O'Brien）回憶道。

這毫無道理。獵豹堪稱演化適應性的完美典範：有如同核子反應爐般強勁的心臟、媲美靈堤犬的四肢、形似專業自行車安全帽的流線型頭骨，以及始終外露的爪子——奧布萊恩形容：「當牠們以時速六十英里追逐獵物時，這些爪子能提供如足球鞋釘般的抓地力。」

「牠是地球上跑得最快的動物，」奧布萊恩說，「地球上第二快的動物是美洲羚羊。美洲羚羊的速度之所以高居第二，是因為牠們被獵豹追著跑。」

動物園管理員們困惑不已：是他們做錯了什麼，還是獵豹的生理構造存在某種未知的奧祕？他們提出各種理論、嘗試各種實驗——全都徒勞無功。最後，他們聳聳肩表示，肯定是因為這種動物「天性易受驚嚇」。

轉機出現在一九八〇年維吉尼亞州弗蘭特羅亞爾（Front Royal）的一場會議上。全球動物園園長齊聚一堂，其中包括南非大型野生動物保護計畫的負責人。

「他問：『有沒有人知道人工繁殖的科學原理？』」奧布萊恩回憶道，「『能否向我們簡單說明為什麼南非的獵豹繁殖計畫只有百分之十五的成功率，而其他動物——大象、馬和長頸鹿——卻能像老鼠一樣大量繁衍？』」

兩位科學家舉手回應，他們都是奧布萊恩的同事。他們飛往南非，在普勒托利亞（Pretoria）附近一個大型野生動物保護區，採集幾十隻獵豹的血液和精液樣本，結果令他們大吃一驚。獵豹的精子數量極低，精子本身也嚴重畸形。很明顯，這就是獵豹繁殖困難的原因，而不是因為牠們「天性易受驚嚇」。

但是原因何在呢？奧布萊恩的實驗室隨後開始檢驗寄給他們的血液樣本。他們過去曾針對鳥類、人類、馬和家貓進行過類似的研究，在所有案例中，這些動物都顯示出健全的遺傳多樣性：在大多數物種中，大約百分之三十的取樣基因會顯現某種程度的差異性。獵豹的基因完全不是這麼一回事。**它們如出一轍**。奧布萊恩說：「我從未見過基因如此一致的物種。」

奧布萊恩的發現受到同行的質疑，所以他和他的團隊繼續往下說。

「我去了華盛頓州的兒童醫院，在燒燙傷中心學習如何植皮，」他說，「他們教我如何保持無菌、如何取下……皮膚切片、如何縫合等等。之後，我們在南非為大約八隻獵豹做了〔皮膚移植〕，然後又在奧勒岡州替另外六或八隻獵豹動了手術。」

奧勒岡州溫斯頓（Winston）的野生動物園（Wildlife Safari）是當時全美擁有最多獵豹的動物園。

其中的原理很簡單。如果把動物的一塊皮膚移植到另一頭動物身上，受體會產生排斥，會視捐贈者的基因為外來者。「皮膚會在兩週內變黑、脫落。」奧布萊恩說。但如果皮膚的收授雙方是一對同卵雙胞胎，移植便會成功，受贈者的免疫系統會認為皮膚是自己的。這是對奧布萊恩的假設的終極測試。

移植的皮膚很小塊，只有一英寸見方，縫在獵豹的胸側，並用彈性繃帶裹住身體加以保護。首先，研究小組給獵豹移植了家貓的皮膚，以確認這種動物的確**擁有**免疫系統。果然，獵豹排斥了家貓的皮膚：發炎紅腫，然後壞死。牠們的身體是懂得辨認異物的——家貓和牠們**不同**。接著研究小組植入了取自其他獵豹的皮膚。結果呢？相安無事！植入的皮膚被接受了，奧布萊恩說：「彷彿牠們是同卵雙胞胎。這種情況只有在兄弟姊妹近親交配了二十代的老鼠身上才能看到。我被說服了。」

奧布萊恩推斷，地球上的獵豹族群必定在某個時間點遭到了滅頂之災。他的最佳猜測是，事情發生在一萬兩千年前的大型哺乳類動物滅絕時期，當時的冰河時期導致劍齒虎、乳齒象、長毛象、巨型地懶和其他三十多種動物消失；不知道為什麼，獵豹僥倖存活下來，但僅驚險躲過滅絕的命運。

「若要符合所有數據，數量應該少於一百，也許少於五十。」奧布萊恩說。事實上，獵豹族群有可能一度只剩下**一頭**懷孕的母豹，而那幾頭孤獨的獵豹要想生存下來的唯一辦法，就是克服絕大多數哺乳動物先天對於近親交配的抑制力：姊妹必須和兄弟交配，表親必須和表親交配。這個物種最終觸底反彈，但只能透過無止盡複製同一組狹窄的基因來恢復生機。獵豹依然優雅迅捷，而現今的每頭獵豹皆完美呈現出一模一樣的優雅迅捷。

奧布萊恩寫了一本回憶錄，描述他作為遺傳學家的一生，書名為《獵豹的眼淚》（*Tears of the Cheetah*，暫譯），指的是獵豹臉上那兩道讓牠看起來像是在哭泣的獨特標記：

想像一下，在南歐某個地方，一頭懷孕的年輕母豹爬進一個溫暖的洞穴，蟄伏起來度過嚴冬。當春天來臨，牠和牠的幼崽爬出洞穴，整個世界都變了，其他獵豹和當地的大型掠食者全都消失無蹤，成了全球大屠殺的受害者……我的腦海浮現出那頭獵豹媽媽淚流滿面的情景，那眼淚在此後每一頭獵豹的雙眼底下，留下了一道抹不去的淚痕。

生物學家用「單一栽培」（monoculture）這個詞來形容個體差異被抹滅、每個生物體都遵循相同發展路徑的環境。

這樣的一元文化非常罕見；多數自然系統的預設狀態為多樣性。一元文化通常只會在自然秩序被有意或無意打亂的情況下才會出現——例如一群富裕的父母聚集起來，打造完美反映他們追求成就與卓越決心的社區。白楊林的父母追求一元文化，至少在他們發現一元文化

——即使是表面上完美的一元文化——需要付出代價前，是這樣的。流行病**最喜歡**一元文化。

4

艾布魯汀和穆勒最先察覺的異狀之一，是白楊林高中學生的言語如出一轍。聽聽受訪女孩娜塔莉的話：

> 哎呀，我的成績單上有四個B，太丟臉了。我不敢告訴我的朋友，因爲大家都是全A的優等生。

白楊林又小又封閉，話題永遠圍繞著單一主題：**成就**。走廊上的閒談不外乎這些。另一位學生莎曼珊如此描述：

「噢，又到了選課時間——你下學期要選幾門大學先修課程？噢，又到了體育活動換季的時間——你下學期要參加什麼球隊？噢，你的球隊打進了總決賽——奪冠了嗎？你打什麼位置？」這些都是日常的話題。

艾布魯汀與穆勒對高壓的中上階層文化再熟悉不過。他們是大學教授；這種文化根本就是他們這些人發明的。然而，根據他們的經驗，家長的期望與孩子——或至少部分孩子——的自我期許之間，通常存在某種距離。但在白楊林，這距離無影無蹤。艾布魯汀指出：

這裡有一種非常、非常明確的模範生典型，沒有太多選擇讓孩子們有所不同……壓力從四面八方湧來。壓力來自學校，因爲學校希望維持高排名。壓力來自家長，因爲他們擔心孩子進不了他們希望孩子去念的學校。壓力也來自孩子自己，因爲你知道的，他們永遠需要上四到五門大學先修課程。[1]

1 《活在壓力下》一書提到很多這樣的事情。一位母親說：（他們是）縮水的小大人。他們必須上每一門大學先修課程，最好還要參加體育活動……你需要想清楚所有事情，這樣才能進入對的大學，而且你最好進到對的大學，這樣才能找到對的工作。我經常聽到朋友說：「哦，我的小孩參加了這項體育項目，我們的時程緊湊（到了極限），直到九點或十點才吃晚飯，而且我們總是在外面吃。」或者，「我的孩子寫功課寫到半夜一兩點」。

「沒有太多選擇讓孩子們有所不同」這件事情很奇怪，因為長久以來，高中就是讓年輕人尋找各種方法使自己**可以**與眾不同的地方。看看左頁這張圖表，這是一九九〇年針對中西部一所大型高中所做的調查結果（如果你曾在那個年代上高中，表上的數據會令你深感熟悉）。數百名學生被要求列出學校中的不同「群體」，並描述每個群體的特質。這些數字代表每個群體中，符合最左欄描述語的百分比。

如果你是在一九九〇年代前後念的高中，各個群體的名稱可能會稍有不同，但模式始終如出一轍，而這就是一般高中的模樣。總有一群學生熱愛學習，也有一群學生厭惡學校；有些人喧鬧叛逆，有些人安靜好學。這種多樣性至關重要：青少年正努力尋找自我，而一所擁有各式群體的學校，為他們提供了最佳的機會去找到志同道合的夥伴。（舉例來說，一些有趣的研究顯示，加入哥德族或龐克族的孩子其實是害羞的——即便他們的穿著打扮很嚇人，甚至令人反感。他們的打扮會讓人不敢跟他們說話，這正合他們之意，因為他們害怕和別人交談。哥德族的造型就是他們的盔甲。）

高中大調查的發起人之一伯萊德福特．布朗（Bradford Brown）用一張圖表為他所研究學校中的關鍵群體進行社交「定位」，我把它收錄在下頁，只因為它是對正常高中生活的一

各個高中社交群體中，符合特定描述語的學生百分比

穿著打扮	運動員	毒蟲	無名小卒	正常人	受歡迎人物	校霸	其他
整齊清潔	16	7	8	32	10	3	21
休閒運動風	52	24	8	51	21	18	29
時髦	31	6	1	16	59	4	15
亂七八糟	1	57	30	1	8	66	18
沒品味	0	5	51	1	1	5	11
社交性							
破壞秩序	2	68	5	1	13	75	1
不善於社交	2	4	78	16	6	4	25
與人為善	50	13	6	74	25	9	43
搞小圈圈	45	11	8	7	54	10	17
讀書態度							
喜歡上學，努力認真	49	1	14	41	50	2	27
持正面態度	45	10	30	53	31	10	35
無可無不可	4	22	38	5	9	23	22
討厭上學	0	65	14	1	9	62	13
課外活動參與度							
高	53	1	3	33	49	1	23
中	45	10	21	61	34	11	39
低	1	89	76	6	16	88	38

個非常簡單（且滑稽）的描繪。

還記得這樣的高中生活嗎？

白楊林高中當然也有小圈子。但穆勒和艾布魯汀的重點是，這些圈子之間沒有間隙。如果你要為白楊林製作類似的圖表，它看起來會像左頁。

如果你是滑板族，你必須是個成績優異的滑板族。如果你是書呆子，你必須是個受歡迎的書呆子。如果你是龐克族，你必須是能考上大學第一志願的龐克族。

艾布魯汀和穆勒試圖尋找那些拒絕被白楊林的規範束縛的孩子，這是他們的研究中最引人入勝的部分之一。他們費了一番功夫。史考特是他們找到的其中一人：

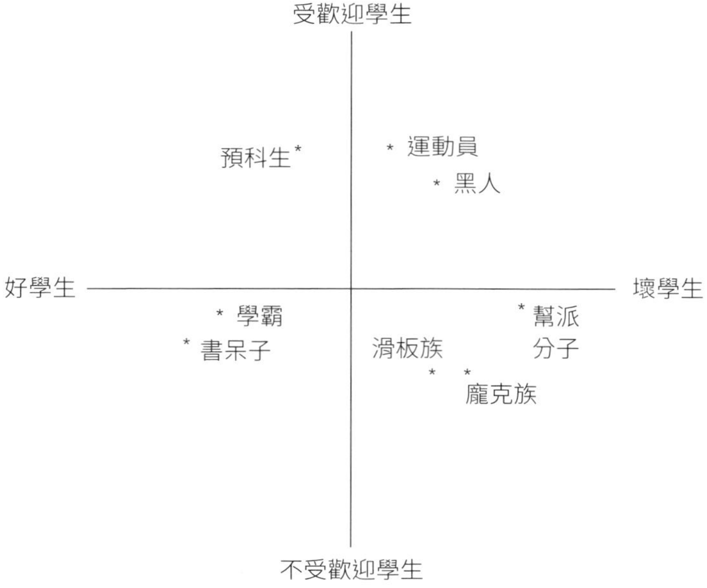

我知道高中很重要，而且我也確實會有那些感覺，像是：「哦，如果這次考試沒考過，我總有一天會變成流浪漢。」……我不喜歡我得抱持這種心態。我希望我能改變它，但我做不到。

艾布魯汀和穆勒說，史考特定義自己是個叛逆小子。但即便如此，他還是無法擺脫這種非常白楊林式的想法：如果一次考試不及格，他最後就會落得無家可歸。艾布魯汀和穆勒寫道：

有些時候，他對自己的良知良能充滿信心，覺得白楊林有些地方不太對勁，

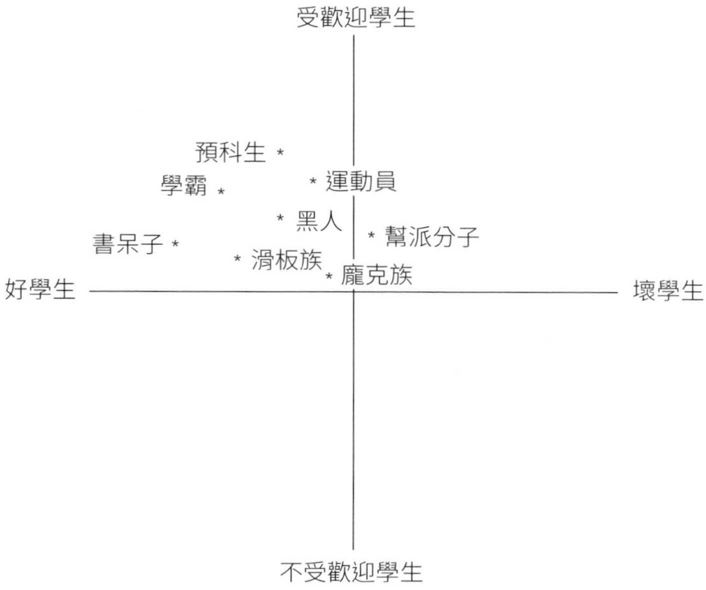

但另外一些時候，正如一個不確定自己對情況的理解是否正確的年輕人，他顯得有些怯懦。萬一他錯了呢？萬一白楊林的文化並不侷限於當地，而是一種普世價值呢，那該怎麼辦？最終，這種可以理解的茫然削弱了史考特對地方文化的防護性抗拒，也傷害了他對自我的肯定。

然後還有莫莉，她是另一個自稱叛逆的人：

莫莉心地善良、富有同情心，略顯文靜、嚴肅，並且和白楊林的所有青少年一樣，深諳成為「完美年輕人」的各種複雜細節。見鬼了，她本人就是其中許多典範的代言人。她告訴我們，學業「非常重要」，她決心努力學習，取得好成績。她參與高中體育活動（不過沒能入選熱門的袋棍球隊），並且和受歡迎的女孩們走得很近。畢業後，她進了一所很棒的大學。

這就是一元文化中的叛逆：如此輕微地偏離大眾路線，得用核磁共振掃描才能測出其中的差異。缺乏「人群多樣性」是白楊林在州立高中當中名列前茅的原因，也是家長之所以放心的原因。就算你的孩子是個邊緣人，他至少會是個成績優異的邊緣人。2

但在整齊劃一的世界裡，你所犧牲掉的是韌性。在那兩張圖表所描繪的高中，如果校園裡眾多次文化中的某一個出了問題，感染很難擴散到其他任何次文化。學校裡的群體散得太開：每個圈子都有自己的一套文化抗體，使得感染源很難橫行無阻地在全校之間流竄。

另一方面，一元文化不具備抵抗外來威脅的內部防禦性。校園內一旦出現感染，就沒有任何東西可以阻擋它。

2 我是在加拿大安大略省西南部一座小鎮的公立學校就學的。只有約兩成的學生後來進了四年制大學；大多數高中畢業後繼續升學的學生，都進了當地的社區大學。學校裡有些曲棍球運動員夢想進入職業球隊，當地的青少年聯盟構成了他們的整個世界。在我模糊的記憶中，學校裡有一支經常輸球的籃球隊，還有一群人就連凜冽的寒冬也會擠在中庭裡抽菸，似乎對任何事情都提不起興致。我畢業那年，刊在畢業紀念冊上最有名的社團是「冷漠拖延症患者」（Apathetic Procrastinators），由五個頗受歡迎的男生所組成，他們拍下自己在不同階段的極度倦怠狀態下躺平的照片：「冷漠拖延症患者度過了非常成功的一年，一整年什麼事也沒幹……」（我猜白楊林沒有類似的學生社團。）自一九七〇年代後期以來，白楊林的運動隊伍總共贏得了一百二十一項州冠軍。我的高中在我就讀期間只拿過三項冠軍。在我聽來，白楊林實在是個可怕的地方。

對白楊林瞭如指掌的房屋仲介理查也明白這一點。他選擇住在鄰近的安倪斯谷，也就是許多白楊林人不屑一顧的小鎮，並把女兒們送到那裡的學校上學。「這是在教養方式上的決定。」他說。

我覺得那裡比較像「眞實的世界」，壓力也沒有那麼大。〔白楊林〕追求卓越的高度壓力是出了名的。你得當上樂團首席，得成爲最頂尖的籃球選手……非得上麻省理工學院不可。我是說，你有一種凡事都得做到最好的眞實壓力。他們的名聲有一部分就是這麼來的。我媽媽是〔在白楊林任教的〕一位初中老師，她會談到有家長來找她，說她給了孩子一個B，他們非常憤怒，認爲這會毀了孩子申請常春藤盟校的機會。

他談起艾布魯汀和穆勒下了定論的同一件事：壓力。

那是明顯可見的，彷彿摸得到也看得到一樣。我們不願意讓自己的孩子置身其中。我懂那種感覺。我的意思是，當我赴房屋賣家的約，我問：「你爲什麼搬家？」「壓力有點太大，我的孩子不適應，這裡太競爭了。」我是說，這是眾所周知的事，你可以隨便問任何一個人。

理查說他認識白楊林高中的校長，我問他校長對這樣的壓力有什麼看法。

「她說：『這些家長他媽的瘋了。』」

5

一九八二年，史蒂芬．奧布萊恩開始在奧勒岡州野生動物園進行植皮實驗的幾個月前，園方決定擴充他們的獵豹族群。

「我驅車南下沙加緬度（Sacramento），從當地動物園帶回來一對獵豹，」美樂蒂．羅克—帕克（Melody Roelke-Parker）回憶道。羅克—帕克是一名獸醫，負責照顧奧勒岡野生動物園的獵豹。「這兩頭獵豹的名字是托馬和莎布，牠們看起來很健康，沒有什麼明顯的異狀。我們將牠們帶回，大概不到一個星期，牠們就加入了我們的獵豹繁殖計畫。」

羅克—帕克熱愛獵豹。事實上，她自己撫養了兩隻遭母親遺棄的獵豹幼崽。

就這樣，我家裡多了兩頭獵豹。那眞是太美妙了，因爲牠們會發出呼嚕聲、相互依偎，還會把你推下床。看著這些傢伙，你絕對想不到牠們會如此親人。跟牠們一起生活有如一場夢。我是牠們的家人……我來來回回開車上下班。牠們會坐在座椅上，要麼昂首挺立，要麼舒服地依偎著，你知道的，牠們的頭很高。看著高速公路上的人們驚慌失措、嚇得半死，眞的很有趣。

野生動物園的獵豹群就像她的大家庭，這正是沙加緬度來的新獵豹們的遭遇令她心如刀割的原因。

「兩個月後，其中那隻公獵豹倒下了。我們很詫異：『究竟是怎麼一回事？』於是我們急忙將牠送到診所，徹底檢查一番。」診斷結果是腎衰竭。這隻獵豹死了。

好吧，這有點奇怪，因爲牠看起來很健康。但是很明顯，動物轉移到新環境、適應新飲食等，會承受巨大壓力。所以我認為這是單一事件。

不過羅克—帕克隨後注意到，園內的其他獵豹開始接連病倒。「〔牠們〕開始出現各式各樣非特異性問題，例如腹瀉和奇怪的牙齦疾病。如果牠們對你齜牙裂嘴，你會看到牠們的牙齦紅腫流血。」這些大貓變得無精打采。「牠們的體重開始大幅減輕……我們培養牠們的口腔樣本，發現奇怪的細菌，不得不幫牠們塗抹紅黴素來治療口腔發炎。但我完全不知道病因是什麼，毫無頭緒。」

一隻獵豹病得很重，羅克—帕克不得不讓牠安樂死。她後來做了屍檢。

我剖開牠的肚子，發現黏稠的黃色絲狀物……這是一種叫做「貓傳染性腹膜炎」（FIP）疾病的典型症狀。這在家貓身上很常見，但從沒聽說獵豹感染這種病。

如人所知，FIP是一種冠狀病毒——是數十年後肆虐人類的COVID病毒株的近親。對家貓而言，這種病毒通常不會致命，但對獵豹卻是毀滅性的。羅克—帕克定期為野生動物園的所有獵豹抽血，她回溯過往的血液樣本，看看樣本中是否存在FIP抗體。在托馬和莎布到來之前，沒有一隻獵豹顯示ＦＩＰ的任何跡象。但是牠們來了之後，幾乎所有獵豹都有了痕跡。這兩隻加州來的大貓掀起了一場小型流行病。

動物在感染後大約八個月開始死亡，然後牠們就開始，你知道的，一一倒下，那眞的……眞的很可怕。百分之八十未滿十六個月大的獵豹都死了。

這是一場大屠殺。動物們會生病倒下。但基於某種原因，牠們無法擊退這種病毒。

牠們的免疫系統不斷嘗試製造抗體來壓制病毒，導致抗體濃度上升到超高水準，血液蛋白質高得離譜，於是出現了免疫危機。

他們成了行走的骷髏。家貓若感染ＦＩＰ，可能只出現十種症狀中的幾項；但獵豹會出現所有症狀。牠們會腹瀉、口腔病變、消瘦……

她用盡一切方法：插入胃管、注射免疫增強劑、打點滴。全都無濟於事。「我們沒有救活任何一隻……一旦出現疾病症狀就完了，無力回天。」

羅克—帕克所看到的，是史蒂芬・奧布萊恩早已發現的不可避免的結果。所有獵豹如出一轍。在更新世末期，那隻從洞穴中走出來、發現自己孤孤單單的懷孕母豹——純粹出於基因上的機緣巧合——恰好是一隻容易受貓冠狀病毒感染的獵豹。由於每隻獵豹都是牠的後代，所以現在每隻獵豹都很容易受到感染。在獵豹自由馳騁的幾世紀裡，這項事實並不重要。牠們是獨居動物：每隻獵豹都占據一片廣闊的區域，盡可能遠離其他同類。疫病不可能消滅整個野生的獵豹族群，因為獵豹所做的，等同於動物界的保持社交距離。但是人類改變了這一點。人們把大量的獵豹聚集在一起，讓牠們在封閉的空間裡並肩生活，動物園管理員是獵豹疫情的始作俑者。「如果一隻獵豹生病，牠們全都會生病，」羅克—帕克說，「而這正是實際發生的狀況。」

然後她察覺自己看到的只是冰山一角。

「我發現加拿大某個地方曾爆發過一場疫情，而園方完全封鎖消息，」她說，「他們沒有告訴任何人，沒有人知曉這件事情，但是他們的所有獵豹都死了。愛爾蘭的動物園也曾發生過同樣的狀況，但是根本沒有人談起這件事。」

她跟奧布萊恩一同參加了佛羅里達州的一場動物園會議，她決定公開真相。她發表了關於奧勒岡州動物園疫情的演講，事後，一位來自加州動物園的獸醫走上前來對羅克-帕克說：「我的老闆正從奧勒岡州接來一隻獵豹。」

我的反應是：「天啊。」他們沒有得到任何消息，園長沒有對他們說起任何有關這次疫情的事情。於是我說：「哎呀，建議你們別這麼幹，**你們不會想要牠**。」所以〔她〕立刻打電話給她的主管說：「千萬不要從奧勒岡野生動物園帶獵豹回來。」不用說，當我回到家，我被告知自己需要另謀他就，因爲我公開討論了這件事——更糟的是，我的行爲搞砸了一單生意。

我的下屬辭職不幹了。他們爲我所受的待遇義憤填膺。情況很糟糕。

6

白楊林的流行病是從一個名叫艾莉絲的女孩從橋上跳下時開始的。當時是大白天，周圍有人，所以艾莉絲活了下來。她被送往醫院。

「不論從哪方面來看，艾莉絲都是白楊林的模範青少年：聰明、活潑、上進，而且是其他人眼中的美女。」穆勒和艾布魯汀寫道。

她的輕生令人震驚，而就像在緊密社區中發生的所有令人震驚的事件一樣，這起事件引起了廣泛討論。一個看似擁有一切、看似幾乎沒有任何不順遂的女孩，爲什麼企圖結束自己的生命？

六個月後，艾莉絲的同學兼隊友——一個名叫柔伊的女孩——從同一座橋上跳下。她沒能活下來。四個月後，柔伊和艾莉絲的同學史蒂文舉槍自戕，結束了自己的生命。這個社區現在有三起自殺事件，其中兩人死亡。七年過去了，人們可能以為這只是個小插曲。但是接著，在短短三個星期內又發生了兩起自殺事件，兩者都是男孩。之後，和那兩個男孩關係密切的一個名叫凱特的「好人緣」女孩，也從艾莉絲和柔伊自殺的同一座橋上跳了下去。也許，最好讓穆勒和艾布魯汀描述接下來發生的事：

凱特死後不到一年，出現了另一波更大的自殺潮：夏綠蒂和她的三位男性好友在六週內相繼輕生。從那時起，每年至少有一名白楊林青少年或年輕人結束自己的生命。有幾年，這個社區經歷了多起自殺死亡事件，許多孩子企圖自盡。二〇〇五年至二〇一六年的十年間，在大約僅有兩千名學生的白楊林高中，共有四名青春期女孩（如果把剛剛轉出白楊林高中的一個女孩算在內，則共有五名）、兩名初中生，以及至少十二名應屆畢業生自殺身亡。

根據統計，在擁有兩千名學生的學校，「正常」的自殺率為每十年一或兩人死亡；白楊林遠遠超過這個數字。初中生會聽到高中生自殺的消息，然後，他們上了高中，親身經歷另一波自殺潮。人們之所以搬到白楊林，正是因為他們認為這裡很安全，可以避開籠罩許多美國社區的暴力問題與不確定性，而這就是自殺流行病令人驚訝的原因。這裡怎麼可能會發生這種事？但這其實不足為奇。白楊林是個一元文化的地方——一條又長又直的高速公路，沒有出口匝道。

第一起死亡事件是個異常現象。當類似事件再次發生，人們開始擔心。但是當它一而再、再而三發生，人們就——以最令人驚心的方式——見怪不怪了。

「在四波自殺潮中，至少三波包含了非常受矚目的校內風雲人物，這些學生是白楊林理想青年的化身，」艾布魯汀說，「你知道的，像是三個賽季的體育明星，或許還是其中一項運動的隊長，學業成績優異，性格活潑。很多自殺身亡的年輕人看起來都很完美，然後就這麼走了。那就有點像是：『哎呀，如果他們這樣的人都活不下去了，我要怎麼活呢？』」

7

一九八三年，美樂蒂・羅克－帕克離開奧勒岡州，投身於拯救佛羅里達山獅的事業。山獅幾乎在佛羅里達州絕跡了，州政府希望找到方法來重建山獅的數量。她加入了一支獵山獅隊伍，他們運用獵狐犬在佛羅里達州南部的沼澤地中追蹤山獅，把牠們趕到樹上，然後對牠們發射麻醉槍。

「我想，我們第一年總共抓到了四隻大貓。」羅克－帕克回憶道。

這眞的很難。我不知道捕捉山獅的行動竟有如此龐大的壓力，因爲牠們太珍貴了。牠們爬上四十英尺高的大樹，你必須評估牠們的年齡、健康狀況和行動能力。

其中一名隊員會爬到樹上，而山獅正緊張地蟄伏在那裡。

我必須算好給大貓注射的麻藥劑量，既不會讓牠從樹上掉下來，又必須讓牠足夠昏沉，免得牠殺了爬到樹上的隊友。

目標是在山獅身上撒一張網，慢慢把牠放到地上，然後徹底檢查牠的身體狀況、抽取血液和皮膚樣本、戴上電子項圈，再將牠放回野外。「我們一開始就發現，這些動物都很老，」羅克—帕克說，「沒有年輕的山獅，也沒有幼崽。母山獅即將步入生育力老化的階段。我們會蒐集雄性的精子：牠們的精子百分之九十五都是畸形的。」

團隊很快發現，山獅與獵豹不同，牠們遭遇過許多次瓶頸期。首先是更新世末期的哺乳動物大滅絕。接著在二十世紀，南美洲山獅嘗試向北移動，但在企圖穿越狹窄的巴拿馬地峽時，遭到固守地盤的當地山獅阻擋。不再有新來的成員為佛羅里達的基因庫添磚加瓦，情況愈來愈糟。山獅的主要獵物原本是鹿，但佛羅里達州的鹿群遭到獵人大肆捕殺。山獅淪落到吃犰狳果腹，導致營養不良。僅存的幾隻山獅被迫近親繁殖，結果一個又一個遺傳缺陷開始累積。山獅的基因多樣性蕩然無存。

「有一回，我們一次抓來了好幾隻幼貓。」羅克—帕克回憶道。

在牠們被抓來的大約一個月後，我去評估牠們，隊友們弄暈了一隻公山獅給我檢查。我去摸牠的陰囊，發現沒有睪丸，我開始慌亂地嚷著完蛋了。這裡有缺少睪丸的公山獅，也有心臟缺陷的，現在到處都聽得到心雜音。從生物學的角度來看，我們已到了窮途末路。這些大貓命懸一線，一個物種的滅絕正發生在我眼前。

一九九二年，參與拯救佛羅里達山獅的全體工作人員聚集在喬治亞州邊境一座古老的農場莊園。羅克—帕克、奧布萊恩以及其他三十多人全都到場。奧布萊恩記得，那是接連幾天的高強度聆聽、表態、批評、掙扎和妥協。以奧布萊恩為首的一派主張引入新血。德州山獅是佛羅里達山獅的近親，基因多樣性則高出二十倍。為什麼不把德州山獅引入佛羅里達呢？

私人養殖者勃然大怒。他們主張**讓野生山獅與豢養的山獅交配**。對他們而言，佛羅里達山獅存在本質問題的想法荒謬至極。佛羅里達山獅是該州的吉祥物！[3]

「我們覺得我們有純種的山獅，」其中一位私人養殖者說，「讓德州山獅和佛羅里達山獅雜交，就像叫白頭鷗和金鵰雜交一樣。到頭來什麼都不是。」[4]

最後，會議達成一致意見。將德州運來的八隻雌性美洲獅送到大沼澤地野放。當德州遇見佛州，轉變由此而生。兩個群體開始交配繁殖，牠們變得愈來愈強壯。在一個令人難忘的案例中，一隻有德州媽媽和佛州爸爸的山獅移居到另一隻山獅獨占的地盤。「你猜怎麼著？」羅克—帕克說，「牠的生育力強得令人髮指。我們知道至少有一百零八隻幼崽是牠的種，牠被封為情聖就是因為牠非常多產。」

「負責訓狗的那個傢伙叫做羅伊．馬克白（Roy McBride），」奧布萊恩說：「他總說：『史蒂夫，你知道嗎，我覺得遺傳學什麼的根本全是鬼扯，』他說：『我會這麼做，是因為他們要我這麼做。』但是後來，當他看到復育計畫繁衍的後代，他注意到混種的山獅體型較大，且更強壯。他說和之前的佛羅里達山獅相比，牠們看起來有如阿諾．史瓦辛格。」

山獅得救了。佛羅里達山獅的數量一度僅剩幾十隻，現在已有超過一百隻。但為了要獲救，牠首先必須變成另一種物種——德州和佛州的混種。解決一元文化流行病的最好方法就是打破一元文化。

白楊林是否應該如法炮製？當然。但該怎麼做呢？白楊林的一元文化是白楊林家長的傑作。他們原本可以把孩子送到安倪斯谷的學校就學，就像房屋仲介理查所做的那樣，但他們不願意。他們想要一所每個學生完全一致的學校。如果白楊林的一元文化被打破——學生分散開來，師資重新調配——新版本的白楊林高中幾乎肯定達不到原來的水準。新學校可能無

3 事實證明，私人養殖的山獅一點兒也不「純」。羅克—帕克針對一些豢養的大貓做了DNA分析。牠們都是混種動物——混合了來自各地的山獅。

4 與此同時，該州的保育運動領袖瑪喬麗・斯通曼・道格拉斯（Marjory Stoneman Douglas）譴責羅克—帕克參與的山獅追蹤計畫是「胡鬧」。他們為什麼要派狗追蹤山獅、把牠們趕到樹上、對牠們發射麻醉槍，然後給牠們戴上追蹤項圈？「我認為，只要對山獅有所了解的人都知道，戴上項圈的山獅和沒戴項圈的山獅不一樣，」她聲稱，「山獅是野生動物，是大貓，而且是敏感的大貓，我們相信項圈對牠有害，我看不出無害的可能，」她說，「離這些動物遠一點吧，別靠近大沼澤地。一切都會好起來的。」當然，事情不會就這樣好起來：如果放任山獅不管，讓牠保持純正，牠注定會滅絕。

法在全美名列前茅，可能無法提供那麼多門大學先修課程，可能無法在數十項運動競賽中贏得州冠軍。吸引白楊林人搬來白楊林的因素將不復存在。

流行病熱愛一元文化，**但我們也是如此**。事實上，我們有時候會煞費苦心地創造一元文化——儘管這樣做會將我們自己的孩子置於險境。

醫學上有個專門術語用來形容因醫療的介入而導致的疾病：「醫源病」(iatrogenesis)。醫生用某種藥物治療病人，結果副作用比疾病本身還要嚴重。醫生進行了一個小手術，結果病人死於併發症。醫源性疾病是出於善意的，沒有人想傷害病人，但醫生無權使用被動語態來談論**受到**傷害的病人。醫源性流行病有其原因與罪魁禍首。白楊林的流行病就是醫源性的。

艾布魯汀和穆勒待在白楊林的那段期間也有人輕生。穆勒說：

我不騙你，那真的很難。在我們實地考察期間死去的一些孩子，仍然會讓我的情緒產生強烈的起伏。

他們認為自己已經找到流行病發生的原因，但卻無力阻止。

看到這種模式不斷重演，實在令人心碎……你知道的，總會存在這樣的諷刺。每當我們去學校，都會看到家長們〔說〕：「心理健康愈來愈重要。我們需要加強宣導，我們需要好好對待它。但是，無論學校有什麼資源，我們都希望把這些資源投入於AP考試或更多課外活動中，或更多的……」你懂我的意思嗎？

學校繼續強調成績至上。以下是校長的一段話——你在白楊林高中網站上看到的第一則訊息。粗體字是我畫的重點。

學習是本校的中心任務，我們〔白楊林高中〕相信所有學生都**具有學習的能力與意願**。我們創造了一個提供**卓越教學與學習**的環境，讓所有學生都能以負責任的態度參與這個多元且多變的世界。我們的〔使命〕……是提供一個積極且**具挑戰性的環境**，**讓所有學生都能在學業**、**社交**、**情緒和體能等各方面取得成功**……我們攜手合作，共同營造

> 並維持一個尊重、支持和**高期許**的氛圍。

校長說，學校的老師「既有才華又很勤奮」。他們努力創造「具有挑戰性又切身」的課程。

> 這一切都反映了我們的信念：學習是一個終身的過程，而〔白楊林〕是我們「**使勁地教且使勁地學**」的地方。

順帶一提，我騙了你。這不是白楊林高中校長的話，而是白楊林一所**小學**的校長致詞。白楊林的一元文化從小就開始貫徹。

對了，穆勒和艾布魯汀現在已轉移至科羅拉多州，針對流行病疫情可能更加嚴重的一所高中進行研究。

PART

2

社會工程

第四章

神奇的三分之一

「從我的經驗來看，我會說，絕對存在某種引爆點。」

1

帕羅奧圖市是矽谷的核心，也是史丹佛大學和沙丘路（Sand Hill Road）的所在地，開創電腦時代的許多創投公司都把總部設在這條路上。這座城市的部分地區——以及周圍的門洛帕克（Menlo Park）和阿瑟頓（Atherton）鎮——擁有不亞於美國任何地方的美麗街道與住宅。然而這座城市的東部和北部，卻存在著**另一個**帕羅奧圖，部分街區和一九五〇年代相較下，幾乎完全沒有改變。如果從內河碼頭路（Embarcadero）右轉進入格里爾路（Greer），然後繼續穿過奧勒岡快速道路（Oregon Expressway）和阿瑪里洛大道（Amarillo Avenue），就會發現一小塊被遺忘的歷史：勞倫斯巷（Lawrence Lane）；或者，如它在短暫的聞名歲月中，為人熟知的：勞倫斯社區（Lawrence Tract）。

勞倫斯巷是一條死巷子。巷子兩側和周邊街道上共有二十五塊土地。最初蓋的房子有些仍保留至今：兩室到三室的單層平房，每戶約一千到一千五百平方英尺，附帶車棚和不大的草坪，是戰後幾年在北加州雨後春筍般大量興起的那種平價住宅。

但從社區新建之初，勞倫斯巷就和那個時代的其他平民住宅區有所不同。它有一套規則。

2

一九五〇年代，美國許多大城市遇到了一個問題，有愈來愈多非裔美國人為了逃離經濟重挫和吉姆・克勞（Jim Crow）法的嚴厲打壓，紛紛遷離南方。但是一次又一次地，在他們前往的按理說思想很開明的城市，白人居民卻不想和他們有任何牽扯。在某些案例中，意味著新住民面臨了恫嚇和暴力；而在其他情況下則表示，每當有黑人家庭搬進一個社區，白人家庭就會立刻搬遷。當時有個流行術語叫做「白人群飛」（white flight）。

每座城市都有自己的故事。一九五五年，在費城的日耳曼敦區（Germantown），[1]一位住在清一色白人街坊的女士在另一個社區買了一棟房子，並以為自己可以輕易地以超過八千美元的價格賣掉她在日耳曼敦的房子。但結果大費周折，出價最高的是一個黑人家庭。「她說，她的選擇是賠掉朋友或賠掉錢財，而她恐怕得選擇賠掉朋友。」在相關事件的一篇報導裡，她這麼說。她簽了賣屋合同，翌日，當地一位房屋仲介發現她的鄰居們擠在他公司門前。

該名仲介記下了其中一個女人所說的每一句話。

「我不知道我們會搬到哪裡，但我們肯定要走。」

「傑克和我忍得了，但我們不想讓孩子們接觸這種事。」

「你知道的，搬來的不是最上等的有色人種。」

「要不是房子靠得太近，事情也沒那麼糟。」

「我們也許無法永遠逃避，但我們可以暫時躲開。」

「房價不會回升，只會繼續下跌。」

該報告總結道：「由於一個非白人家庭毫無惡意的購買行為，他們的生活在不到二十四小時內，發生了翻天覆地的變化。」

在底特律，第一個黑人家庭在一九五五年搬進純白人的羅素伍茲區（Russell Woods）。三年後，該社區的居民有六成是黑人。又過了十年，黑人的比例達到百分之九十。三年裡，每條街道幾乎都有三分之二的房屋易主，當地公立學校三分之二的白人學生不繼續在那裡就學。巴爾的摩的阿什伯頓（Ashburton）原本是富裕的白人社區，後來短暫成為多元混雜社區，再後來突然變成黑人社區。一九六〇年代，六萬名白人遷離了當時擁有三十萬人口的亞特蘭大，百分之二十的人口就這樣蒸發掉了。之後，在一九七〇年代，又有十萬名白人逃之夭夭。亞特蘭大長久以來自詡為一座「忙得沒時間仇恨的城市」，後來，這句箴言被戲謔地改成「忙著搬家以至於沒時間仇恨的城市」。

1 費城西北部的一個德國裔移民聚集的街區。

同樣的事情也發生在聖路易、紐約、克利夫蘭、丹佛、堪薩斯市，以及幾乎其他每一座擁有大量黑人人口的大大小小城市的部分地區。美國民權委員會前往芝加哥調查當地發生的情況時，一位社區領袖告訴他們：「讓我們把話說清楚：芝加哥沒有一個白人社區接受黑鬼。」[2]

美國歷史上從未出現過這種突如其來的城市劇變，政府官員憂心忡忡。學界開始研究這個現象：與屋主會談、追蹤住房銷售狀況、製作人口變遷地圖。他們發現，每座大城市似乎都有一個相同的模式。「隨著黑人人口的增長，黑人地區往往一條街接著一條街、一個社區接著一個社區，從中心區逐步向外擴張，有時呈輻射狀，有時呈同心圓狀，」政治學家莫頓．格羅津斯（Morton Grodzins）在一九五七年寫道，「一旦社區居民開始從白人轉向有色人種，就很難阻止或逆轉這種變化。」

根據格羅津斯所言，這種轉變一開始速度緩慢，然後逐漸升溫，最後——在一個關鍵時刻——爆發了。他用了日後會成為美國流行語的一個詞彙，在文中寫道：

這個「引爆點」因城市和社區而異，但是對絕大多數美國白人來說，「引爆點」確實存在。一旦越過引爆點，他們就不再願意繼續和黑人比鄰而居。

一個**引爆點**。格羅津斯說，這個詞彙，是他從那些企圖將白人屋主帶離城市的房地產仲介口中聽來的：「房地產業者為了尋求因黑人人口過剩所帶來的更高收益，毫不掩飾地談論著『引爆一棟大樓』或『引爆一個社區』。」在一九五〇年代末和一九六〇年代初的一段時間裡，如果你使用這個詞，人們會立刻明白背後的含意。（我非常喜歡這個詞，所以借用它作為我第一本書的書名。）**引爆點**是個臨界點：某個世世代代流傳下來、看似不可動搖的東西，在一夕之間轉變為另一種東西的那一刻。

引爆點可能在無意間出現。我們可能偶然遭遇它們，例如流行病，它們以其自身強大的傳染力達到引爆點。但在接下來的幾章，我想探討如何**刻意策動**引爆點。很明確的是，當人們所處的群體高於某個神祕臨界點，他們的行為會和處於略低於該點的群體時截然不同。那

2 然後他接著說：「在芝加哥，『融合』這個詞通常是用來描述從第一個黑鬼出現，到該社區最終完全併入黑人聚集區之間的一段時間。」

麼，如果你能準確地知道那個神奇的點位於何處，會發生什麼？或者更進一步，如果你能夠操控一個群體的規模，使其恰好低於或高於臨界點，又會如何？邁阿密和白楊林這兩個地方無意間開啟了流行病的大門。我在此談論的是更進一步：**有意識地**策劃傳染行為的路徑。我知道這聽起來頗具戲劇性，但事實上，各式各樣的人都在從事這種社會工程——而他們並不總是對自己的所作所為坦承不諱。

3

社會學家羅莎貝絲·摩斯·肯特（Rosabeth Moss Kanter）是探索引爆點意義的先驅。她在一九七〇年代為一家位於紐約市的大型工業公司提供諮詢服務。這家公司擁有一支全男性組成的三百人銷售團隊，但他們首次招募了幾名女性加入，卻意外發現這些女性的表現不如預期。公司希望找出原因。

肯特帶著筆記本，開始深入訪談這些女性。她慢慢地意識到，問題並非出在能力或公司文化上。她和人們談得愈多，愈明白這些女性純粹因為公司的族群比例而感到不適。

該公司的銷售團隊遍布全國。一個外地辦事處一般會有十到十二名銷售人員，由於全公司僅有大約二十名女性，這意味著典型的銷售團隊會有十名男性和一名女性。肯特的結論是，在一個有十名男性的辦公室裡，孤身一人的女性處境真的非常艱難。這些女性告訴肯特，即使她們覺得自己被人用放大鏡檢視，但由於她們的差異性，她們同時也不覺得自己**被看見**了。她們覺得自己被周遭的男人嘲諷。她們只能是大寫的「女人」——只能被視為性別的象徵，背負著男性同仁對女性的所有刻板印象。

「她們沒有同儕團體，」肯特回憶道，「她們變成了符號，必須代表整個類別，無法純粹做自己。」當你成為少數人的一分子，你就成了一個樣板，而作為樣板並不容易。

肯特在如今非常著名的一篇文章中報告了她的發現，這篇文章有個會令人誤以為乏味的標題：〈比例對群體生活的影響：偏斜的性別比例以及對樣板女性的反應〉。[3]「在這項研究中，沒有一個樣板需要努力工作來讓別人注意到她的存在。」肯特寫道：

3　如果你從未讀過社會學著作，肯特的這篇論文會是很好的起點。它非常精彩。

但她確實需要努力工作來讓別人注意到她的成就。在銷售團隊中，女性發現她們的技術能力可能會被她們的外表所掩蓋，所以產生了額外的績效壓力。

肯特發現，真正重要的不是一個群體是否融合，而是融合的**程度**。「我認為這才是真正的問題所在，」她說，「你是一個人還是有很多跟你一樣的人？」

如果銷售團隊清一色是女性，沒有人會質疑女性做為一個類別的表現。如果團隊比例平衡也不成問題：一半男性，一半女性；但是肯特確信，「比例偏斜」的群體具有獨特的毒性，這種群體中，有很多的某一類人，以及很少的另一類人。

肯特驚訝地發現，男性經常在沒有將比例失衡這一關鍵問題納入考量的情況下，對女性做出結論。她舉例指出，一項知名的陪審團研究顯示，男性傾向於扮演「主動的、任務導向的角色……而女性則傾向於扮演被動的、社會情緒性的角色」。男性居主導地位並做出決定，女性則退縮不前。但是等一下，肯特說，在參與研究的陪審團中，男性的人數是女性的兩倍。我們怎麼知道這不是**關鍵**因素？

「也許，」她寫道，「正是女性在偏斜群體中的稀有性將她們推上了傳統的位置，而男性在數量上的優勢，使他們在任務執行上占了上風。」

有關以色列集體農場的一項觀察，也讓肯特感到震驚。許多以色列人試圖建立性別平等的集體農場，讓兩性平等分擔責任，但他們的努力往往以失敗告終：男性最終扮演了主導的領導角色。肯特再次舉手抗議。「在集體農場，**男性的人數往往是女性的兩倍以上**。相對人數再次干擾了對男性或女性『天生』能力的公平測試。」

有些話你一旦聽過，就會永遠改變你聆聽故事的方式；肯特的見解就是這樣。讓我舉個例子。有一次，為了一個完全不相關的計畫，我花了一下午的時間採訪一位名叫烏蘇拉·伯恩斯（Ursula Burns）的傑出女性（關於她的事情，我隨便寫寫就可以輕易寫下一整章）。她在一九六〇年代成長於曼哈頓下東區的一棟廉價公寓，母親是巴拿馬移民，父親則在她的人生中缺席。伯恩斯和她的兩個手足在一棟破舊建築物的九樓小公寓長大。

「九樓很麻煩，因為……我們大部分時間不能搭電梯，」她告訴我，「毒蟲都在電梯裡頭睡覺，所以我母親定下了規矩，不允許我們搭。」

高中時期，伯恩斯就讀於曼哈頓中城的大教堂高中（Cathedral High School），那是一所天主教女校。為了省地鐵票的錢，她會走過半個曼哈頓島。

「我母親每個月要付二十三美元讓全家人去〔大教堂〕上學。她這輩子賺過最多的錢，是一年四千四百美元。太了不起了，她竟然這麼做。」

在大教堂高中，伯恩斯遇見那些會談論自己一家去哪裡度假的學生。她說：

說起來，我也算是個正常的孩子，對這個世界略知一二。但我從來沒見過眞的在放假期間去度假的人；你帶著家人、坐上車，去到別的地方。

伯恩斯上了大學，取得工程學位，然後到傳奇的全錄科技公司（Xerox）上班，在二〇〇九年被任命為執行長——成為首位執掌《財星》五百強企業的美國黑人女性。

我相信你一定聽過這種故事的某個版本：一個邊緣人靠著她的抱負、決心、努力和聰明才智，一步步走上人生巔峰。但在讀完肯特的文章之後，我不斷回想起伯恩斯故事的一個部分。在她一路往上爬的過程中，幾乎每一步，她都是同類中的唯一一個。在大教堂高中，沒有幾個女孩每天從下東區走路到學校。大學時期，工學院裡幾乎沒有其他女性，更別提其他黑人女性。大二開學返校時，她的工學院同學驚訝地說：「妳還在這裡！」或者：「天啊，妳真的懂微積分。」他們並沒有瞧不起她，也沒有敵視她。他們都是很好的人，只是很難明白一個跟他們長得如此不同的人，竟會跟他們一樣聰明。（或者，就像烏蘇拉．伯恩斯經常遇到的狀況那樣，**更聰明**。）

同樣的事情也發生在全錄。剛進公司時，伯恩斯留著安吉拉．戴維斯（Angela Davis）式的大爆炸頭，帶著濃濃的紐約口音。她開車上班時會搖下車窗，聆聽放克歌手瑞克．詹姆斯（Rick James）的歌曲。這裡是紐約羅徹斯特的一個繁榮郊區，放眼望去都是白人。她不符合任何人對優秀工程師的刻板印象。

人們開始對我說這樣的話——這持續了好一陣子，我花了很長的時間才弄明白他們究竟在說什麼——他們說：「妳太棒了，妳眞的很了不起。」一開始，我還挺喜歡的。那聽起來像是一種恭維。但過了一陣子，我開始覺得**事情不太對勁**。我後來才明白困擾我的是什麼。他們必須想辦法以某種特殊方式形容我，因爲我和他們共事——而我本不該躋身他們之中。

藉由將她歸類為出類拔萃的天才，她的同事們就不必重新審視他們對女性——尤其是**黑人**女性——的看法。他們的信念系統就可以保持完好不變。

我能夠和他們並肩而立的唯一原因就是我很厲害。因為我這種長相的人，一般是沒有資格和他們在一起的，所以烏蘇拉一定是個超級人物。

她所遭遇的，就是羅莎貝絲．肯特關於群體比例的課題。在全錄，沒有足夠多像烏蘇拉．伯恩斯這樣的人，好讓烏蘇拉．伯恩斯被當成……烏蘇拉．伯恩斯。

認識伯恩斯不久後，我碰巧讀到一位女士的回憶錄，她的名字是盧英德（Indra Nooyi）。一九七八年，盧英德從印度來到美國，口袋裡只有五百美元。三十多歲時，她加入了百事公司（Pepsi），當時，白人男性占據了公司十五個最高職位中的十五個。「幾乎所有人都穿著藍色或灰色的西裝，搭配白色襯衫和絲質領帶，留著短髮或沒有頭髮，」她回憶道，「他們喝百事可樂、調酒和烈酒。其中多數人會去打高爾夫、釣魚、打網球、健行和慢跑。有些人還會一起獵鵪鶉。許多人已經結婚生子。我不認為他們任何一個人的妻子是外出工作的職業婦女。」我想你可以猜到接下來會發生的事。二〇〇六年，憑著抱負、決心、努力和聰明才智的某種組合，盧英德被任命為公司執行長——成為第一位領導《財星》五百強企業的印度裔女性。（我對麻雀變鳳凰的故事情有獨鍾。）

但是，在盧英德的故事中，有一個非常具體的時刻再次引起了我的注意：人們對她被任命為執行長的反應。這項任命案是一樁文化**事件**，登上了頭條新聞。她記得，媒體以她認為毫無道理的方式，「興奮地頌揚我作為一名女性和印度移民的異國情調」。她寫道：

我被塑造爲身穿紗麗的形象，爲了加強印象，有時還打赤腳。事實上，打從二十五年前在芝加哥的博思艾倫（Booz Allen Hamilton）完成實習後，我就再也沒穿過紗麗上班了。至於打赤腳呢？她和其他人一樣，只有在辛辛苦苦上完一天班踢掉鞋子時才會那樣。

我剛上任時，《華爾街日報》刊出一篇標題爲「百事可樂新任執行長不會守口如瓶」的報導，文章開頭描述我穿著紗麗，高唱〈香蕉船之歌〉（Day-O）向哈利·貝拉方提

（Harry Belafonte）致意。

貝拉方提是出身西印度群島的著名歌手和演員，這首充滿加勒比海情調的〈香蕉船之歌〉是他最紅的一首歌曲。印度人？西印度人？顯然全都一樣。「事實上，」盧英德繼續說道：

在二〇〇五年一場提倡多元共融的活動中，我只簡短地介紹了貝拉方提先生，然後所有人合唱了〈香蕉船之歌〉。我當時穿著套裝，配上我標誌性的飄逸圍巾，也許他們以爲那是紗麗。

當你是同類當中的唯一一個，這個世界就無法把你看成是**你**。

「得有多少個同類，才能讓一個人的身分從樣板變成正式的群體成員？」肯特納問。她說，除非我們知道群體的動態何時發生變化，否則我們無法讓邊緣人從被視為樣板的壓力中解放出來：

有必要進行定量分析，精確紀錄在哪些點上，因爲有足夠多的「另一類」人成爲群體成員，而導致互動關係發生了變化……應該要追查確切的引爆點。

那麼，就讓我們開始追查吧。

4

一九五〇年代末，社區組織家索爾．阿林斯基（Saul Alinsky）——美國當時最重要的政治人物之一——在美國民權委員會上發表證詞。該委員會正在調查白人群飛現象，而阿林斯基的演講核心在於強調找出白人群飛「引爆點」的重要性。

每個認眞思考過這個問題的人都知道，其中必定存在某種規律。他們談論種族或民族平衡；有時只是談論如何「穩定」社會；有時談論比例問題。「平衡」、「穩定」、「比重」、「百分比」，指的都是數字上的比率或「配額」……事實上，無論你怎麼稱呼它，這個百分比或配額程序是許多黑人和白人領袖一致同意的……

每個認真思考過這個問題的人都會談到百分比數字。

「幾年前的一次種族暴動中，」他接著說，「我有過機會和幾位白人領袖交談。」阿林斯基曾在芝加哥的「後院」(Back of the Yards)社區工作，這裡長期以來是東歐移民在芝加哥的聚居地。

我對他們說：「假設你知道百分之五的人口會是黑人，而且你確定比例會維持在這個數字。你會允許黑人和平地生活在這裡，不進行種族隔離，而是讓他們分散在整個社區嗎？」

男人們騷動起來。「記住，」我說，「大約百分之五，不會再高了。你們能接受這種情況嗎？」

他們交換了困惑的眼神，面面相覷。接著，這群烏合之眾的代表人開口了。「先生，」他說，「如果數字能夠控制在百分之五，甚至高一點點也無妨，但我們必須要能確定，我是說百分之百確定數字不會再高了——你不知道我們會多麼開心！接受它？那簡直就是天堂！我已經搬了兩次家，兩度收拾家當、把孩子轉到其他學校、虧一大筆錢賣掉我的房子——我知道當黑人開始進入一個社區，那就意味著這個社區完蛋了；它會變成黑人的天下。是啊，你的想法簡直像在作夢。」

所以百分之五沒問題，它遠遠低於引爆點。那麼，可以再高一點嗎？

「有些白人家長可能會勉強接受百分之十到百分之十五的融合程度。」《紐約時報》的一位記者在一九五九年寫道。所以，也許百分之十五也沒問題。在阿林斯基發表演說的同一場聽證會上，委員會向一家大型房地產公司的高階主管徵詢意見。他說他的公司開發了一棟名為「草原湖岸」（Prairie Shores）的十九層樓公寓大廈，其中四分之三的住戶是白人，四分之一是黑人。「我可以斬釘截鐵地告訴你，」他說，「在白人與黑人為七十五比二十五的比例基礎上，這棟大樓的營運沒有遇到任何困難。」所以也許百分之二十五仍然低於引爆點。

但是能提高到百分之三十嗎？來自費城和紐約的人士提出了他們的看法。負責華盛頓特區公立學校系統的教育長表示反對。根據他的經驗，一所學校的黑人比例一旦達到三成，就會「在很短的時間內飆升到百分之九十九」。最後，委員會徵詢了芝加哥住房管理局主席的意見；他管理著全國最大的公共住房系統之一，理應知道阻止白人群飛的「正確」數字是多少，對吧？他的看法與華府學校系統的教育長不謀而合。「就拿北區的卡布里尼（Cabrini）為例，那是我們的一個公共住宅區，」他說，「最開始，白人大約占了七成，黑人占三成。今天，百分之九十八的住戶都是黑人。」

最後，幾乎所有人達成一致。當一個曾經微不足道的邊緣族群達到他們所加入群體的四分之一到三分之一間，戲劇性的變化就會發生。

讓我們選取這個範圍的最高數值，把它稱為「神奇的三分之一」。「神奇的三分之一」出現在各種地方。以公司董事會為例；這是現代經濟體中最有權力的機構之一。幾乎每家有影響力的公司（通常）都有一個由大約九位經驗豐富的商人組成的團隊，為公司執行長提供指導。傳統上，董事會成員全都是男性。但是慢慢地，董事會向女性敞開了大門。大量研究顯示，出現女性成員會讓董事會變得**不同**。研究表明，女性董事更願意提出棘手的問題。她們更重視合作，也更懂得聆聽。換句話說，出現了「女性效應」。但是，董事會中需要**多少**女性才能產生「女性效應」？

答案並非一位。

〔我是〕一屋子男人中唯一的女人。我並不害羞，但要讓大家聽到你的聲音並不容易。

這段話出自一項研究，該研究採訪了五十位任職於大公司的女性主管，希望了解她們的經歷。

你可以提出一個有道理的觀點。兩分鐘後，喬伊說出一模一樣的話，並得到所有人的讚許。即使在我們這個層級，要讓別人聽到你的聲音也很困難。你必須見機行事，想辦法切入。

一位女士想起她所屬的董事會邀請一群外部稽核人員來做簡報時發生的事。

他們進入房間，走到會議室的一邊，跟所有人一一握手。他們跟在我左邊的兩個人握手，跳過我，再跟下一個人握手，然後走開。那群人開始發表他們的簡報，我說：「我得打個岔。你們注意到發生了什麼嗎？」

情況就像肯特預測的那樣。當女人獨自一人，她的女性身分很搶眼，但她這個人卻不被看見。研究繼續指出，「加入第二位女性顯然有幫助」。但還是不夠。

當三位或更多女性一起任職於董事會，似乎就會發生神奇的事情。

九人中的三人。**神奇的三分之一**！

我得承認，我一開始很難接受這個結論。在這種規模的團隊中，兩個或三個邊緣人真的有這麼大的差別嗎？但是當我開始打電話給那些曾在大型企業擔任董事的女性，我聽到了完全相同的事情。以下是企業家蘇克辛德・辛・卡司提（Sukhinder Singh Cassidy）的說法，她深信人數的重要性，因此成立了一個名為theBoardlist的團體，協助將更多女性推進企業董事會中。

「那麼，三是對的數字嗎？」她說，「我不確定，但我確實知道，有一個數字會讓一個人不再因為他的不同之處而顯得搶眼。屋裡有那麼多同類人，你甚至不會想起自己有哪裡不同。」

她說，一個人會感到孤單，兩個人感覺有了朋友，但三個人就成了**團隊**。

所以我的直覺是，三也許就是那個神奇數字。因爲我認爲三會讓你覺得足夠，就像是部落中出現了一個小部落，讓你可以更完整地做自己……那裡頭確實存在讓你覺得足夠的某個引爆點。

或者以凱蒂・米蒂奇（Katie Mitic）為例；她也是多家企業的資深董事。

從我的經驗來看，我會說，絕對存在某種引爆點。

她曾任職於各種組合的董事會：一個、兩個、三個，或超過三個女性。三是造成最大差異的數字。

我會覺得更自在、更自信，說我想說的話，做我想做的事……從好的意義上來說，變得沒那麼特殊。因此，相較於女人凱蒂，我覺得我是對話中的另一個聲音……我更像是產品專家凱蒂，或是消費者網路專家凱蒂。

如果你觀察一個由七名男性和兩名女性組成的董事會，從外人的角度來看，它跟一個由六名男性和三名女性組成的董事會並沒有什麼不同，不是嗎？但兩者確實不同。這就是米蒂奇和辛所說的——董事會的文化會在某一個點上突然發生變化。米蒂奇說，她曾加入一個董事會，她是唯一的女性，然後以第一位的身分看著另一位、接著第三位女性陸續加入。情勢的驟變，連她自己都大吃一驚。

老實說，我原本並不眞的明白這會造成什麼影響……我能理解這會讓我更好辦事，但我不認爲我明白變化會達到什麼程度。

這就是為什麼我們把它稱為**神奇的**三分之一。

5

我認為我們可以更進一步。我想，我們可以把「神奇的三分之一」稱為普世定律（或至少是非常接近放諸四海皆準的一條法則）。最好的證據之一，是來自賓州大學教授戴蒙・森托拉（Damon Centola）的研究。森托拉是受肯特的呼籲所啟發，「追查」引爆點的眾多學者之一。

森托拉天馬行空地想出一個非常聰明的方法，以找出群體動態發生關鍵轉變的時機點。他創造了一款線上遊戲，反覆玩了無數次。一群人——好比說三十人——兩兩一組，共分成十五組。每組都會看到一張照片，並被要求為照片中的人輸入一個建議的名字。

所以，想像你和我分在同一組。我看到一張照片，然後輸入**傑夫**。遊戲的規則是我們同時各自輸入名字，所以你輸入名字時並不知道我輸入的名字是什麼。基本上等於盲猜。你輸入了**艾倫**。接著，在我們各自輸入名字後，會立即看到我們的名字是否相符，然後隨機與另一個人重新配對。整個過程會重新開始。接著是新的配對，然後是另一次配對，如此循環往復，直到遊戲結束。

現在，你可以想像，立即出現相符名字的機率微乎其微。即使照片上的人是很有特色的「類型」——例如金髮碧眼的女郎，或裹著頭巾的東印度男人——也會有數百個我們認為適合這種長相的名字。所以我們很可能不會在第一輪、第二輪、甚至第三輪輸入相同的名字。就算真的能配對成功，也需要花很長的時間，是吧？

錯了。大約在十五回合左右，大家就會對名字產生共識。

「速度很快，」森托拉說，「我們進行了各種規模的測試——二十四個、五十個和一百個〔參與者〕。不論哪一種規模，出現共識的過程都是一樣的……與預期的相比，簡直快如閃電。」

遊戲為什麼結束得如此之快？因為人類真的真的非常擅長找出行為準則——非常擅長在他們應該如何看待某件事情的問題上達成共識。

所以當我輸入**傑夫**而你輸入**艾倫**時，我知道我已將**傑夫**植入你的記憶，你也知道你已將**艾倫**植入我的記憶，我們倆現在都更有可能在下一回合中使用這兩個名字中的一個。我們在最初幾輪搭檔的其他人也是如此。**傑夫**和**艾倫**現在已進入了意識層中。當你終於碰巧配對成功——你輸入**傑夫**，你的搭檔也同樣輸入**傑夫**——你就再也回不去了。

「一旦出現有效的答案，你很可能會繼續輸入**傑夫**、**傑夫**、**傑夫**、**傑夫**，」森托拉說，「因爲這樣你最有可能得到成功。」

關於實驗的這一部分——以及它對我們的內建機制所傳達出的訊息（身為人類，我們真的很想在參與規則上達成共識！）——還有非常多可以說的。但我們暫且不表，先進入關鍵的第二階段——因為這類實驗總會暗藏伏筆。

森托拉安插了一群研究生參與遊戲，並給他們一套非常明確的指令：扮演異見分子。一旦實驗參與者就一個名字達成一致，每個人都在輸入**傑夫**、**傑夫**、**傑夫**時，異見分子就會被告知要打亂共識。他們得逆勢操作，故意跟**傑夫**趨勢唱反調，一次又一次地輸入另一個名字，好比說**佩德羅**。森托拉想知道的是：需要多少個異見者一遍又一遍地輸入**佩德羅**這個名字，才能讓整群人從**傑夫**轉成**佩德羅**？

他首先加入幾個**佩德羅**異見分子。他們有造成任何變化嗎？沒有。然後他安插了更多人——實驗參與者的百分之十八。毫無動靜。百分之十九？沒有影響。（我想，你看得出我會導出什麼結論。）百分之二十？沒效果。但是，當異見者的比例達到四分之一——賓果！——神奇的事情發生了：屢試不爽，每個人都改為輸入**佩德羅**。

森托拉一再進行這個遊戲，且總是得到相同的結果。當邊緣人的比例達到百分之二十五，多數人達成的共識就瓦解了。森托拉說他最喜歡的例子，是只有二十人參與的遊戲。他同時進行了兩個版本。第一套有四個異見者，占全體參與者的百分之二十。第二套有五個異見者，占百分之二十五。兩者間僅一個人的差距！「我們把兩套遊戲並排進行，」他記得，「你知道的，四個〔異見者〕不起任何作用，整體上沒有變化。但如果再加一個人——現在有五個人——轉換率就會飆升到百分之九十，**說變就變**。」在森托拉實驗室所模擬的現實中，他最終落在引爆點範圍的最低數值。他找到了神奇的四分之一！

關於人性的一些觀察僅止於觀察而已，並非對行動的籲請。即使是在邁阿密和白楊林的案例中，我們也可以想像干預行動會是什麼樣子。解散白楊林高中！重建邁阿密公家機關的信譽！但這些補救措施都不容易實行。

然而，認為在四分之一到三分之一之間有個神奇時刻的想法就不同了。它基本上懇求我們插手干預。

讓我舉個例子。多年來，美國白人和黑人學生的考試成績一直存在著顯著的差距。情況如左列所示。這些資料來自美國兒童早期縱向研究（Early Childhood Longitudinal Study；

簡稱ECLS），[4]數字顯示在滿分九十六分的數學考試中，黑人與白人兒童的得分差異。這些數據可以用多種不同的方式切分，但這些結果是得自黑人學生總數比例不到全校百分之五的學校。

幼稚園（上學期）：－4.718
幼稚園（下學期）：－6.105
一年級（上學期）：－7.493
一年級（下學期）：－8.880
三年級（下學期）：－14.442
五年級（下學期）：－20.004

4 ECLS是始於一九九〇年代末的一項具有里程碑意義的研究，在全國抽樣追蹤從幼稚園到五年級的兒童，記錄他們的家庭背景、測驗成績、就讀學校，以及其他任何有助於了解其智力和心理發展的資料。

幼稚園結束時，樣本中黑人小孩的成績落後了六個百分點——一個雖小但並非微不足道的數字。但是到了五年級，差距就大了：差了**二十個百分點**。這完美呈現了過去幾代以來，一直困惑著美國教育工作者的問題：為什麼會有這麼大的差距，而且差距為什麼愈來愈大？

但是蘿莎貝絲．肯特和所有研究過董事會的人都提醒我們，作為小群體中的一人和眾多人中的一人，兩者間存在著天壤之別。因此，也許我們應該提出一個不同的問題。上述數據是來自黑人學生只占極少數的教室。黑人學童超過引爆點的教室會發生什麼情況？人數的增加是否會造成不同？

事實證明確實如此。當塔拉．約索（Tara Yosso）帶領的一群教育研究者只分析少數族裔學生占比超過百分之二十五的教室時，他們發現考試成績的差距完全消失。[5]白人學生的表現一如既往，但現在黑人學生已迎頭趕上。

我想，很重要的是不必過分看重約索的發現。那僅僅是中小學生在單一指標——標準化數學測驗——上的表現。我相信沒有人會認為，只需改變教室的組成就能一勞永逸地消除成績差距。但這裡面顯然**發生了什麼**，不是嗎？讀了這份研究報告後，很難不想至少**嘗試**一些新的東西：重新劃分學區、建議少數族裔家長把孩子送到哪裡就學、進行某種實驗。如果你是一位小學校長，學校的五年級有三個班，每個班都有零星幾個少數族裔學生，你可能會想把所有少數族裔學生集中到一個班，儘管此舉的動機很難解釋。

重點是，改變人們對少數族群的看法並不總是需要一場革命。回想一下烏蘇拉·伯恩斯和盧英德的例子。全錄和百事並不需要進行文化移植。前進的道路簡單明瞭；只需要更多像伯恩斯和盧英德這樣的女性擔任高階領導職務，直到出現群聚效應為止。

黑人女性此刻達到這個引爆點了嗎？答案是否定的。如果又有另一位黑人女性出任美國著名企業的執行長，肯定會出現一連串令人屏息的新聞報導，描述這位才華橫溢、活力充沛、打破常規的黑人女性。但南亞裔**已經**達到了引爆點。在盧英德接掌百事後的近二十年間，有一大批與她相似的人湧入了美國企業高層。二〇二二年，一家新聞媒體計算後指出，《財星》五百大企業裡共有**六十**位印度裔執行長，他們執掌的企業包括ＩＢＭ、微軟和谷歌。在科技界，印度裔高階主管的比例甚至更高。星巴克在二〇二三年三月任命納思翰

5 約索團隊使用的數據來自美國兒童早期縱向研究。

（Laxman Narasimhan）為新任執行長後，《華爾街日報》刊登了一篇人物特寫，卻隻字未提納思翰出生於印度的事實。從盧英德到納思翰，美國文化看待印度裔美國人的方式，在這中間發生了根本性的變化。有些東西被引爆了。

6

一九四〇年代末，一個名為帕羅奧圖公平待遇委員會（Palo Alto Fair Play Committee）的團體開始關注起該鎮的住房情況。愈來愈多非裔美國人遷入這個地區，而他們住得起的少數幾個地方之一是位於老城區的雷夢娜街（Ramona Street），但這裡的人口已過度稠密。公平待遇委員會的成員放眼全國，看到其他美國城市面臨的新危機，希望帕羅奧圖會有所不同。

「我們並不幻想能解決住房問題，但我們想要做些事情，」該團體的領導人之一歌爾達・伊森伯格（Gerda Isenberg）多年後表示，「我並不比任何人更清楚該如何謀劃，這些會議令人沮喪，我的律師說我們應該放棄。」

但這群人堅持了下來。就讀史丹佛大學的黑人研究生保羅・勞倫斯（Paul Lawrence）

是公平待遇委員會的另一位成員，他被委派尋找土地，也在城郊的乳牛牧場附近找到了一塊地，價格是兩千五百美元。該團體的十位成員每人出資兩百五十美元，他們將這個社區分割成二十四塊住宅用地和一座公園，並制定了一套規則。

社區裡的住宅用地將嚴格按照神奇的三分之一定律分為三部分：白人、黑人和亞裔各占一部分。黑人屋主只能賣給黑人買家，白人屋主只能賣給白人買家，以此類推。眾人一致同意，黑人居民在勞倫斯社區所占的比例絕不超過三分之一。這個社區會小心翼翼地迫近引爆點，但絕不會越過它。

街道兩旁建起了一排小平房。最先搬進來的是艾瑟兒和雷歐．邁爾斯；他們是黑人。第二戶是伊麗莎白和丹．達納；他們是白人。第三戶是梅爾芭和勒羅伊．紀；他們是亞裔。為了讓不同族裔的人能有最大程度的接觸，同一種族裔的兩家人不能比鄰而居。

居民每個月都會聚會。他們會安排社交活動，男人們會一起去打獵。「我剛搬來時，這個社區令我深受震撼，」一名成員說，「各種膚色的鄰居都來了，二話不說地抬起我的家具，幫我搬家。街坊上的女人帶我太太出去喝茶，男人則留下來幫我收拾房子。」

當時是一九五〇年代：在美國某些地區，白人種族主義者放火燒掉膽敢住在他們附近的黑人的房子，在他們的草坪上焚燒十字架，朝他們的窗戶扔石頭。勞倫斯社區試圖向世界證明不同種族的人可以和諧共處。

正如其中一位初始團體成員所寫的：

我們這些有志改變社會態度和結構的人，常常會因爲覺得我們的行動無非紙上談兵而感到沮喪……一次成功的示範比一百次演講更有效。當我們在帕羅奧圖推動一個小型的住宅計畫時，我們當中致力於民權工作的一些人就是抱著這個想法。

但是這項實驗可以永續進行嗎？勞倫斯巷兩旁的鄰居不這麼認為。勞倫斯社區試圖讓白人、黑人和亞裔彼此相鄰。這會維持多久？帕羅奧圖如何避免白人外移？「有些人非常反對，說我們正在建造一個『貧民窟小鎮』，」伊森伯格回憶說，「我接到了幾通不愉快的電話。」附近街區的一些居民揚言要賣掉他們的房子。對此，勞倫斯社區的住戶試圖安撫他們的鄰居。這裡不會重演底特律、芝加哥和亞特蘭大等地一有黑人搬進來、白人就會搬出去的情況。他們是有規則的。勞倫斯巷的居民相信，只要這些規則仍然存在，他們的社區就會保持穩定。

「我只是個想找房子住的傢伙，」身為社區居民的黑人教師威利斯・威廉斯（Willis Williams）說，「房租太貴了，而且基於我的黑人身分，其他地方提供給我的棚寮也太破爛……我覺得這個社區本身也在實行種族隔離，只不過是一種不一樣的種族隔離，一種有益的類型。這是一種溫和的區別對待，藉此防止惡性的歧視。」

這就是所謂的認真對待引爆點。如果在某個特定數字附近真的會出現急遽的惡化，那麼你必須絕對確保永遠不會達到這個數字。這場實驗開始後不久，勞倫斯社區的成員就在這個問題上受到了考驗。其中一位業主決定出售勞倫斯巷剩餘的一塊空地。

「這塊土地的主人是個白人，他們決定脫手，」納諾什・盧卡斯（Nanosh Lucas）說。盧卡斯在這個社區長大，現在正在撰寫這項實驗的歷史。[6]

6 「許多居民形容這裡是個安全的地方。因為在當時，學校對任何黑人或亞洲人來說，絕對不是個友善之地，」盧卡斯說，「所以在那條巷子裡，人們逐漸互相了解。」他繼續說道，「有趣的是，這些父母似乎真的想創造一個後種族（post-racial）社會，讓孩子們在成長過程中不會高度意識到種族問題。〔他們〕試圖擺脫那種必須無時無刻思考自己身分的想法。」

他們把地賣給一名房地產經紀人，勞倫斯社區委員會去找了這位房仲，基本上說：「嘿，我們只是想確定你會按照應有的比例處理這塊地。這塊地基本上需要一個白人。」房仲請大家放心。但後來這群人得到消息，說他們的一戶社區成員——一個黑人家庭——已經找上了這名房仲，打算替親戚買下這塊地。那些年，黑人幾乎不可能在帕羅奧圖找到住房。他們的親戚被逼急了。

於是社區成員緊急召開會議。

這筆買賣會打亂他們的比例，會使非裔美國人的占比超過神奇的三分之一。研究過程中，盧卡斯發現了當地一位名叫桃樂絲．斯特羅格（Dorothy Strowger）的學生在一九五五年所寫的一篇關於勞倫斯社區的期末報告，其中描述了當時的危機：

> 必須做出決定，委員會是否覺得「切分背景」的政策會因爲不平衡情況的加劇而受到嚴重損害，甚至徹底被毀；如果是的話，就必須在這項實驗的價值與潛在買家的需求和福祉之間，進行權衡。

問題在一次戲劇性的社區會議上來到了緊要關頭，與房屋仲介洽談的那個家庭贊成這筆買賣。至於其他人，用斯特羅格的話說，則是投票「把社區的整體福祉置於首位」。隨後，所有成員合資向房屋仲介買回這塊地。

「那場會議將被人們銘記在心，」斯特羅格的期末報告繼續寫道，「委員會成員滿懷激情與自豪地談論它。」但她接著談到這起事件留下的創傷，尤其是：

> 其他黑人仍然流露出悲傷和愧疚，他們不得不犧牲自己的同胞，來證明一條在井然有序的世界裡原本不需要證明的原則。對此，他們有些感傷。

引爆點的存在，為社會工程行動創造了令人難以抗拒的機會。它會讓你忍不住想調控公司董事會的女性人數，或是為小學的少數族裔學生重新分班。但這並不意味著事情很容易。因為公司女性人數尚未達到引爆點而搶走晉升機會的男性，不太可能滿意這樣的解釋。將所有少數族裔學生集中在同一班的校長，也很難向家長說明他的實驗。我們之所以迴避引爆點提供給我們的簡單解決方案，就是因為到頭來，這些解決方案其實並不那麼簡單。這就是勞倫斯社區的成員所學到的。他們環顧周遭，看到被遷往郊區的白人拋下的所有社區，決定不能昧著良心讓他們的街區走上同一條道路。但為了維護種族和諧，他們不得不傷害他們企圖幫助的那群人。

盧卡斯表示，這塊空地閒置了十年之久，就像沒有人願意碰觸的一個開放性傷口。整起事件「讓居民非常痛苦地意識到，為了讓社區得以運作，你必須放棄些什麼」。

他繼續說道：

在他們看來，社區的命運懸而未決……我對此的分析是，他們認爲，也許外面的人在看這件事時會這麼想：「社區委員會沒有任何正當性，因爲他們說一套做一套。」一旦到了這個地步，我們的社區就會崩解。7

難怪大多數人嘗試拿引爆點玩弄手段時，會偷偷摸摸地進行。只消問問常春藤盟校就知道了。

7

一九五〇年代末，當被稱為「良性配額」（benign quotas）的概念傳遍全國，每個人都面臨某種兩難。你真的可以用消除歧視之名而行歧視之實嗎？社運人士索爾．阿林斯基曾發表一篇感人的演說為良性配額辯護。他在演說中承認：

我，一個猶太教信徒，竟然站在公開場合發言支持配額制度，這令我覺得有些諷刺。在過去，配額曾被作爲一種手段，剝奪和我同樣信仰的人本應享有的機會和權利。但過去已然過去。在某種情況下拿來施行不公義的工具，在另一種情況下卻能發揮正義的作用。

他有一部分指的是，在一九二〇和三〇年代，許多精英學校對猶太學生的招收人數設有配額。配額是尷尬的。但和勞倫斯社區的成員一樣，阿林斯基不知道還有什麼其他方法可以建立融合的社區：

對於那些爲白人社區按配額開放黑人入住的想法而震驚的人……我只能問，他們提出了什麼解決方案？

第五章

哈佛女子橄欖球隊之謎

「我們覺得學生運動員為社群帶來了特別的東西。」

1

不久前，在一個狂風呼嘯的秋日，普林斯頓大學校園某處的一座僻靜運動場上，正上演著一場橄欖球比賽。主隊身穿黑色和橙色的球衣，來自哈佛大學的客隊則穿著白色戰袍。場邊零星站著幾名觀眾，球員們則聚集在另一側——兩隊各有一頂開放式的小帳篷放置他們的裝備。無法親臨現場觀戰的人，可以透過YouTube觀看這場比賽的直播。

檢查網路連線。看起來一切就緒。我們正在直播，已經有六位觀眾，歡迎。

播音員逐一宣讀球員的名字：伊娃、布羅根、瑪雅、蒂亞娜、斯凱樂、伊莉莎白、柔伊、卡洛琳等等。觀眾和球員們被提醒不得出現「種族歧視、仇視同性戀或跨性別者的歧視和其他恐嚇性行為」。奏完國歌後，球賽正式開打。

普林斯頓的女子橄欖球校隊才成軍兩年。這些球員在高中時期大多是網球和排球選手，上了大學才轉戰橄欖球場：只有少數幾人真的接觸過這項運動。播音員指出，哈佛則不同。

哈佛隊的陣容很精良，許多球員已經打了很久的橄欖球。

哈佛大學以不敗戰績進入這場比賽，本賽季早些時候，她們接連輾壓了昆尼皮亞克大學（Quinnipiac University）、美國國際學院（American International College）和夏洛特皇后大學（Queens University of Charlotte）等各大學院。前一年對戰普林斯頓時，哈佛更以一〇二比零的懸殊比數勝出。哈佛真的**很強**。

雨開始落下——起初是輕柔的細雨，隨後愈下愈大。場地變得濕滑，球員們渾身濕透。觀眾們狼狽地打著傘擠在場邊。

寇特妮・泰勒接到了球，引來普林斯頓的一大部分球員跟著她衝向二十二米線……

另一名播音員插播道。

……第二階段進攻。

解說員滿口橄欖球術語，不了解這項運動的人會聽得一頭霧水。

伊娃・蘭金來了……被布魯克・比爾斯擒倒。裘丹接球。這一步，得到了很好的支援，不，更多攻擊，往前傳給了克洛伊・海蘭德，帶著虎隊的幾名防守球員衝進了五米線。

開戰兩小時後，比賽結束了。

> 力量和距離都很好，只是方向有點偏了，往右偏，出界了，裁判吹哨。這是最後一球。今天的最後比數是哈佛六十一分，普林斯頓五分。
>
> 重複一次，各位觀眾，比賽結果是哈佛六十一分，虎隊五分。

如果你碰巧觀賞了普林斯頓和哈佛的比賽，你可能很享受這場午後的激烈賽事。但沒過多久——當大雨傾盆而下，而你站在空蕩蕩的場邊——你可能也會自言自語地提出一個冒失的問題：**哈佛成立女子橄欖球隊的用意究竟何在？**

哈佛為學生提供了極為豐富的運動機會，學校裡有超過五十個體育社團。該校參與的甲組賽事，比全國任何一所大學都多。在哈佛，喜歡運動的女孩可以參加甲組的籃球、越野賽跑、擊劍、曲棍球、高爾夫、冰上曲棍球、袋棍球、重量級賽艇、輕量級賽艇、帆船、滑雪、足球、壘球、壁球、游泳和跳水、網球、田徑、排球和水球。當我們想起大型的州立運動強校，我們會想到密西根大學這類擁有大量體育生的院校。以百分比計算，哈佛的學生運動員人數是密西根大學的**四倍**。

然而，二〇一三年，哈佛認為他們的女學生還需要另一個選項。就這樣，女子橄欖球加入了原本已經擁擠不堪的頂級大學校隊的行列。這意味著需要聘請教練和訓練員，也需要開始招募運動員——這項事實具有特殊意義，因為在美國，打過橄欖球的女孩並不多。橄欖球是一項外來運動，且極具暴力性，經常導致一長串的傷害——肩膀脫臼、鎖骨骨折、膝蓋韌帶撕裂、腦震盪——因此，即使美國高中罕見地成立橄欖球隊，許多女孩也會對這項運動望而卻步，這完全可以理解。要組織一支大學橄欖球隊，需要多費一些功夫。

「最終，我們廣泛撒網，以便找到那些想進哈佛、而且不論場上場下都很適合哈佛的人。」球隊教練梅爾．丹娜姆（Mel Denham）幾年前對哈佛學生報《哈佛深紅報》（*Harvard Crimson*）的採編說。所謂「廣泛撒網」，她指的是將招生的觸角延伸至全球。

文章接著說：

> 除了加拿大之外，我們還經常到加州、猶他州、科羅拉多州和一些中西部州的高中物色球員……「我們也開始與一些英國球員合作，並且正在跟英國、紐西蘭和澳洲的教

練取得聯繫。」丹娜姆教練表示，「我們目前的球隊有來自蘇格蘭、加拿大、香港、澳洲、中國、德國和宏都拉斯的球員，文化多元到令人難以置信。」

哈佛為什麼願意如此大費周章？

當你了解哈佛大學的招生系統是如何運作後，這個問題就更令人費解了。和許多名校一樣，哈佛基本上有兩條招生路線。常規路線是針對來自世界各地的優秀學生，他們憑自己的實力來競爭。第二條路線是為學校所謂的ＡＬＤＣ而設的——即體育生、傳承生（校友子女）、院長關注名單（富豪子女）和教職員子女。ＡＬＤＣ占哈佛學生總數的三成。他們人數眾多，入學之路也和其他人大相逕庭。

二〇一四年，哈佛被一個名為「學生公平錄取聯盟」（Students for Fair Admissions；簡稱ＳＦＦＡ）的組織提告，這起案件最終交由最高法院審理。而在聯邦法院的初審中，最奇怪的時刻出現在雙方試圖解釋ＡＬＤＣ系統錯綜複雜的運作方式時。

以下是原告律師亞當・莫塔拉（Adam Mortara）的開庭陳述。他展示了一張圖表供法庭上所有人查看。他首先分析了哈佛所謂的「學術一級」，合格申請者的學術成就分為一到四級（超過四級就沒機會了）；一級是最高等級，這些人是超級明星。在正常情況下，一級資優生有很高的錄取機會，但如果你是傳承生——即校友子女——並且是一級生，那你的錄取幾乎已成定局。

莫塔拉指向另一張圖表，比較不同等級的普通學生和ALDC生的錄取率。

在這裡，您開始看到傳承生的優勢有多明顯。他們的錄取率高了大約五成。列入學術一級的學生幾乎都會被錄取。

莫塔拉接著指向顯示體育生錄取率的那一行。在他們針對六年來錄取資料的分析中，莫塔拉和他的團隊只找到一位學術成績達到一級的體育生。

當然，那名獨一無二的體育生……被錄取了。

然後，莫塔拉分析了低一個層級的學生情況。

在學術二級中，您會看到一些有趣的現象。與哈佛毫無關係的普通學生有百分之十的錄取機會；學術二級的傳承生、院長名單、教職員子女則有五成的錄取機會。這是五倍的差距。

他停頓片刻，接著補充說道：

再說一次，體育生幾乎總能獲選。我已經說過這件事了，不再贅述。

他繼續說：

在學術三級是百分之二點四（被錄取），對一般人來說，機會眞的很低。但如果您的父母上過哈佛，或者您的祖父母、又或是叔叔捐了很多錢給哈佛，那麼您被錄取的機會就會高出七點五倍：百分之十八。

在下一層的學術四級，普通人幾乎都進不去。但在這裡，我們看到傳承生、院長名單、教職員子女仍有百分之三點五的錄取率。

最後他總結道：

這反映出學術評等對這群人的錄取與否根本沒那麼重要……而其效果在體育生身上最爲顯著……正如我說過的，他們幾乎總能被錄取。

體育生總能被錄取。

我們很容易找到一個有說服力——甚至憤世嫉俗——的解釋，來說明哈佛為什麼特別偏愛某些類型的學生。校友和有錢人喜歡捐錢給哈佛這樣的學校；哈佛喜歡擁有很多錢。因此，對哈佛來說，優待這兩類人的子女，確實是一筆划算的交易。為教職員子女提供特別待遇也有一定的道理：這是讓教授開心的簡單方法。然而，**令人費解**的是，為什麼體育生會與其他三個群體歸為一類？

《哈佛深紅報》有著這樣的幾個段落：

來自法國的哈佛壁球隊成員、二〇二二年度的維克多・克魯恩表示，他是在紐西蘭陶朗加（Tauranga）參加二〇一七年世界青少年壁球錦標賽時，第一次與大學教練有了接觸。「教練不遠千里來到紐西蘭考察學生，然後從中挑出幾人，問他們問題，如果他們的成績夠好，就幫他們保留一個名額。」克魯恩說。

紐西蘭的陶朗加！壁球好手究竟有什麼特別之處，值得教練千里迢迢遠赴世界的另一端？而且更重要的是，那個特別之處，真的值得學校給予壁球選手如此優厚的優待，遠超過那些沒有運動天賦的學生所得到的機會嗎？壁球、橄欖球和風帆運動員的優勢如此顯著，以至於要進入全世界最負盛名的大學，最簡單的方法不是成為全校功課最頂尖的學生，而是成為全校最厲害的運動員。

在哈佛捲入訴訟案期間，長期負責該校招生工作的主任威廉・費茲西蒙斯（William Fitzsimmons）曾被要求解釋學校對運動員令人費解的態度。

問：關於運動員的討論很多。為什麼哈佛特別優待運動員？

費茲西蒙斯的言談舉止充滿了哈佛的氣質：他擁有教育學博士學位，鬢角有一絲顯眼的白髮。他肯定知道這個問題無可避免，很難相信他沒有練習過如何給予最佳的回應。但不妨聽聽他的回答。

費茲西蒙斯：有幾個原因。首先，讓所有學生聚在一起觀賞體育競賽，有助於建立社群精神。我認爲這是許多學生所期待、也是他們應得的。體育活動確實以一種非常具體且重要的方式，將全校團結在一起。

這是人們料想得到，會從阿拉巴馬大學或俄亥俄州立大學體育組長口中聽到的答案，這些學校每週六下午都會有八萬名以上的學生、校友和社區支持者到場觀看大學足球賽。那**才是**「社群」。但費茲西蒙斯談的主要是帆船、擊劍和水球這類冷門的運動。在普林斯頓舉行的橄欖球比賽幾乎沒有觀眾。它如何建立「社群精神」？

費茲西蒙斯還沒說完：

目前，我們最大的學生來源是加州，第四大的是德州，第六大的則是佛羅里達州。所以，如果你是來自這些地區的孩子，你會希望進入一所具有典型美國大學氛圍的學校。因此，擁有活力充沛的體育傳統以及凝聚人心的能力，深深決定了我們能否吸引各種類型的學生。

這種說法同樣站不住腳。哈佛根本不需要擔心它「能否吸引」學生：這所學府每年吸引的申請者多如牛毛，錄取率僅有百分之三點四！更何況，那個因為學校的體育賽事不夠「活力充沛」而拒絕哈佛錄取通知書的加州、德州或佛羅里達州的虛構人物究竟是誰？

費茲西蒙斯還在做最後的努力。

另一個原因是，那些達到很高運動技能的人——如果你想用這個詞的話——通常都帶有一股決心、幹勁和活力，這些特質在大學期間和畢業之後，都對他們大有裨益。

費茲西蒙斯還是答非所問！沒有人會否認，運動場上學到的寶貴經驗可以轉化為日後的美滿人生與成功事業。問題只在於，哈佛為什麼看重從事運動項目所帶來的「決心」和「幹勁」，遠超過——好比說——寫小說或解一道困難的二次方程式所需要的決心和幹勁。更重要的是，哈佛為什麼如此重視體育活動所帶來的幹勁，以至於不惜遠赴天涯海角，尋找那些願意冒著大雨在普林斯頓大學校園一隅的場地上進行危險比賽的年輕女孩。

既然上述的解釋似乎都說不通，我不妨提供另一個視角。我認為，這令人費解的橄欖球謎團，與培養品格、活力、幹勁和創造團結精神毫無干係。相反地，這與神奇的三分之一以及羅莎貝絲·肯特提出的群體比例息息相關。

不過，哈佛所做的跟勞倫斯社區嘗試的社會工程非常不同，後者的參與者毫不掩飾他們的行動。他們想要調控人數，於是召集所有成員一起商討細節。然而，當與事者密謀行事，社會工程就會呈現出迥異的面貌。現在有太多這種隱藏背後的操縱行為正在進行，如果我們要維護機關的誠信，就需要察覺潛藏在表面之下的遊戲。證物一？哈佛大學。

2

一九二〇年代，常春藤盟校面臨了一場危機。問題出在哥倫比亞大學；這是全美最大城市裡最負盛名的大學。大批猶太移民在世紀之交湧入紐約，他們的子女此時已到上大學的年紀，並且輕輕鬆鬆通過了哥倫比亞大學的入學考試。二十世紀初，哥倫比亞大學的大學部學生有高達四成是猶太人，這個數字令其他幾所常春藤盟校深感不安。對於那些自共和國成立以來就致力於培養WASP[1]精英子女的學校來說，這些從布朗克斯區、布魯克林區和曼哈頓下東城貧民區遠道而來的新移民，簡直就是異類。

當時的一首兄弟會歌曲是這樣唱的：

哦，哈佛由百萬富豪掌管，

1　WASP是「White Anglo-Saxon Protestant」的縮寫，指的是白種盎格魯撒克遜新教徒的後裔，屬於美國歷史上最富裕、政經人脈最廣的上流階層。

耶魯是歡快的酒鄉。
康乃爾由農家子弟經營，
哥倫比亞的猶太人獨霸一方。
所以爲巴士特街歡呼，
再給佩爾街一聲喝彩。2
當那些小稀泥死去，
他們的靈魂會下地獄。

（如果你想知道的話，「稀泥」〔sheeny〕是當時流行的對猶太人的貶義詞。）

最為憂心的是亞伯特．勞倫斯．羅威爾（Abbott Lawrence Lowell）。他出身名門望族，性格嚴肅，在一九〇九年至一九三三年間擔任哈佛大學校長。受到哥倫比亞大學和紐約大學限制猶太學生入學的措施啟發，羅威爾成立了一個「負責蒐集統計數據小組委員會」，以確定誰是猶太人，而誰不是。學校首次要求申請者註明他們的「種族和膚色」、母親的娘家姓氏以及父親的出生地。為了揪出那些巧妙地改名換姓以避免被貼上猶太人標籤的人，哈佛當時還會問：「自出生以來，您或您父親的姓名是否曾有任何更改？（請完整說明）。」

哈佛設立了四個錄取類別。J1指的是那些「有明確證據顯示為猶太人」的申請人。J2則是有「大量證據」表明申請者為猶太人的情況。J3用於「有證據顯示該學生可能是猶太人」的時候。而「其他」則適用於其他所有人。這下子，哈佛可以充分掌握猶太學生的入學人數，而當羅威爾看到結果時，他陷入了恐慌。他在一九〇九年接任校長時，猶太人僅占學生總人數的一成多一點。到了一九二二年，他們的人數翻了一倍多。到了一九二五年，情況已達到危急關頭。根據哈佛的統計，大一學生有百分之二十七點六屬於J1和J2，另外百分之三點六屬於J3。學校即將越過「神奇的三分之一」門檻。

哈佛大學和其他常春藤盟校剛剛花費了數十年時間努力提高學術標準。他們制定了嚴格的入學考試，並公開承諾錄取所有得到最高分的學生。

2 巴士特街（Baxter Street）和佩爾街（Pell Street）都是位於美國紐約市曼哈頓下城的街道，在歷史上曾是多元文化交匯之地，居住著來自世界各國的移民，包括愛爾蘭、義大利、猶太和中國移民，曾是紐約市最貧窮的地區之一。

「但現在，正當這些努力即將開花結果，『錯誤』的學生卻通過了考試。」杰羅姆・卡拉貝爾（Jerome Karabel）在他具里程碑意義的常春藤聯盟招生史《天選之人》（*The Chosen*，暫譯）一書中寫道。

因此，哈佛、耶魯和普林斯頓面臨一個痛苦的選擇：要嘛維持幾乎完全客觀的學術入學標準，並面對愈來愈多的猶太學生湧入；要嘛用更主觀的標準取而代之，藉此產生期望的結果。

幾番辯論之後，哈佛決定走向「主觀標準」之路。招生辦公室被賦予更大的空間來決定錄取誰和拒絕誰。現在，申請人被要求提供推薦信並列出他們的課外活動。突然間，你暑假期間做了什麼、你的申請論文有多吸引人，或者你父母的哪些朋友可以被請來為你的品格掛保證，全都變得重要起來。哈佛設立了複雜的評分系統來評估無形因素，它開始進行個人面試，讓哈佛的招生官可以面對面評鑑申請者。並且，哈佛破天荒地對大一學生的人數設定了嚴格限制——用羅威爾校長的話來說，這一切都是為了防止「猶太人比例危險地增長」。

羅威爾接著說：「哈佛有責任盡可能地接收那些來自（或其父母來自）其他國家的男孩，他們沒有我們這種背景，可以有效地接受教育……」他解釋道，「根據經驗，這個比例大約為百分之十五。」

這個百分之十五的比例既高到足以讓哈佛不會被視為公開反猶太，又低到足以避免重蹈哥倫比亞大學的覆轍。羅莎貝絲・肯特在她談論其諮詢經驗的著名文章中，稱少數族群的比例低於百分之十五的群體是「偏斜的」：

偏斜指的是群體中的某一類人在數量上遠遠超過另一類人，比例可能達到八十五比十五。在數量上占優勢的類型也會以多種方式控制著群體及其文化，足以被稱爲「主導者」。在偏斜的群體中，另一類型的寥寥幾人可以被恰當地稱爲「樣板」，因爲他們經常被視爲其類別的代表，被視爲符號而不是個體。

當然，肯特認為比例偏斜是個問題：她希望增加少數族群的人數，直到他們可以做自己，並且能對族群文化發揮充分影響力為止。相較之下，羅威爾則希望將少數族群的人數壓制在引爆點以下。他希望設計一套錄取程序，將猶太人維持在偏態分布的低端。

值得注意的是，羅威爾並不想將所有猶太人拒之門外，就像他那一代的南方人對所有黑人關閉學校大門一樣。他想做的是限制猶太人的**數量**。「那些因接納猶太人而被毀的避暑飯店之所以遭遇這樣的命運，並不是因為他們接納的猶太人人品不好，而是因為他們逼走了非猶太人，然後非猶太人離開後，這些飯店也離開了，」羅威爾在寫給朋友的信中說道，「我的一個朋友在紐約有一所學校，他就遇到過這種情況。他認為，基於原則，他應該接納猶太人，但幾年後發現，他的學校不復存在。」如果說，接納太多猶太人就會**逼走非猶太人**，那麼羅威爾實際上在說的是，他在努力防止白人群飛。

隨著時間的推移，哈佛對猶太人的特殊敵意逐漸消失。二〇〇一年，該校甚至任命了它的第一位猶太裔校長；但羅威爾改革措施的基本結構仍維持不變。正如《天選之人》的作者卡拉貝爾所言，羅威爾「為我們留下了現在被視為理所當然的特殊招生程序」。他給後繼的幾位校長上了永遠銘記的一課：他向他們展示如何控制哈佛的族群比例。

看看左頁兩張圖表，可以從中一窺羅威爾的指示對後來的管理者所產生的長遠影響。這兩張圖表顯示了從一九九〇年代初到二〇一三年間，哈佛和加州理工學院（世上少數幾所像哈佛一樣難進的學府之一）裡，亞裔美國人的入學人數。先從加州理工學院看起。

加州理工學院是一所高度重視擇優錄取的學校。他們不會對運動員、傳承生或金主子女進行任何黑箱操作。而如果你採用一個更偏向擇優錄取的流程，你就無法控制群體的比例。這就是為什麼加州理工學院的亞裔人數會如此上下波動。亞裔的比例最初占學生總數的四分之一，然後在兩年內躍升近百分之三十，接著略為下降，於二十一世紀初再次飆升。到了二〇一三年，亞裔比例達到了百分之四十二點五，如今則將近百分之四十五。

有沒有辦法預測一世代之後，加州理工學院大學部的種族結構會是什麼樣子？沒有！加州理工學院並不試圖控制其群體比例。如果奈及利亞移民突然大量

加州理工	1992 25.2%	1998 24.1%	2004 31.1%	2010 39.4%
	1993 26.9%	1999 24.3%	2005 33.0%	2011 38.8%
	1994 29.8%	2000 24.9%	2006 37.4%	2012 39.6%
	1995 29.1%	2001 24.5%	2007 38.1%	2013 42.5%
	1996 27.6%	2002 27.2%	2008 39.8%	
	1997 27.4%	2003 31.1%	2009 39.9%	
哈佛大學	1992 19.1%	1998 17.0%	2004 17.1%	2010 15.6%
	1993 20.6%	1999 17.2%	2005 17.6%	2011 17.2%
	1994 18.3%	2000 17.1%	2006 14.3%	2012 17.7%
	1995 18.4%	2001 16.4%	2007 15.4%	2013 18.0%
	1996 17.5%	2002 16.3%	2008 16.7%	
	1997 17.4%	2003 16.2%	2009 17.0%	

湧入美國，而他們的孩子也效法之前的猶太裔和亞裔子女，那麼有朝一日，加州理工學院的西非裔人口或許會和亞裔人口一樣多。（這並非天方夜譚：目前在美國，奈及利亞移民的人均研究生學位要比任何其他族群來得高。）加州理工學院和其他所有名校一樣受到人口結構變化的衝擊，但它選擇一笑置之，不予理會。

現在看看哈佛在同一時期的亞裔入學人數。

加州理工學院的數據是當一個機構不在乎控制其群體比例時得出的結果，哈佛大學的數據則是當一個機構**刻意**控制其群體比例時會出現的情況。哈佛的亞裔比例多年來基本上保持不變，事實上，哈佛每個群體的比例都維持著大致不變的狀態。

哈佛大學錄取情況

（按種族／民族劃分的錄取學生百分比）

	2006	2007	2008	2009	2010	2011	2012	2013	2014
非裔	10.5%	10.7%	11.0%	10.8%	11.3%	11.8%	10.2%	11.5%	11.9%
西語裔	9.8%	10.1%	9.7%	10.9%	10.3%	12.1%	11.2%	11.5%	13.0%
亞裔	17.7%	19.6%	18.5%	17.6%	18.2%	17.8%	20.7%	19.9%	19.7%
美國原住民	1.4%	1.5%	1.3%	1.3%	2.7%	1.9%	1.7%	2.2%	1.9%
白人及其他	60.6%	58.1%	59.5%	59.4%	57.5%	56.4%	56.2%	54.9%	53.5%

請特別注意上頁表格的最後一行。在哈佛，只有一個群體得以超過神奇的三分之一。

那麼，哈佛為什麼要大費周章地增設女子橄欖球隊？答案很明顯。**體育校隊是哈佛維持其群體比例的一個手段**。

3

幾年前，有一宗奇特的訴訟案專門探討了名牌大學與體育之間的關係。案件涉及一位名叫阿敏・庫里（Amin Khoury）的超級富豪，據稱，他將十八萬美元的現金裝進一只牛皮紙袋，寄給喬治城大學的網球教練戈登・恩斯特（Gordon Ernst）。庫里希望恩斯特招收他的女兒進入網球校隊，他知道，在名牌大學，「運動員總能被錄取」，因此他以無懈可擊的邏輯認為，這是他女兒進入名校最十拿九穩的途徑。

這場審判異常有趣，涉及許許多多令人尷尬的電子郵件和簡訊、在高檔餐廳度過的豪飲之夜，以及證人席上扭來扭去坐立不安的各個招生委員和體育委員。若要研究高等教育的腐化，確實沒有一個案例比得過美國訴庫里案（US v. Khoury）一案。審判過程中聽到的證詞，恰好對於理解大學如何利用體育項目來操控其群體比例極有幫助。[3]審判中途，檢方傳喚喬治城大學的一名前網球校隊選手出庭作證。我們姑且稱呼她珍。她高中時期就讀於華府郊外的一所高級私立中學，每年學費高達五萬美元。

珍在高中時是一名非常優秀的網球選手。

問：妳在全美排名第幾？

答：我的全國排名是第五十二名。

問：妳說妳來自馬里蘭州，對嗎？

答：嗯。

問：在馬里蘭州的排名呢？

答：我在馬里蘭州排名第一。

如果你熟悉青少年網球，你會知道要成為全州第一的選手需要付出多大的努力。

檢察官：妳是哪裡來的？妳在哪兒上的高中？

珍：我讀的是馬里蘭州貝塞斯達的赫頓阿瑪（Holton-Arms）中學。高中時，我每天都會早退，然後去馬里蘭大學附近的學院公園網球中心。那裡有個訓練學院。我每天在球場上訓練三小時，之後再做一小時的體能訓練。

珍的證詞沒有言明的部分是，每天進行四小時的網球訓練需要投入大量金錢。珍的父親是一家律師事務所的合夥人，他也必須是。因為他有一個試圖在青少年網壇上取得成功的女兒。

以下數字是由網球教練瑪麗安・韋德爾（Marianne Werdel）所提供，值得好好算一算，她當年也是美國青少年網球冠軍。韋德爾對二十三個有青少年網球選手的家庭進行焦點小組調查，以確定他們每年在女兒或兒子的網球比賽上花費多少錢。以下是她的發現：

3 庫里被無罪開釋。如果你想知道個中原因，我邀請你收聽我專為這個主題錄製的Podcast。

焦點小組的家庭在會員資格和場地時間上的花費介於一千兩百美元到五萬五千美元之間。室外場地的每年成本平均爲四千美元，室內場地的每季成本平均爲三萬五千美元。最高端的是私人鄉村俱樂部，他們收取兩萬美元或更高的入會費，月費則在七百五十美元左右。

「焦點小組的家庭每年花在教練身上的費用介於七千五百美元到四萬五千美元間。」韋德爾繼續說道。比賽有報名費和旅行費用（對於這個帳目，她聽到的最高數字是每年四萬兩千美元）。大多數高階選手都會聘請健身教練；這項花費大約在每年五千美元到一萬八千美元之間。物理治療費用每年可以高達七千美元。然後還有學費，如果你每天花四個小時訓練，就表示你沒有辦法上公立學校。所以你需要一所願意通融的私立學校（例如赫頓阿瑪），否則就得在家自學。

勞瑞爾斯普林斯（Laurel Springs）是網球家庭最常使用的線上學校。初中學費約爲四千到六千美元，高中學費則爲七千到九千美元……如果孩子想上高水準的大學，除了勞瑞爾斯普林斯的學費之外，平均還得花七千美元的補習費。

對於大多數家庭，網球拍的費用每年在九百美元左右。換線的費用大概在八百到兩千五百美元之間。鞋子的開銷為一年五百到一千八百美元，另外還得花幾千塊錢來買球衣、球拍袋、握把布、毛巾等等。

歡迎你把這些數字加總起來，但你已經知道我的意思：除非你出身富裕家庭、住在鄉村俱樂部附近，並且至少有一位家長有足夠時間開車載你到處征戰，並負責延攬與管理你成功所需的一小支教練、訓練師、物理治療師和輔導老師團隊，否則真的很難在高中階段成為國家級的網球選手。

珍的家庭花了那麼多錢供她打網球，從中得到了什麼回報？珍絕對不會去打職業巡迴賽；她從來沒**那麼**優秀。但她確實打了一手好牌，可以讓她餘生受用無窮，而這可不是一件小事，更切中要點的是，她被許多非常難進的名校錄取了，並選擇了喬治城大學。

珍陳述完她的證詞後，檢方傳喚了喬治城大學負責網球隊招生的委員梅格·萊西（Meg Lysy）。

問：網球特招生的錄取流程一般是怎樣的？

答：在截止日期之前……教練會帶著高中成績單和SAT或ACT[4]的成績，然後說：「這些是我想招的學生。」而我的職責是審查學生的成績狀態後，回覆他：「是的，你可以招收這名學生，沒問題。」或者：「不，你不能招收這個學生。」

萊西說，在某些情況下，她會對審核中的運動員的學業能力表示懷疑。但如果他們網球打得夠好，她願意妥協。

答：呃，戈弟（戈登．恩斯特）會說：「這個球員會改變我的球隊，這個球員好強啊。」在這種情況下，我們可能會錄取某個功課稍微差一點或者低於我們要求的學生，因爲這會產生很大的影響。

問：眞要說的話，妳做了什麼來驗證特招生的網球能力？

答：我什麼都沒做。

問：妳依靠什麼來確認一名特招生的網球能力？

答：教練的說詞。

問：妳爲什麼相信教練的話？

答：呃，因爲他的工作〔是〕擔任網球教練，招攬有天分的人才。而我的職責是審查成績單和學業能力。

對於一般的大學申請人，錄取過程涉及一輪細緻入微的審查與考量——論文、成績單、推薦信、在招生會議室裡的漫長爭論。但如果你是一名網球選手，那就另當別論了。在這種情況下，一切都取決於教練的意願。如果教練不認為珍是優秀的網球選手，她還能被喬治城大學錄取嗎？可能不會。萊西明確表達這一點。

問：網球特招生的成績和喬治城大學一般錄取的學生相比如何？

答：差多了。

4 SAT（學術能力測驗）及ACT（美國大學入學測驗）都是申請美國大學的重要參考成績。

問：網球特招生的標準化考試成績和喬治城大學一般錄取的學生相比如何？

答：低很多。

問：喬治城大學爲什麼願意招收成績和標準化考試分數較低的網球特招生？

答：我們認爲學生運動員能爲喬治城這樣的大學社群帶來一些特別的東西。你知道的，他們帶來了天賦。他們帶來了自豪感。每個人都希望球隊表現出色。喬治城大學的體育項目在全國享有聲譽，這令學生和校友都感到興奮。

這跟哈佛招生主任費茲西蒙斯給出的那個毫無說服力的答案如出一轍！**學生運動員為社群帶來了特別的東西**。真的嗎？聽聽珍描述加入網球隊的要求。

問：妳在喬治城大學每週練習幾天？

答：週一到週五。

問：妳們全都刻苦練習嗎？

答：當然。你知道的，練習涵蓋了場上和場外。所以其中包括每週兩到三次的舉重訓練，以及從週一到週五每天的網球練習。

問：妳全年都在打球嗎？還是只是季節性的？

答：基本上是全年無休。我們在感恩節後到聖誕假期結束前，有一段休息時間。所以從下半學年開始，春季是我們的主要賽季。

問：妳是否偶爾遠赴外地征戰？

答：是的。在主要賽季和春季時非常頻繁。秋季也一樣，我們得南征北討，在全國各地打好幾場錦標賽。

問：妳是否曾經因爲練球或因爲參加比賽而缺課？

答：當然。我們偶爾會蹺掉練習——或是……抱歉，蹺課，視錦標賽或比賽的地點而定，有時缺席好幾天，有時只缺席一天，要看在哪裡比賽。

如果網球運動員從來沒花時間待在社群裡，很難相信他們會「為社群帶來一些特別的東西」。為什麼喬治城大學如此樂意為了那些把所有空閒時間拿來在某個球場裡練習反拍擊球的人而降低自己的錄取標準？**真正厲害的網球選手究竟有什麼特別之處**？我已經給過你答案：真正厲害的網球選手的特別之處在於，要成為真正厲害的網球選手，唯一的辦法就是**出身富裕家庭、住在鄉村俱樂部附近，並且至少有一位家長有足夠的時間開車載你到處征戰，並負責延攬與管理你成功所需的一小支教練、訓練師、物理治療師和輔導老師團隊**。5

在庫里案的審判中，第一位被傳喚的證人是一個名叫提摩西．唐納文（Timothy Donovan）的男子。他是阿敏．庫里和喬治城大學網球教練戈登．恩斯特的中間人。一九八〇年代末，唐納文曾經跟戈登．恩斯特和阿敏．庫里一起在布朗大學打網球，他們彼此都認識。現在他經營著名為「唐納文網球策略」（Donovan Tennis Strategies）的公司，這是一家顧問公司，專門協助那些已經花費數十萬美元培養其正手和反手技術的網球運動員的父母，取得名牌大學為精英網球選手預留的令人垂涎的名額。

問：你每年大約有多少名客戶？

答：可能會稍有變化，但大致上每屆平均有七十五到八十人。

問：你收取多少服務費？

答：有多有少。我們有三種不同的套餐，目前從四千六百美元起跳，最高大約一萬美元。

問：你有其他的報酬管道嗎？

答：在三個案例中，我收到了成功酬金。

問：什麼是**成功酬金**？

答：基本上就是一種獎金，客戶會來找我們，說：「我們想激勵你。如果你能幫助我們的兒子或女兒進入這所學校，我們願意額外給你這個金額的獎金。」

問：你收到的成功酬金是多大金額？

答：在這三筆酬金中，一筆是一萬五，一筆是五萬，還有一筆二十萬的已經付了十六萬。

唐納文在他的網站上列出了他的客戶被錄取的所有學校。

5 當我們想到盛大的大學體育賽事，我們會將注意力集中在籃球和美式足球等萬眾矚目的運動上。這些顯然不是鄉村俱樂部的運動項目，它們的競賽跟後者沒有相同的財力門檻。但在哈佛這樣的學校，美式足球和籃球只占所有運動項目中的一小部分。

安默斯特學院（Amherst College）
貝茲學院（Bates College）
鮑登學院（Bowdoin College）
卡爾頓學院（Carleton College）
卡內基美隆大學（Carnegie Mellon University）
哥倫比亞大學（Columbia University）
康乃爾大學（Cornell University）
達特茅斯學院（Dartmouth College）
杜克大學（Duke University）
喬治城大學（Georgetown University）

別急，還有……

格林內爾學院（Grinnell College）
漢密爾頓學院（Hamilton College）

等等，還有……

哈佛大學

哈佛有一支網球隊，每年都會招人，就像喬治城大學一樣。但網球隊的規模很小，每年只增加幾名新球員。要真正改變群體比例，你需要一項同樣具有令人安心的精英性，但有更多人參與的運動。擊劍是一個不錯的起點：男子隊有十四名選手，女子隊有十一名。帆船運動也不錯，這又增加了三十四個體育生名額。賽艇運動足以為表率。賽艇分為重量級和輕量級，重量級有四十名女選手，輕量級有另外二十名——男子隊也是如此。在完美的世界裡，哈佛會義無反顧地增設中量級賽艇，為那些就讀有足夠資金設立賽艇隊的高中的學生騰出另外二、三十個名額。但大學賽艇運動並不存在中量級級別——至少目前**還沒有**。哈佛需要一些新的東西。二〇一三年，哈佛突然想到答案就在他們眼前，就在美國的寄宿學校和郊區體育俱樂部裡：女子橄欖球。

哈佛女子橄欖球隊的名單上有三十三名球員！

如果你仔細瞧瞧那個雨天在普林斯頓為哈佛大學打球的年輕女性群像，很容易看出這項運動簡直就是為社會工程量身打造。這支球隊——和哈佛其他大多數運動隊伍一樣——成員幾乎清一色白人。隊員來自全球最優雅的幾個中上階層社區：克利夫蘭郊外的謝克崗（Shaker Heights）；舊金山北郊的馬林縣（Marin County）；臺拉維夫郊外的赫茲利亞（Herzliya）；匹茲堡最豪奢的郊區之一上聖克萊爾（Upper St. Clair）。有兩名球員來自科羅拉多州的薩米特縣（Summit County），一個高檔的滑雪勝地，隨便一棟獨棟住宅都要價百萬美元以上。這支球隊的明星後衛來自多倫多頂尖的女子私立學校；球隊的明星，爭邊球前鋒則來自卑詩省的一所精英寄宿學校。一名球員在新澤西州長大，但每年都在加州的全國橄欖球「培訓計畫」中接受訓練；另一名球員曾在一家橄欖球俱樂部打球，場地就在一個名為「鄉村俱樂部大道」的地方——這名字簡直再貼切不過。還有一名球員是前美國參議員的千金。有兩姊妹曾為沙加緬度郊區的一個橄欖球俱樂部效力——這家俱樂部和其他為美國名牌大學輸送人才的體育「溫室」一樣，在網站上列出了球員們被哪些大學的橄欖球校隊所錄取。

鮑登學院
布朗大學
達特茅斯學院
加州大學柏克萊分校
加州大學聖地牙哥分校
西點軍校

等等，還有……

哈佛大學

4

二〇一二年十月，美國最高法院就「費雪訴德州大學」（Fisher v. University of Texas）

一案進行了言詞辯論。言詞辯論是每一起最高法院案件的核心環節，地點位於第一街的法院中央大廳，正對國會大廈。這是一間宏偉的新古典復興風格的房間，天花板挑高四十四英尺，廳內矗立著二十四根義大利大理石多立克式圓柱。雙方律師站著接受九位大法官的拷問，法官們則坐在前方一張高聳的桃花心木長桌後面。

這起案件涉及一位名叫阿貝蓋爾・費雪（Abigail Fisher）的學生，她被德州大學拒絕錄取。她提起訴訟，聲稱「她的」名額被讓給了學業成績不如她的少數族裔學生。校方直接以羅莎貝絲・肯特的論點回應：德州大學認為，僅僅象徵性地招收幾名邊緣族群的學生並無實質意義，學校需要招收足夠數量的少數族裔，才能讓這些族群對校園的多樣性產生有意義的貢獻。校方表示，非裔和西語裔學生需要達到「臨界值」——而錄取阿貝蓋爾・費雪這樣的學生，會導致這個目標無法實現。

費雪案是美國許多學校數十年來實行平權政策所面臨的最嚴峻的法律挑戰之一。法庭上座無虛席，費雪的律師首先發言，但他一句話都還未說完，就被法官們連珠炮般的問題打斷。此案的利害關係極為重大。

接著輪到校方發言。校方的律師是格雷戈利・賈瑞（Gregory Garre）。

賈瑞先生：謝謝您，首席大法官先生，請允許我向您陳述：基於兩個主要的理由，根據本庭的先例，您面前的招生計畫是符合憲法的……

賈瑞剛多說一句話，同樣被打斷。如果大學要提出羅莎貝絲・肯特式的論點，那麼法官自然會提出羅莎貝絲・肯特式的問題。肯特有一句名言：「應該追查確切的引爆點。」正是這一訓示促使人們試圖弄清楚需要多少女性成員才能改變公司董事會，或是有多少異見者才能推翻共識。因此，當德州大學聲稱校內的少數族裔學生需要達到臨界值時，大法官們立刻追問：**如何定義這個臨界值？**

首席大法官羅伯茲：這個數字是多少？你們在大學裡努力達到的非裔和西語裔學生的臨界人數是多少？

賈瑞先生：法官大人，我們沒有一個……

首席大法官羅伯茲：那我們如何判斷這項計畫是否專門針對該目標而量身打造的呢？

德州大學堅信臨界值的存在，卻不願透露具體數字。

首席大法官羅伯茲：根據先例，我明白我的職責是判斷你對種族的運用是否專門爲了實現必要的利益。你指出的必要利益是讓德州大學的少數族裔學生達到臨界值，但你卻不告訴我臨界值是多少。我該如何善盡我們的先例告訴我應該做的工作？

賈瑞先生：法官大人，本法庭的先例所說的臨界值，是指低代表度的學生所處的環境……

首席大法官羅伯茲：我知道你在說什麼，但我們何時能知道你們已經達到臨界值了？

羅伯茲一再追問，場面一度尷尬。隨後，安東尼・甘迺迪（Anthony Kennedy）大法官加入質詢。

甘迺迪大法官：假設我們——假設你們根據你們的經驗確定了一個數值範疇、一個數值標準、一個被指定爲臨界值的數字：它是X%。在招生過程中，招生官是否可以看看他們有多接近這個數字……

賈瑞先生：不，不，法官大人，我們不是這麼做的。

德州大學為什麼不願定義他們所謂的**臨界值**？同樣地，答案顯而易見：因為他們知道，一旦這麼做，就會發現他們距離達到少數族裔人口的門檻還非常遙遠。二〇〇八年，當阿貝蓋爾・費雪起訴德州大學奧斯汀分校之初，非裔美國學生約占該校總人數的**百分之四**。那意味著每班二十五人當中，大約只有一名黑人。在這種情況下，少數族裔學生很難達到羅莎貝絲・肯特所說的舒適和自信的門檻。

現在，如果德州大學願意實話實說，他們會說這樣的話：

在德州大學，我們服膺多元化原則。然而遺憾的是，我們無法提供讓少數族裔學生感到舒適和自信的最佳環境。如果那樣的體驗對您來說很重要，我們建議您去另一所學校就讀。

或是這麼說：

在德州大學，我們服膺多元化原則。為了表現這樣的誠意，我們將對另一所能更有效達到少數族裔臨界值的德州院校捐贈一大筆款項。

但是當然，在現實世界中，沒有一所大學會說這樣的話。因此，德州大學讓律師坐下來，給了他們嚴格的指示：**告訴最高法院，我們堅定地致力於招收足夠數量的少數族裔學生。但是看在上帝的份上，千萬不要回答任何關於我們對這個詞的具體含義的問題，因為那樣就會暴露我們並沒有真正致力於為少數族裔學生提供臨界值的好處**。

因此，葛雷戈利・蓋瑞——美國前檢察總長、前最高法院書記、前最高法院首席大法官葬禮上的抬棺者、你想打最難打的訴訟時會找的律師——默默坐在那裡，假裝自己沒有答案。無奈之下，大法官們最後傳喚了美國檢察總長唐諾德・韋瑞利（Donald Verrilli），他當天也在現場為德州大學提供道義上的支持。

首席大法官羅伯茲：總長，在您看來，我們如何判斷大學是否已達到臨界值？

韋瑞利總長：……我同意我朋友的看法，臨界值不是一個數字。我認爲以數字來界定臨界值是非常不明智的，所以……

首席大法官羅伯茲：好吧，我聽到很多關於臨界值不是什麼的說法。我想知道它**是**什麼，因爲我們的責任是裁定種族的使用是否僅限於達到這所大學所認定的臨界值。

韋瑞利總長：……我不認爲有這麼一個數字，而且我認爲本庭暗示有一個數字的存在是不謹慎的……

最後，法官中最犀利的成員安東寧．斯卡利亞（Antonin Scalia）開口了。

斯卡利亞大法官：那麼，我們也許不應該使用「臨界值」這個詞，因爲你知道的，「值」這個字意味著數字，無論是在規模上或是份量上。

韋瑞利總長：我同意。

斯卡利亞大法官：所以我們應該停止稱之爲「值」。

韋瑞利總長：我同意。

斯卡利亞大法官：那就把它稱為**雲**之類的東西好了。6

這時，整個法庭爆出一陣緊張的笑聲。

半個多世紀前，勞倫斯社區的成員聚在一起，爭論要將他們那塊空地賣給白人家庭還是黑人家庭。社區必須「在這項實驗的價值與潛在買家的需求和福祉之間進行權衡」。要在這兩個目標之間做出選擇，可不是一件容易的事。但是，如果你想運用引爆點來設計一個社會結果，這就是你必須面對的抉擇。你得決定，為了捍衛一個數字，你願意做到什麼程度。你必須誠實面對你正在做的事。

但在費雪案中，一模一樣的問題擺在了國家最高法院面前，這起案子關係到高等教育中最具爭議性議題的合憲性。這下子，利害關係可**真的**大了。然而，代表全國首屈一指教育機構的聰明絕頂律師，居然只是……聳了聳肩。

二〇二二年，最高法院又審理了一起平權行動案件——「學生公平錄取組織訴哈佛校董會案」。到了此時，最高法院已經對美國大學以及他們的虛偽失去了耐心，這些學校以為他們可以拿自己拒絕具體說明的數字作為整個招生制度的基礎。於是，最高法院索性兩手一拋，直接裁定所有基於種族的平權行動計畫都違憲。

你能怪他們嗎？

這裡的諷刺意味極其濃厚。哈佛大學在橄欖球上玩的把戲和喬治城大學在網球上耍的花招，當然**也是**某種平權行動。只不過，這種「運動員版平權行動」錄取的不是學業成績較差的弱勢學生，而是學業成績較差的**特權**學生。然而，大學懶得捍衛的只是第一種平權行動，也只有第一種平權行動的爭議性大到需要鬧上最高法院。美國決定，它不接受旨在使遭受歧視和困苦的人受益的特殊政策。但對於那些花得起幾十萬美元培養孩子揮拍擊球的家庭，特

6 德州大學的律師在辯護時可能會這麼說：「最高法院在加州大學董事會訴巴基（Regents of the University of California v. Bakke）一案中，禁止我們使用種族配額。因此，如果我們承諾一個數字，我們將明顯違反該裁決。我們會輸掉這場官司。」這是一派胡言。首先，是法庭要求他們提供這個數字——如果法庭認為自己之前的裁決禁止它要求一個數字，它就不會要求一個數字。大學也可以乾脆引用肯特的文章，或其他任何有關群體比例的研究，並說他們正在研究如何運用這些研究。但他們沒有這樣做，他們表現得像個傻瓜。

殊待遇完全沒問題。我不知道你怎麼看這件事，但我們應該都能同意——對吧？——被提交到最高法院的，是錯誤的平權行動案件。

當美國最高法院發布裁決，哈佛大學發表了一份憤怒的聲明。「我們堅信，」校方是這麼說的：

> 爲了培養應對複雜世界的領導者，哈佛大學必須招收和教育一個能夠反映、並經歷過多種面向的人類經驗的學生群體。我們之所以成爲我們，任何一個因素都不可能無關緊要。哈佛必須永遠是一個充滿機會的地方，一個向那些長期被拒於門外的人敞開大門的地方，一個讓許多人有機會實現他們的父母或祖父母所不敢想像的夢想的地方。

要理解這份聲明中的層層深意，恐怕只有耶穌會士才辦得到。不過，我們還是試試看吧！當哈佛說「我們之所以成為我們，任何一個因素都不可能無關緊要」，我們可以推測，它指的是哈佛永遠只會讓某一族群的人超過「神奇的三分之二」。當它稱哈佛是一個「讓許多人有機會實現他們的父母或祖父母所不敢想像的夢想的地方」，我們可以認為這是在開只有自己人才聽得懂的小玩笑，調侃它對校友子女的特殊照顧。（他們真正的意思其實恰恰相反：哈佛是一個讓許多人有機會重溫父母和祖父母**已經**實現的夢想的地方。）而當哈佛說它希望學生群體能代表「多種面向的人類經驗」時，我們可以推測，它指的是學校如何不遺餘力地確保一大部分學生已經在美國鄉村俱樂部的球場上為哈佛經驗做好了準備。

如果你不認為社會工程已經悄悄成為美國體制內的核心活動，想必是因為你不夠用心！

第六章

首例先生和萬豪疫情

「我們推測是由一個人引入的。」

1

二〇二〇年二月二十六日，生技大廠百健公司（Biogen）在波士頓市中心的長碼頭萬豪飯店舉辦了一年一度的領導層聚會。百健的總部位於附近的劍橋市，公司約有八千名員工，其中一百七十五人受邀從公司位在世界各地的據點飛來波士頓共襄盛舉。會議在週三上午拉開序幕，眾人在港景宴會廳享用早餐，欣賞窗外廣闊綿延的海景。許久未見或僅在電話抑或電子郵件中打過交道的同事們互相握手、擁抱、傾身靠近彼此，試著在嘈雜的談話聲中聽清對方的話。當晚，公司在幾條街外的國宴廳舉辦了晚宴和雞尾酒會，並頒發了傑出服務獎。現場氣氛熱烈，公司的利潤和收益都上升了，一系列前景看好的治療方案也在研發中。週四下午，會議結束，與會者紛紛散去——有的趕往機場，有的回到波士頓周邊的家。

事後反省，每一位參與策劃和執行這場會議的人都醒悟，這件事根本不應該發生。但當時是二〇二〇年二月下旬，那個名字拗口的新冠病毒（SARS-CoV-2）還是個全新的病毒。前一年十二月，它在中國中部的武漢市橫空出世，並開始在歐洲和世界其他地區零星出現。

它會演變成一場大災難嗎？大約二十年前，新冠病毒的近親——SARS——在中國東南部出現，讓衛生官員飽受驚嚇。但SARS還來不及對世界其他地區造成廣泛的損害前，疫情就漸漸消退了。因此，人們有理由相信這次可能也只是虛驚一場。疫情初期的標誌性事件——大規模封城、口罩強制令、顛覆全球生活的社交距離規則，以及夜裡無止境的警笛聲——還要再過幾週或甚至幾個月才會到來。二〇二〇年二月，有人樂觀，也有人悲觀，百健的領導團隊就是樂觀派之一。不過，他們的樂觀只到會議結束後的週末為止。那個週末，該公司的一位高階主管因為出現流感症狀而前往波士頓市中心的麻省總醫院就診，緊接著，參加會議的其他人也開始出現類似症狀，一個接著一個，直到大約五十個人病倒。

到了週一，百健的高層開始警覺起來。他們發了一封電子郵件給所有與會人員，告知他們如果感到不適，應立即就醫。週二，團隊聯繫了麻州公共衛生部門。接著，到了週四，在歐洲兩名員工測出陽性反應後，百健向全體員工發出警告，表示公司內部已爆發疫情。當晚，公司建議所有的波士頓員工不要為了檢測而前往麻省總醫院。百健的員工「把急診室擠得水泄不通」，醫院的警衛也警告說，他們將拒絕來自該公司的任何人進入醫院。

每個人都在拚命控制事態蔓延，但此刻為時已晚。有好幾位參加了萬豪會議的人，從那裡直接趕往了位於波士頓科普利廣場的另一家萬豪飯店參加投資會議。如今，那場會議的其他參與者也開始生病了。另一位高階主管從波士頓飛往佛羅里達州那不勒斯（Naples），參加由資誠企業管理顧問公司（ＰＷＣ）主辦的會議。在那裡的時候，他也病倒了：頭痛、發燒。他是否傳染給其他人了？

接著是北卡羅來納州。百健在洛里（Raleigh）郊外的三角研究園區（Research Triangle）設有據點，有一千四百五十名員工在那裡工作。三角研究園區的代表團從波士頓回來後，週一照常上班，隨後也開始發病。**他們**究竟傳染了多少人？電子郵件開始在州衛生官員與百健之間來回飛舞，甚至驚動了北卡羅來納州的州長。

從那以後，情況變得愈來愈糟。眾人都意識到，由於參加萬豪會議的許多人都感染了新冠病毒，而其中許多人又立刻搭飛機去了其他地方——不僅是佛羅里達和北卡羅來納，而是所有地方，這可是員工遍布世界各地的一家跨國公司——這兩天在波士頓市中心發生的事情，無疑是一場公共衛生災難。

勞倫斯社區和哈佛大學橄欖球隊都是社會工程的範例。引爆點的存在創造了一種不可抗拒的誘惑，驅使人們干預世界的運行。然而，隨之而來的卻是非常困難的問題。我們如何平衡個人需求與群體需求？本章將探討第三個更為棘手的社會工程挑戰——這個問題源自長碼頭萬豪飯店舉行的百健會議，並與流行病傳播的令人不安的現實息息相關。在關於新冠疫情的所有詳盡（且最終令人疲憊）的評論中，這個特定問題鮮少被提及——或許是因為它引發了太多尷尬的疑問，又或許是因為我們大多數人遇上新冠疫情時，懷有錯誤的一套假設。但下一次，當另一種致命病毒席捲全球，我向你保證，這個問題將成為所有人矚目的焦點。

一月三十一日，波士頓地區檢驗出已知的首例新冠病例。一名就讀於麻薩諸塞大學的中國留學生從疫情起源地中國武漢飛回波士頓，他恰好在檢疫規定以及中國的出國旅行禁令生效之前返美。這趟旅程至少輾轉了三十個鐘頭：從武漢到上海，從上海到巴黎，再從巴黎到波士頓洛根機場。抵達波士頓後，他的新冠肺炎檢測呈陽性反應。

這是疫情爆發的初期，還沒有人採取一個月後就會普及的預防措施。這名學生抵達洛根機場，排隊辦理入境手續，然後從機場前往他在波士頓的公寓。他有室友嗎？也許有。如果有的話，他們幾乎肯定沒有戴口罩或保持社交距離。這肯定會形成一場公共衛生災難。

但是並沒有。這名學生並沒有傳染給任何人。事實上，整起事件非常平淡，以至於該市公共衛生委員會的執行主任不厭其煩地告訴人們不要擔心：「目前，我們並未要求波士頓居民採取任何不同的行動，」麗塔・尼維斯（Rita Nieves）說，「公眾面臨的風險仍然很低。」

五週後，劍橋博德研究所（Broad Institute）的一群科學家成立了最早用於處理新冠病毒檢測的診斷實驗室之一，這讓他們得以分析每位確診患者體內的新冠病毒基因特徵，進而繪製出一幅巨大的路線圖，顯示新冠病毒在波士頓地區的傳播路徑。在疫情初期的幾個月裡，他們至少在一百二十起案例中發現有人將新的新冠病毒株帶入波士頓大都會區。然而，其中只有極少數真正傳播開來，而即使那些傳播出去的，也大多遇到了阻礙。

最嚴重的一次疫情爆發，發生在百健會議結束後的一個月左右，地點是當地的一家養老院。養老院的九十七位居民幾乎全部感染了新冠病毒，其中二十四人不治，三分之一的員工也染病，這家機構遭受了嚴重的打擊。但這種特定的病毒株是否對養老院以外的地方造成了損害？並沒有。這是一個人來人往的地方，然而，這種足以摧毀養老院整層樓、傳染性極強且致命的病毒株，卻幾乎沒有在外界造成影響。它散播開來了，但並未引爆。那幾個月裡，在波士頓爆發的疫情只有一次符合這種描述：在長碼頭萬豪飯店舉行的百健會議。

博德研究所新冠研究小組成員、傳染病專家雅各・勒米厄（Jacob Lemieux）說：

不斷出現訊息顯示最初病例之間有關聯性，我們開始把線索拼湊起來……數據中的這一特徵顯而易見，許多早期病例彼此相關，並且都與這場會議有關。

萬豪會議所產生的病例具有獨特的基因特徵——一種名為C2416T的突變。在百健會議之前，美國從未見過這種變種，事實上，全球僅在法國的兩名老年患者身上發現過。因此，只要追蹤C2416T——百健病毒株——在人群中的傳播路徑，勒米厄和他的同事便能大致評估這起單一事件的影響範圍。

「就在我們發布研究結果時，《波士頓環球報》打電話給我們說：『哇，這真的很有趣。』」勒米厄繼續說道：

「但是話說，有多少人會因此受到影響？」我們回答：「天哪，我們也不知道。我是說，會有很多。」他們又問：「那麼，很多是指多少？」我們說：「嗯，你知道的，很多……」我們做了一個內部估算，然後告訴了他們。第二天，《波士頓環球報》的頭版登出「科學家稱兩萬人因商務會議而受感染」之類的。

事實證明，那份估計極其保守。隨著世界各地的科學家報告了正在傳播的新冠病毒株的基因特徵，他們繪製的百健病毒傳播圖變得愈來愈大。C2416T無處不在：遍及美國的二十九州；遠至澳洲、瑞典和斯洛伐克等國。

人們從世界各地上傳基因序列，我們可以看到這個特徵……結果發現，最初的估計雖然看起來很高，但實際上真的偏低。而事實上，這場活動引發的傳播鏈，可能已經導致數十萬人受到感染。

最終的估計是，百健會議導致了超過三十萬人感染。那麼，這一切是如何開始的？「我們推測，」勒米厄說，「是由一個人引入的。」超過三十萬人因一場會議而感染，而這一切全都追溯到一個人。這個人究竟有什麼特別之處？[1]

1　一種合乎邏輯的可能性是，在百健會議上傳播的特定病毒株具有非比尋常的傳染性；但事實並非如此。後來的變異株——例如Omicron——的傳播性要高得多。

到目前為止，我們已經探討了流行病的兩個要素；首先是大背景故事（林冠），大背景故事會投下一片陰影，籠罩其下發生的一切。第二個要素是群體比例，群體中的人員構成決定了群體是否、以及何時會引爆。這兩個要素在白楊林的自殺潮中，得到了充分體現。白楊林有其獨特的大背景故事——對成就的極致追求——而這帶來了毀滅性的副作用。它的群體比例也完全失衡，呈現出一種一元文化。它需要多元的身分認同，讓那些被學校規範壓垮的學生能夠找到安全的避風港。

然而，還有第三個因素。還記得研究白楊林的社會學家塞斯・艾布魯汀曾說過：

在四波自殺潮中，至少三波包含了非常受矚目的校內風雲人物，這些學生是白楊林理想青年的化身……很多自殺身亡的年輕人看起來都很完美，然後就這麼走了。那就有點像是：「哎呀，如果他們這樣的人都活不下去了，我要怎麼活呢？」

白楊林自殺潮的推動力之一，是那些引發自殺潮的學生擁有特殊地位：他們在校內的階層中占據重要位置。我在《引爆趨勢》一書中曾討論過這個概念，稱之為「少數原則」。我們所面對的許多社會問題都具有極端的不對稱性——也就是說，極少數人發揮了所有「作用」。而當我說**極少數**時，我指的是非常、非常少的少數。

讓我舉個例子。幾年前，我去拜訪了一位名叫唐納德．斯特德曼（Donald Stedman）的傑出人物（他已於二〇一六年辭世）。他是丹佛大學的化學家，也是一位卓越的發明家。在他的眾多發明中，有一台精巧的裝置可以利用紅外線即時測量並分析汽車在高速公路上行駛時的排放物。我飛到丹佛與他會面，接著，我們開車到了二十五號州際公路的出口匝道，就在施佩爾大道的出口處，斯特德曼將他的發明連接上一個巨大的電子標誌。每當裝有正常運作的污染控制設備的汽車駛過，電子標誌就會閃現「良好」；而當一輛排放超標的汽車經過，電子標誌就會閃現「不良」。

我們大概坐在那裡看了一個小時，很快就發現，被評為「不良」的車輛少之又少。然而，斯特德曼說，這少數幾輛車正是丹佛空氣污染問題的元凶。不管出於什麼原因——年久失修，還是車主刻意改裝——這些少數車輛排放的一氧化碳濃度比平均高出了**一百倍**。

「假設一輛車可享有十五年的車齡，」斯特德曼對我說。

顯然，車子愈老，愈容易壞掉，就跟人一樣。而所謂「壞掉」，我們指的是各種機械故障——電腦失靈、噴油嘴卡住關不起來、催化劑失效。這些故障模式導致的高排放量並不罕見。我們的資料庫裡至少有一輛車每英里排放七十克的碳氫化合物，這意味著你幾乎可以用那輛車的廢氣來驅動一輛本田喜美。不僅老車如此，一些操得很兇的新車也一樣，例如計程車。

斯特德曼發現，二〇〇六年在丹佛，馬路上百分之五的車輛製造了百分之五十五的汽車污染。這就是「少數法則」：一個非常巨大的問題由極少數人造成。

斯特德曼的觀點是，你一旦明白汽車污染的不對稱性，就會發現現有的車輛廢氣排放檢測制度毫無意義。他告訴我，廢氣排放現場檢測在找出並修理那些少數「問題車」上，做得相當糟糕。那些開著大馬力、高污染跑車的汽車發燒友，會在檢測當天，偷偷給自己的愛車換上乾淨的引擎。還有一些人會把車註冊在沒有排氣檢測的偏遠小鎮，或者先「熱車」再開到檢測地點——剛從高速公路上狂飆下來——這是讓髒引擎看起來乾淨的好辦法。更有些人明明不該通過檢測，卻莫名其妙地過關了，因為骯髒引擎的排放很不穩定，偶爾也會短暫地燃燒乾淨。與此同時，丹佛成千上萬駕駛人每年都得跑到檢測中心——請假、排隊、付二十五美元——去進行一項幾乎沒有人需要的檢測。何必浪費力氣呢？

斯特德曼的想法是，應該在丹佛各地安裝他的檢測裝置，並讓警察攔下所有不合格的車輛。他估計，只需要六台路邊廢氣檢測器，每天就能檢測三萬輛車——這樣幾年下來，丹佛地區的廢氣排放量就能減少三成五到四成。

自從斯特德曼的開創性研究以來，世界各地的其他研究人員也進行了類似的測試。結果總是如出一轍：在任何時候，大約百分之十的車輛要為超過一半的汽車空氣污染負責。污染車輛的分布——借用一個針對洛杉磯駕駛人的研究用語——「極度偏斜」。

在另一項研究中，一群義大利研究人員計算，如果羅馬百分之十的汽車是電動車，該城市的空氣品質會改善多少。正如你所想像的，這將帶來巨大的改變。但他們接著做了第二個計算：如果城市只要求污染最嚴重的百分之一烏賊車改為電動車，情況又會如何？污染將以同樣的幅度下降。

在唐納德．斯特德曼發明他的神奇裝置近四十年後，幾乎所有人都認同他的觀點。那麼，自斯特德曼開始設置他的路邊檢測點以來，丹佛發生了什麼變化？什麼都沒變。[2] 科羅拉多州仍然要求大多數駕駛人定期接受廢氣排放檢測，而在二〇〇〇年代還算不錯的丹佛空氣品質，在過去十年裡卻變得更糟了。

都市空氣污染是個完美的例子，說明問題由少數人造成，但我們卻把它當成全民問題來對待。沒有人願意針對這種不對稱性採取行動，原因也不難理解：單挑少數幾個污染大戶，會讓負責丹佛空氣品質的人面臨更大壓力。如果被攔下的車主中，窮人比例過高怎麼辦？如果他們沒錢修車怎麼辦？如果他們不遵守規定，你要沒收他們的車嗎？如果員警不願意執行反污染法規怎麼辦？如果環保團體自作主張買了一台斯特德曼檢測器，開始羞辱路過的車主又該怎麼辦？

要從「全民問題」的立場過渡到認定「問題是由少數人造成的」，這樣的轉變確實**非常困難**。而我們顯然被其中的難度嚇到了，寧可呼吸污濁的空氣也不願改變。

在本書的這一部分，我們探討了立意良善卻遭遇無解難題的社會工程行動：如果拯救一個致力於幫助黑人群體的社區的唯一方法是拒絕黑人，那該怎麼辦？哈佛大學的橄欖球隊則是另一種社會工程問題的例子：當機構悄悄操縱數據以維持少數人的特權，我們該怎麼辦？但在這裡，我想描述未來無可避免的一個更為棘手的問題。科技將使我們有能力找出那些特殊的少數人是誰——不僅僅是在丹佛的路邊，而是各種地方，包括疫情剛出現時的大飯店會議廳。

我們該如何處理這些資訊？

4

有許多不同族群的人從許多不同角度研究病毒和流行病。公共衛生領域的人關注疾病如何影響特定人群；病毒學家對實際傳染源的具體細節感興趣；免疫學家則研究身體如何對抗外來病原體。凡此種種，不勝枚舉。在這基礎上，各個專業領域又細分為次領域，次領域再

2 科羅拉多州向斯特德曼聊表敬意的方式，是免除新車的定期排放檢測。

進一步細分為微領域。世界上有數以萬計的學術期刊，這讓你感受到科學領域的分化程度有多深。有時，這些不同的領域會進行交流，互相閱讀對方的研究成果。但更多時候，他們並不這樣做，一個角落發生的事情可能會被另一個角落的科學家完全忽視。在新冠疫情的案例中，研究氣溶膠的少數科學家群體就遭遇了這樣的情況。

氣溶膠是懸浮在空氣中的微小粒子，數量有數十億之多。有些是天然的，有些是人造的。氣溶膠科學家通常是工程師或化學家。唐納德．斯特德曼就是一位氣溶膠學家，他對測量汽車廢氣中的懸浮微粒感興趣。這是一個典型的氣溶膠研究課題。其他的典型課題是：**當你用平底鍋煎培根，那股誘人的香氣是由什麼構成的？從鍋中升起的所有微粒都有害嗎？它們有多大？會飄到哪裡？抽油煙機是否能有效發揮作用？**

《氣溶膠科學與技術》（*Aerosol Science and Technology*）是這個領域的權威期刊。在萬豪疫情爆發剛滿一個多月時，該期刊邀請了幾位頂尖的氣溶膠學家對這場席捲全球的神祕疫情發表看法。

他們的論文發表於二〇二〇年四月初，與一篇名為〈濕度、密度和入口吸氣效率校正提高了低成本感應器在印度恆河平原西北部郊區進行現場校準時的準確性〉的文章並列，這篇論文的標題是〈新冠疫情與氣溶膠：COVID-19是否透過呼出顆粒進行傳播？〉。可以肯定地說，氣溶膠領域以外的人很少會讀到這篇文章——這實在可惜，因為《氣溶膠科學與技術》是最早正確描述新冠疫情的主要科學出版物之一。

這篇論文的發起人是任教於加州大學戴維斯分校的威廉・里斯滕帕特（William Ristenpart）。里斯滕帕特是一名科班出身的化學工程師，二〇〇八年偶然開始研究人類疾病。「我找到一位相當著名的流行病學家所寫的一篇論文，研究流感在天竺鼠之間的空氣傳播。」他說。這篇論文很有趣，但在他看來並不完整。里斯滕帕特說，論文分析了整個狀況，卻沒有提出氣溶膠學家自然會提出的那些問題。「比如——是否有流體流動？有流速嗎？流向哪個方向？諸如此類的問題。」

他的意思是，那位流行病學家關心的是天竺鼠是否能在沒有肢體接觸的情況下互相傳染流感，但他們似乎並不想知道那是**如何**發生的——而對氣溶膠學家來說，「如何發生」才是最關鍵的部分。於是，里斯滕帕特開始從化學工程師的角度研究人類疾病。當你說話、呼吸或打噴嚏時，你會呼出氣體。這個過程是如何運作的？

「你見過自己的聲帶嗎？在深入這項研究之前，我也沒見過。」他說，「但耳鼻喉科醫生都會使用喉鏡，〔意思是〕你把一根光纖線插入鼻子，它會往下延伸，然後你就能看到你的聲帶的活動。」

他給我看了一張用喉鏡拍攝的他自己的聲帶照片。聲帶位於喉頭內部：兩條並排的組織，像隱藏式推拉門一樣開合。

每次聲帶合起來時，都讓人感覺非常奇妙。當你在說話時……你知道的，我的聲音比較低沉，大約是一百一十赫茲。也就是說，聲帶每秒鐘會互相撞擊一百一十次。

聲帶每次打開都會稍微牽絲。在里斯滕帕特給我看的照片中，那些液體絲看起來就像微小的液體橋梁，橫跨在兩扇拉門之間的開口處。

「而當這些橋梁斷裂，就會形成小液滴。」他繼續說道。

當你呼氣，從你嘴裡吐出的就是這些小小的唾液飛沫。想像一下拿一瓶肥皂溶液吹泡泡的情景。你把吹泡泡棒插進瓶子裡，一端會形成一層薄薄的液體薄膜，然後你對著它吹氣，泡泡就四處飛散。這正是你嘴巴裡發生的情況，只不過你的嘴巴吹出了好幾百萬個泡泡，而不是幾十個，而且它們非常微小。

所以當新冠病毒橫空出世，《氣溶膠科學與技術》期刊邀請里斯滕帕特和他的三位同事發表看法。他們的第一個問題是：**我們對這些飛沫了解多少**？你可能還記得疫情初期我們被告知的訊息。二〇二〇年三月二十八日，世界衛生組織在其社交媒體平台上做出下列公告：

事實：＃COVID-19**不會**透過空氣傳播。

＃新冠病毒主要透過患者在咳嗽、打噴嚏或說話時產生的飛沫傳染。

爲了保護自己：

- 請與他人保持一公尺的距離
- 經常消毒物體表面
- 洗／搓你的 
- 避免觸碰你的 

當世界衛生組織說病毒不會透過空氣傳播，他們的意思是，從你的口鼻噴出的飛沫太重了，無法在空氣中漂浮。這就是為什麼你可以透過與患者保持距離來保護自己：飛沫只會飛到打噴嚏或咳嗽的力量能把它們送到的距離。其中的訊息是「避免肢體接觸」。

但氣溶膠專家認為這種說法毫無道理。假使每當聲帶開合，那些液體橋梁中的病毒顆粒都會變成微小的泡泡，那麼僅僅關注咳嗽和打噴嚏就太愚蠢了。真正的問題在於**說話**，在十分鐘的對話中，你呼出的微粒可能比打兩、三次噴嚏還要多。里斯滕帕特說：

> 我認爲大眾——你知道的，醫生啊，所有人啊——都把注意力放在咳嗽和打噴嚏上，因爲……這些都是戲劇性的大場面。你能看到東西飛出來，而既然你能看到，自然就會擔心。但講話是無處不在的，我們整天都在跟人聊天，是吧？

更重要的是，我們不該假設說話時產生的小泡泡太重，無法漂浮在空中。里斯滕帕特和他的三位合著者認為，新冠病毒和他們畢生研究的氣溶膠是同一類東西。這些氣泡很輕，像香菸煙霧一樣漂浮在空中。它們可以在房間裡懸浮長達一個小時——在呼出它們的人離開很久之後，依然存在。

「有鑑於已知在呼吸和說話過程中會排放大量呼出顆粒，」里斯滕帕特和他的同事寫道：

並且有鑑於COVID-19顯然具有很高的傳染性，一個合理且重要的假設是，與無症狀感染者進行面對面交談，即使雙方都小心不產生接觸，也可能足以傳染COVID-19。

對於最初調查百健案例的公共衛生研究人員來說，這件事情是個謎團，因為他們怎麼也想不通，一種靠著直接接觸傳播的病毒如何感染一整個房間的人。「這真是讓我們百思不得其解，」博德研究所的勒米厄說，「數百人在這場為期兩天的會議裡受到感染。對著人咳嗽已經夠尷尬了，一個人怎麼可能對著好幾百人咳嗽呢？」[3]

3 新冠病毒在疫情期間所做的事情之一，就是把氣溶膠遊戲玩得愈來愈高明。以下是一項研究對Alpha變異株所做的結論，該變異株在二〇二〇年底成為主要流行的病毒株：「Alpha變種與RNA病毒懸浮微粒增加了四十三倍有關。」也就是說，空氣中懸浮的Alpha病毒比之前的病毒株多出四十三倍。文章繼續說：「我們觀察到愈來愈多脫落的氣溶膠……顯示出演化壓力正在選擇能夠更有效產生氣溶膠的SARS-CoV-2病毒。」

但如果COVID是透過空氣傳播的，那一切就說得通了。要傳播COVID病毒，你只需要呼吸和說話就行。百健案例中的核心人物，只不過是在萬豪飯店那間又大又悶的會議室裡發表演說而已。「愈大聲說話，」里斯滕帕特和他的合著者寫道，「產生的氣溶膠顆粒就愈多。」一個正處於COVID傳染力最強時期的人站在整個會議室前面，足足講了四十分鐘，釋放出充滿致命病毒的氣溶膠顆粒，這就解釋了這場超級傳播事件。[4]真的是這樣嗎？

因為如果病毒的傳播，只是靠著在密閉房間裡說話和呼吸那麼簡單，那為什麼沒有出現上千個像萬豪會議這樣的案例呢？我們之所以知道百健爆發的疫情，是因為那是一起獨一無二的事件。

5 它為什麼獨一無二？

一九七〇年代初，紐約羅徹斯特郊區的一所小學爆發了麻疹疫情。由於有六十名兒童染病，當地衛生官員覺得有必要展開調查。他們蒐集了醫療紀錄，分析學校的平面圖，研究通風系統的運作方式，查明哪些孩子坐校車回家、哪些沒有，還確定了每個受感染孩子在教室裡的座位。根據這些資料，他們成功重建了病毒的傳播路徑。他們發現，疫情分為兩波。第一波有二十八名學生受到感染，而這二十八人最終又將病毒傳給了另外三十一個孩子。這部分還算正常。你被別人傳染麻疹，父母讓你待在家裡直到康復。疫情遲早會平息。

但接著，他們發現了一件奇怪的事，跟第一波的二十八個孩子是怎麼生病的有關，**源頭是同一個人**：一個二年級的女生。而她的案例毫無道理可言。她不搭校車上學，但校車是調查人員原本認為最有可能的傳播地點之一。她也不只傳染給自己班上的同學；這通常是傳染性病毒傳播的常見情況。相反地，她感染了**十四個不同班級**的孩子。在流行病學家用來理解

4　順帶一提，如果你好奇世界衛生組織是否曾正式承認COVID是透過空氣傳播的，答案是肯定的。在幾個月來對「空氣傳播」這個詞避而不談後，他們終於在網站上修改了措辭。他們寫道：「當空氣中的傳染性粒子被近距離吸入，人們就可能感染COVID（這通常稱為近距離氣溶膠或近距離空氣傳播）。」WHO網站還指出，在擁擠的室內環境中，也可能透過「遠距離空氣傳播」發生感染，「因為氣溶膠可以懸浮在空氣中，或傳播到比對話距離更遠的地方。」WHO網站上出現的這個修改，距離氣溶膠學家表示幾乎沒有其他解釋能合理說明他們觀察到的周遭現象，又過了將近兩年。

麻疹等疾病傳播的模型中，他們假設每個受感染的人將病毒傳染給其他人的機率大致相同。但這個小女孩狠狠地打臉了這個假設：唯一能解釋這莫名其妙的第一波疫情的方式，就是她呼出的病毒粒子比一般麻疹患者多了**十倍**。

「我們對首例病人與後續病例的傳染性可能存在十倍差異的可能性感到好奇，」調查人員寫道。

說「好奇」實在是太客氣了。

這個想法——有些人可能特別擅長傳播病毒——花了很長時間才在科學界扎根。多年來，醫學文獻中一直有零星的報告，要說是流行病學界的「UFO目擊事件」也不為過，但沒人知道該怎麼處理這些案例。它們無法輕易融入現有的流行病傳播模型，「超級傳播者」這個詞直到一九七〇年代末才開始被廣泛使用，但即便如此，這個概念仍然停留在理論層面，有太多未解之謎了；好比說，每個人都明白，在傳播呼吸道病毒上，一個身高六呎五吋、體重兩百七十五磅的壯漢，肯定比一個重一百磅的女性更具威脅，畢竟他的肺要大多了！但是單憑身高和體重可解釋不了一個小二女生呼出的麻疹病毒粒子比她的同學多出十倍的事實。

羅徹斯特的醫生們一頭霧水。他們知道誰是超級傳播者，卻不明白是什麼讓她與眾不同。[5]

這時候，氣溶膠學家登場了。

在氣溶膠研究領域中，最重要的工具之一是氣動粒徑分析儀（aerodynamic particle sizer，簡稱ＡＰＳ）。它是一個帶漏斗的盒子，類似於唐納德·斯特德曼為測量汽車廢氣排放量所發明的神奇裝置，只不過用在人類身上。如果你對著它呼氣，你呼出的空氣將穿過一系列雷射光，這些雷射光會計算並測量你呼出的氣溶膠粒子的數量和大小。在一項關鍵的早

---

5 以下是另一個例子。一九五〇年代，巴爾的摩退伍軍人醫院的一群醫生簡單改造了醫院的通風系統，把從肺結核病房抽出的空氣打進一個塞滿天竺鼠的房間。他們想知道，天竺鼠是否會僅僅因為呼吸與病人相同的空氣而生病？當時，我們才剛剛明白某些病原體可能透過空氣傳染，答案是——牠們確實會生病。這是一個里程碑式的發現。今天氣溶膠學家的研究工作，可以直線追溯到這項實驗。

接下來是令人困惑的部分。不同的結核病菌株各有其獨特的特徵，因此醫生們將新感染的天竺鼠攜帶的結核菌與病房中的病人進行了比對。這是一個常規步驟：他們必須確認天竺鼠的感染是來自病房中的病人。「我們並沒有預期所涉及的詳細細菌學會有什麼特別耐人尋味之處。」醫生們寫道，但令他們大為驚訝的是，他們發現二十二隻感染結核病並接受菌株測試的天竺鼠中，有十九隻是經由僅僅兩名病人所感染的。

期實驗中，里斯滕帕特的實驗室召集了一群志願者，請他們對著APS呼氣。受試者重複發出母音，有時用吼的，有時輕聲細語，進行各種「發聲練習」。研究人員證實了多年來那些「UFO目擊事件」所暗示的現象：一小部分受試者的數據遠遠超出正常範圍。

「這就是我們所說的**超級排放者**，」里斯滕帕特說，「在相同的音量下……有些人呼出的氣溶膠數量要多出了整整一個數量級。」他接著說，「我們完全沒有想到。如果讓我回到最初，我可能會假設：**不同的人有不同的散布量**。但我沒料到人與人之間的差異會達到數量級的程度。」

哈佛大學的大衛・愛德華茲（David Edwards）是另一位頂尖的氣溶膠學家，他也發現了同樣的現象。他前往北卡羅來納州的阿什維爾（Asheville）和密西根州的大急流城（Grand Rapids），在兩座城市各測了一群人的呼氣。他總共檢測了一百九十四人，絕大多數人都是低散播者；他們很難感染任何人。但有三十四人被愛德華茲稱為高傳播者，在這三十四人當中，有十八人是超高傳播者，而在這個精銳族群中，有一個人平均每公升呼出的微粒數量高達驚人的三千五百四十五顆——比最大的低傳播族群高出**二十倍**以上。

終於，在疫情接近尾聲時，出現了決定性證據。作為一項「挑戰性研究」的一環，英國研究人員故意讓三十六名志願者感染COVID。他們都是健康的年輕人，在完全相同的時間、完全相同的條件下，接觸到完全相同劑量的同一個病毒株。隨後，所有人都被隔離在醫院中，讓研究人員能夠對他們進行縝密的檢查、追蹤，並檢測所有的症狀和生命體徵。里斯滕帕特和愛德華茲測量的是未感染病毒的普通人，相較之下，這項英國研究則是首次觀察COVID**患者**的情況。他們發現了什麼？在受感染的志願者中，檢測到的所有COVID病毒粒子中，有整整百分之八十六來自……兩個人。

空氣傳播的病毒並不遵循「少數原則」，而是遵循「非常、非常、非常少數原則」。

6

氣溶膠學家所發現的現象，並非偶爾發生在某人身上的隨機事件。「出於不明原因，某些人是『說話超級排放者』，排放出比一般人高出一個數量級的氣溶膠粒子。」里斯滕帕特和他的同事在發表於《氣溶膠科學與技術》的文章中寫道。換句話說，某些人——就像羅徹斯特的那個小女孩——會產生大量的氣溶膠粒子，這是他們基因組成中的一部分。

里斯滕帕特認為，超級傳播者可能因為某些特殊原因導致唾液具有異常特性：他們的唾液比一般人更有張力和黏性——也就是更黏稠。因此，當他們衝破橫亙聲帶的液體橋梁時，會產生更多氣溶膠微粒。[6]

大衛・愛德華茲則認為，無論存在什麼樣的個體差異——至少在呼氣時所排放的微粒上——都可能因為補充水分這麼簡單的事情而被放大。

「你的上呼吸道就像一台洗車機器，」他解釋道，「而進入你上呼吸道的空氣就像一部車子。」

當洗車機器正常運作，你吸入的空氣雜質微粒大多都會被刷掉。

「如果你保持濕潤，你的上呼吸道會隨時逮到所有病原體，並在二十分鐘到一小時內，經由你的吞嚥，將它們移動到你的腸道……它們就這樣被消滅了。」愛德華茲說，「但是當你脫水，洗車機器裡就沒有水。」而當洗車機器壞了，病毒粒子這類東西就會躲過上呼吸道的清洗機制，進入你的肺部。那就是為什麼脫水會讓你更容易感冒、得流感或感染COVID：當你呼氣，這些病毒粒子會再次排出——現在，你不僅更容易感染病毒，還更容易散播它。這些粒子撞擊乾燥的呼吸道，分裂成濃縮的泡沫噴霧，就像大浪拍打沙灘一樣。那就是每公升可以有三千五百四十五顆微粒的原因。

那麼，哪些人的上呼吸道容易脫水呢？當愛德華茲分析他的呼氣數據，他發現顯示高氣溶膠產出的最大預測因素是年齡和身體質量指數（ＢＭＩ）。

年紀愈大，愈容易脫水；體重愈重，脫水程度也往往愈高。而當你不幸感染了COVID-19，你也往往會出現脫水現象。所以，這三類人的共同點就是脫水問題。7

我們還不知道這些解釋中的哪一個——如果有的話——是正確的。但似乎可以確定的是，

6　里斯滕帕特說：「如果你願意，你可以很清楚地看到這一點。用你的手指取一些唾液，然後往兩邊拉開，你會看到一條細絲，這叫做『串珠不穩定性』(beads-on-a-string instability)。清水不會有這種現象，但具有黏彈性的液體就會。所以我們的假設是，也許這些超級排放者的唾液具有異常的黏彈性。」

7　以下是一項研究的結論，該研究分析了大量美國人的身體含水程度：「我們的研究顯示，ＢＭＩ較高的人可能因某些行為而導致身體水分不足。肥胖者比非肥胖者需要更多水分，因為水分的需求取決於新陳代謝率、體表面積和體重。隨著ＢＭＩ的增加，水分的周轉量也會上升，這是因為ＢＭＩ較高的人有更高的能量需求、攝取更多的食物，並且產生較高的代謝物。」

科學家**總有一天**會找到答案，而這一發現將引發一個極其複雜的難題，更甚於唐納德．斯特德曼的路邊排放計畫所面臨的困境。運用這項知識來控制未來流行病進程的誘惑，就跟勞倫斯社區和哈佛大學所面對的誘惑一樣強烈。只不過這一次，隨之而來的併發症會更加嚴重。

如果年齡和肥胖真的是預測超級傳播者的兩大因子，那會怎樣？這是否意味著在疫情期間，飛機乘客會拒絕坐在體重超標的人旁邊？如果答案是黏稠的唾液，而有人發明了一種快篩方法，可以在十秒鐘之內看出某人是否處於第九十九個百分位數，那又會怎樣？餐廳、電影院或教堂是否有理由要求每個人在門口進行唾液測試——然後將那些顯示極端值的人拒於門外？[8]

斯特德曼可能會這樣回應他的批評者：這些反對意見都很好，但在某個時間點，丹佛市必須決定它在淨化空氣上有多認真。對於下一個致命的氣溶膠病毒也是如此。我們必須決定，我們願意為了拯救生命而做到什麼程度。

在他們的研究結果摘要中，英國研究小組寫道：

> 預測或找出可能的高病毒排放者（甚至在他們受感染之前），是大有好處的，因爲可

以優先對他們採取干預措施來阻斷傳播。

這句話——找到超級傳播者將對下一次疫情「大有好處」——說得太輕了。它絕對會起舉足輕重之效。

7

我想，我們現在可以大膽地對二〇二〇年二月二十六日在長碼頭萬豪飯店發生的事情提出一個理論。

這裡有一個人，在COVID傳染力的高峰期參加了一場人潮擁擠的會議。我們不知道萬

8 流行病學家亞當・庫查斯基（Adam Kucharski）在他的著作《傳染力法則》（*The Rules of Contagion: Why Things Spread and Why They Stop*）中寫道：「將高風險人群視為特殊或不同，可能會助長『外人與自己人』的態度。」他說，過度關注超級傳播者是危險的，「會導致隔離和污名化。」他說得對！問題就在於大自然並不會遵循有利於政治考量的路線。

豪疫情中的首例病例的真實姓名，但為了簡單起見，我們假設這是一名男性，並稱他為「首例先生」。（用於描述任何疾病爆發源頭的術語是「首例病例」。）

首例先生是一名超級傳播者。當然，他自己並不知道，也沒有人知道。而且，在他人生的大部分時間裡，這一點並沒有太大影響，或者至少沒有人注意到，當他得了流感，周遭每個人都會得流感。不過現在，他攜帶了一種致命的病毒。

C2416T——他攜帶的病毒——最早在法國被發現。所以讓我們進一步假設首例先生是在百健的某個西歐辦事處工作，他在飛往波士頓之前感染了病毒。他還處於潛伏期，所以沒有傳染給飛機上的任何人。但這是一趟長途飛行：航程將近九個小時，而他沒有喝足夠的水，因為他不想老是站起來上廁所，也許他喝了一杯酒——酒精會加速脫水——然後睡著了。飛機上出了名的乾燥空氣也無益於事態發展。他下了飛機，排了長長的隊伍等待通關。

當你呼吸乾燥空氣，上呼吸道大約需要十二小時才會「調降」含水程度，而首例先生經過飛行和等待通關的冗長時間，等他到了飯店，早已超過這個時間點。他年紀較大且體型偏胖，這意味著他需要比周圍的人喝更多的水；但他沒有意識到這一點，而現在，來勢洶洶的感染和脫水現象，使他天生容易過度產生氣溶膠的問題變得更加嚴重。他的上呼吸道現在就像一條漫長、乾燥的沙漠公路；他的唾液濃稠如糖漿。有那麼多唾液橋梁橫跨在他的聲道上，使他的喉嚨看起來就像蜿蜒穿過倫敦的泰晤士河。

他抵達了長碼頭萬豪飯店。首例先生跟大夥兒一起在港景宴會廳享用早餐。（事後看來，如果宴會廳的落地窗是開著的，情況會好很多。可惜當時窗戶是關著的，而且在COVID初期，沒有人想到通風的重要性。）早餐後，首例先生和其他人一起前往樓下的大宴會廳。宴會廳外的大廳又長又窄，在咖啡休息時間，這裡會變得擁擠不堪。假設他是當天第一個發言的人：報告百健歐洲業務的最新進展。他站在整個團隊面前，大聲講話，就像人們在大型會議室裡自然會做的那樣。由於來自歐洲的消息好得不得了，他非常亢奮，噴發出數百萬的氣溶膠微粒。

首例先生滔滔不絕地講著，有問必答。之後，同事們紛紛上前擁抱他（或跟他握手，或親吻雙頰），為他出色的工作表示慶賀。首例先生興高采烈地離開會議。

直到會議結束的幾天後，他發著高燒、頭痛欲裂地醒來，意識到自己病得非常、非常嚴重——接著，更可怕的是，他意識到，也許其他很多人也即將因此而病得非常、非常嚴重。

PART 3

大背景故事

第七章 洛杉磯倖存者俱樂部

「我絕口不提大屠殺的事，甚至不對自己的孩子說起。」

1

二戰爆發初期，福萊德·迪亞門特（Fred Diament）被關進柏林近郊的薩克森豪森集中營（Sachsenhausen），後來又被轉送至奧斯威辛（Auschwitz）。他當時十五歲，是所謂的「低編號」，意思是最早被抓進集中營的囚犯之一。福萊德的父親被活活打死，哥哥則慘遭絞刑。他在集中營度過了五個寒冬、曾參加奧斯威辛的地下抵抗組織、挺過一九四五年從奧斯威辛出發的死亡大行軍、在前往巴勒斯坦的船上邂逅未來的妻子、先後投身以色列獨立戰爭和一九五六年的西奈戰役，然後移民洛杉磯，完成大學夜間部的課程，最終成為一家女裝公司的執行長。他只有五呎四吋高，[1]行為氣度卻活像個巨人。大家都叫他阿福。

「阿福非常憤世嫉俗。」瑞秋・李斯高（Rachel Lithgow）說。她在洛杉磯為史蒂芬・史匹柏（Steven Spielberg）的大屠殺真相基金會（Shoah Foundation）工作時，認識了阿福和他周圍的大屠殺倖存者圈。「他也很搞笑，有一種令人難以置信的幽默感。你知道的，黑色幽默。他用『一家叫做奧斯威辛的鄉村俱樂部』稱呼那個地方。」

席格弗瑞德・哈爾布里希（Siegfried Halbreich）是福萊德最親密的摯友，兩人曾一同被囚禁在薩克森豪森和奧斯威辛。席格是奧斯威辛抵抗組織的領袖之一，憑藉戰前藥劑師的專業背景，在集中營裡擔任囚徒的醫生。一九六〇年移居洛杉磯後，他在聖塔莫尼卡經營裱框店。他跟阿福秤不離砣，砣不離秤。「就像在看雷夫・克拉登（Ralph Kramden）和艾德・

1 約一六二公分。

諾頓（Ed Norton）[2]鬥嘴一樣，他們整天抬槓，吵個不停，」李斯高說，「簡直讓人笑破肚皮。席格是個一絲不苟的德國人。我見過他衣著最隨意的一次，是他有一次破天荒地沒打領帶。」

福萊德在二〇〇四年過世。

我們去參加葬禮，現場座無虛席，人滿爲患。你知道的，就像是每個人都來了，是吧？整個社區全都到場，就連討厭阿福和阿福討厭的人也都前來致意。他此生最好的朋友席格・哈爾布里希負責致悼詞……席格起身走到台上，渾身上下充滿戲劇性。他穿著他最好的西裝，然後用濃重的德國口音說：「關於福萊德・迪亞門特，我們能說些什麼呢？」

接著，他轉過身對著他摯友的靈柩致詞。

席格朝阿福揮了揮手，不斷比劃、指手畫腳的，但始終背對著我們。極盡瘋狂的肢體動作，而我們一個字也聽不見。終於，他轉過身來……雙手緊緊抓著講台，非常戲劇性地說，「**那就是福萊德**」。全場都瘋了，我們笑到停不下來。

福萊德還有一位好友瑪莎・羅恩（Masha Loen）。瑪莎是立陶宛人，從納粹設在波蘭格但斯克（Gdańsk）近郊的施圖特霍夫（Stutthof）集中營倖存下來。她得過兩次斑疹傷寒（後來，她稱這段時期為「斑疹傷寒年代」）。集中營解放時，瑪莎被埋在死屍堆裡，僅憑揮動的手臂被人發現。戰後，她嫁給了此生摯愛，搬到洛杉磯居住。她是名堅毅的鬥士。

「哎呀，你絕對想像不到。」李斯高說，「她是我的祕書，有一年逾越節，大家都在忙著寄送郵件。」

眾所周知，猶太教徒在逾越節期間不吃發酵麵包，而瑪莎向來嚴守教規。

「瑪莎呢？瑪莎跑哪兒去了？我走到一間閒置的辦公室——容我提醒，當時正值逾越節——我打開門，一眼看見她正在大啖起司漢堡。」

2　一九五五年開播的美國情境喜劇《The Honeymooners》中的兩個角色。

起司漢堡大概是你能想到最不符合猶太教規的食物了。

「我當時就像這樣，」李斯高做出一個驚恐的表情，「她發話說：『把門關上。』於是我走進去，關上身後的門。她說：『妳給我聽著，我是個好猶太教徒。我挺過了死亡大行軍和斑疹傷寒……難道光是因為我們的祖先在沙漠流浪過，我就該便祕兩星期？』我愣愣地盯著她，她接著說：『現在給我滾出這間辦公室，如果妳告訴任何人妳看見我在這裡，包括我的丈夫，我會宰了妳。』於是，我就這麼慢慢地退出門去。」

阿福、席格和瑪莎三人是洛杉磯倖存者俱樂部的核心成員。他們晚上一起在好萊塢高中上英文課，隨著消息不脛而走，愈來愈多從城市各處聞訊而來的倖存者加入了他們。一位老師注意到這個情況，特意為他們提供了教室空間。

「他們逐漸在彼此身上看見自己。」李斯高說。

> 課後，他們會坐下來聊聊天。漸漸地，他們開始帶東西過來，例如，「這是我母親的最後一張照片」、「這是我從伯根—貝爾森（Bergen-Belsen）集中營獲救時穿的囚服。我捨不得丟棄，卻也無法忍受它在家中多待一秒鐘，我們不知道如何是好」。

於是福萊德・迪亞門特打電話給他在洛杉磯猶太聯合會（Jewish Federation of Los Angeles）的一名友人。他是這麼問的：「能借個儲物櫃存放我們的東西嗎？我們想保留這些物品，卻不想把它們放在家中。」

但福萊德特致電的聯繫人（李斯高至今未能查明其身分）告訴他們，應該利用這些紀念品策畫一個小型展覽。

於是他們拿出所有文物，並在《洛杉磯時報》刊登一則簡短的展覽啟事：「大屠殺倖存者準備展示他們的物品，於週日X點到Y點之間，在聯合會展出，歡迎參觀。」成千上萬的人來了。倖存者們想：「天哪，我們還挺有份量。」

洛杉磯猶太聯合會大樓位於威爾榭大道（Wilshire Boulevard），他們在大樓一樓為倖存者撥出一個專屬空間，稱之為殉難者紀念館（Martyrs Memorial Museum）。這座於一九六一年揭幕的場館，是美國第一座大屠殺博物館。多年後，李斯高出任該館的執行總監。

在隨後數十年間，用李斯高的話說，他們成了「威爾榭大道上的遊牧民族」，不斷從一個小地方搬遷到另一個小地方。他們總是經費拮据或拖欠房租，但依然堅持住了。隨著時間推移，他們的理念在全美散播開來，現在，從紐約、達拉斯、芝加哥、休士頓到邁阿密等等，幾乎每座美國大城市都矗立著大屠殺紀念館或博物館。

殉難者紀念館如今更名為洛杉磯大屠殺博物館（Holocaust Museum LA），坐落在好萊塢費爾法克斯區（Fairfax）泛太平洋公園（Pan Pacific Park）內的一幢美麗新建築。如果到洛杉磯玩，一定得去看看，也請參加他們的活動。李斯高解釋說，博物館的活動「在閉幕時不唱美國國歌，也不唱以色列國歌。他們唱……」她開始用意第緒語演唱〈游擊隊之歌〉，這是大屠殺倖存者的地下國歌，由威爾諾猶太區（Vilna Ghetto）的囚徒希爾什．格里克（Hirsh Glick）於一九四三年所創作。

永遠不要說你即將踏上末路，
儘管滿天的鉛色籠罩著藍色的日子。
我們應許的時刻即將到來，

我們前進的步伐響亮地宣告著：「我們依然屹立！」

「這是他們在森林中、在營房的暗夜裡，為了鼓舞彼此士氣而唱的歌。」

離開博物館時，你的腦海或許會蹦出一個與你剛剛所經歷的相較下看似微不足道卻發人深省的問題：**為什麼直到二次世界大戰結束十五年後的一九六一年，美國才出現第一座大屠殺紀念碑**？更令人費解的是，**這個理念為什麼需要經歷如此漫長的歲月才能在全美散播開來**？我的意思是，看看所有受阿福、席格和瑪莎啟發而建立的博物館名錄，並留意它們的開幕年分。（見下頁表格。）

第一座在一九六一年開幕；第二座則在一九八四年。但直到一九九〇年代，也就是大屠殺結束半個世紀後，紀念這起歷史悲劇的想法才在全美蔚然成風。為什麼？

截至目前為止，本書探討了我們必須為周遭發生的熱潮和歪風負責的觀點，我們的行動——無論有意或無意、光明正大或鬼鬼祟祟——決定了流行病的態勢。但我們迄今觀察到的案例都與某個地方或社區緊密相連：邁阿密、白楊林、勞倫斯社區、哈佛；這些地方都有其獨特的大背景故事。

開幕年分	州別	館名
1961	加州	殉難者紀念館（Martyrs Memorial Museum）
1984	伊利諾州	伊利諾州大屠殺博物館暨教育中心（Illinois Holocaust Museum and Education Center）
1984	密西根州	齊格爾曼大屠殺中心（The Zekelman Holocaust Center）
1984	德州	達拉斯大屠殺與人權博物館（Dallas Holocaust and Human Rights Museum）
1984	德州	埃爾帕索大屠殺博物館暨研究中心（El Paso Holocaust Museum and Study Center）
1986	佛羅里達州	佛羅里達州大屠殺紀念資源與教育中心（Holocaust Memorial Resource and Education Center of Florida）
1989	華盛頓州	大屠殺人權中心（Holocaust Center for Humanity）
1992	佛羅里達州	佛羅里達州大屠殺博物館（The Florida Holocaust Museum）
1992	紐約州	拿騷郡大屠殺紀念與寬容中心（Holocaust Memorial and Tolerance Center of Nassau County）
1993	加州	寬容博物館（Museum of Tolerance）
1993	華府特區	美國大屠殺紀念博物館（United States Holocaust Memorial Museum）
1995	印第安那州	燭光大屠殺博物館暨教育中心（CANDLES Holocaust Museum and Education Center）
1995	密蘇里州	聖路易卡普蘭費爾德曼大屠殺博物館（St. Louis Kaplan Feldman Holocaust Museum）
1996	德州	休士頓大屠殺博物館（Holocaust Museum Houston）
1997	紐約州	猶太遺產博物館（Museum of Jewish Heritage－A Living Memorial to the Holocaust）
1997	維吉尼亞州	維吉尼亞州大屠殺博物館（Virginia Holocaust Museum）
1998	新墨西哥州	新墨西哥州大屠殺與不容忍博物館（New Mexico Holocaust and Intolerance Museum）
2000	德州	聖安東尼奧大屠殺紀念館（Holocaust Memorial Museum of San Antonio）

在接下來的兩章，我想把我們對大背景故事的討論，擴大到涵蓋整個文化和國家。在意義上，這種大背景故事更接近德國人所說的「Zeitgeist」，也就是**時代精神**。有關時代精神的大背景故事更恢弘深遠，投下的陰影也更為廣闊。我想問的問題是：**如何才能改變時代精神？這種規模的故事可否被改寫和重新定義，以改變故事之下那些人們的想法和感受？**

我相信答案是**肯定的**。我們甚至可以說出上個世紀有哪些人大幅改寫了大背景故事。

且聽我娓娓道來。

2

用歷史學家彼得．諾維克（Peter Novick）的話說，我們對大屠殺的回憶帶有一種奇怪的「節奏」。[3] 以第一次世界大戰為例，最具代表性的一戰小說當屬雷馬克（Erich Maria

3　諾維克在這項主題上的著作《美國日常生活中的納粹大屠殺》（*The Holocaust in American Life*，暫譯）出版於一九九九年。這本書獲得巨大的成功，佳評如潮。

Remarque）的《西線無戰事》（*All Quiet on the Western Front*）。它賣出數百萬冊，被翻譯成數十種語言。這本書出版於一九二八年——戰爭結束的十年後；這種回憶「節奏」非常典型。美國在一九七三年撤出越南，兩部最具文化影響力的越戰電影——《越戰獵鹿人》（*The Deer Hunter*）和《現代啟示錄》（*Apocalypse Now*）——分別於一九七八年和一九七九年上映，華盛頓特區的越戰紀念碑則於一九八二年落成。

然而，關於大屠殺的回憶卻不符合這樣的節奏。一九五〇年代，一齣廣受歡迎（但風格輕快得有些不合時宜）的舞台劇在百老匯連演兩年，劇名叫做《安妮日記》（*The Diary of Anne Frank*），隨後還拍成了電影版。一九六〇年代，薛尼・盧梅（Sidney Lumet）拍了一部備受好評的電影——《典當商》（*The Pawnbroker*），訴說一位集中營倖存者的故事。但這部電影的票房平平，並且被一些猶太團體要求抵制。另外還有零零星星的幾部小說和電影，全都不成氣候，沒有什麼文化影響力。問題不在於人們否認史實，聲稱大屠殺純屬子虛烏有，而是因為他們對此一無所知，或是他們縱然知情，卻選擇沉默。

一九六一年，傑出的哈佛大學歷史學家斯圖亞特・休茲（H. Stuart Hughes）出版了《當代歐洲》（*Contemporary Europe: A History*，暫譯）一書，詳盡記載了歐洲在一九一四年到一九五〇年代末發生的事情。在這部五百二十四頁的鉅著中，休茲從未使用「大屠殺」這個詞。他只三度提到集中營的情況：第二二九頁的一句話、第二三七頁的一個段落，以及第三三一頁的兩個段落；篇幅遠遠比不上休茲對古典作曲家阿諾．荀貝格（Arnold Schoenberg）以及無調性與十二音列之興起的介紹。

隔年，一九六二年，塞繆爾．莫里森（Samuel Morison）和亨利．康馬傑（Henry Commager）重新修訂了他們所著的上下兩卷教科書《美利堅共和國的成長》（*The Growth of the American Republic*，暫譯）。莫里森曾兩度贏得普立茲獎；康馬傑則被視為戰後最重要的美國歷史學家之一。如果你在一九五〇和一九六〇年代於美國任何地方就讀大學，歷史課上讀的書很可能就是《美利堅共和國的成長》。你可以想像，莫里森和康馬傑對第二次世界大戰著墨甚多；畢竟，這場戰爭發生在他們的有生之年。但是大屠殺呢？這起事件僅在一個段落中以隻字片語輕描淡寫，並且沒有特別強調事件背後明顯的反猶太主義。「這些殘暴的集中營建於一九三七年，用來囚禁猶太人、吉普賽人，以及反納粹的德國人和奧地利人，」他們寫道，「隨著戰爭的降臨，納粹用它們來關押所有國籍的人犯，包括平民、士兵、男人、女人和小孩，以及在義大利、法國、荷蘭和匈牙利圍捕的猶太人。」

接著用幾句話進一步描述，然後是：

有確鑿證據顯示，希特勒下令殺害的平民總數超過了六百萬人。而其中最微不足道的一則悲慘故事——德國小女孩安娜．法蘭克的日記——可能比肅穆的戰後審判更能讓世人相信納粹主義固有的仇恨性。

至此，他們結束了這個話題，然後開始描述羅斯福總統避居喬治亞州暖泉鎮（Warm Springs）的冬令別墅。別介意他們把**安妮**．法蘭克誤植為「安娜．法蘭克」，況且，雖然嚴格來說，她的確在德國出生，但由於他們一家為了逃離納粹，她寫這部日記時是住在阿姆斯特丹，比起名字，這似乎是個更重要的相關資訊，再說了，看在上帝的份上，她是個猶太人啊——如果忽略了這一點，你就錯過了「安娜」．法蘭克故事的整個重點。

歷史學家格爾德．柯曼（Gerd Korman）是大屠殺的倖存者，在他研讀了十多部關於戰後時期的當代權威歷史著作後，他於一九七〇年寫道：「關於『奧斯威辛』或『集中營』的記載少之又少。」

一位美國歷史教科書的作者費心地在他的「集中營」詞條旁邊加注「（古巴的）」，然後在概述二次世界大戰期間的美國和歐洲事務時，始終如一地絕口不提這個詞彙或集中營的名字。另一本書轉載了一張猶太商家的櫥窗照片，窗戶上被塗滿符號和關鍵字「達豪」（Dachau），但索引和正文都沒有透露這名商人「被送去休假」的達豪是什麼地方。

即便猶太人的圈子——尤其是倖存者之間——也不願公開談論當年發生的事。[4]芮妮・費爾斯通（Renée Firestone）是洛杉磯倖存者俱樂部的另一名中堅分子，她在陳述給大屠殺真相基金會的證詞中，談到她走過了怎樣漫長的心路歷程，才終於鼓起直面往事的勇氣。

4 諾維克寫道：「一九五七年，《新領袖》（*New Leader*）雜誌刊登了由十八篇個人論文構成的系列報導，想看看『廣島原子彈爆炸至今，五百萬美國大學畢業生在想些什麼』。至少三分之二的受訪者是猶太人。在寫到什麼影響了他們的思想時，他們提到了從大蕭條到冷戰的各種歷史事件。其中，沒有任何一位受訪者提到大屠殺。」

作爲一名時裝設計師，我過著非常光鮮亮麗的生活，直到有一天，西蒙．維森塔爾中心（Simon Wiesenthal Center）打電話給我，問我是否願意說出我的故事。我笑著對庫柏拉比說：「拜託，這麼多年過去了，我現在爲什麼要談論那些可怕的日子、那些可怕的星期和年頭呢？」

他接著告訴我，那天晚上，山谷裡的猶太墓園遭到褻瀆，而且——而且有一座聖殿被噴上了納粹的卐字符號。我一聽到卐字就瘋了，立刻掛掉他的電話。我說我得好好想想。那天夜裡，我整晚都在夢魘中重回〔那座〕集中營。隔天早上，我醒來給他回了電話，我說「我準備好開口了」。

我希望你明白，當我們來到這裡，我開創事業，意識到我必須全神貫注於家庭，以及我們是一個非常獨特的小團體，成員可能從十五歲到四十歲不等，我們沒有孩童，也沒有老人。我們必須重新建立一個新的國家，這就是我們所專注的，也是我所做的事情。

我絕口不提大屠殺的事，甚至不對自己的孩子說起。

莉蒂亞・布德戈爾（Lidia Budgor）是洛杉磯倖存者俱樂部的另一名成員。布德戈爾從羅茲猶太隔離區（Lodz Ghetto）、奧茲威辛、施圖特霍夫、死亡大行軍和一次斑疹傷寒中存活下來，並親眼目睹納粹幾乎殺光了她的全家人。她經歷了人們所能想像的最慘痛的戰爭經驗。採訪者問起她的兒子貝諾。

採訪者：在貝諾的成長過程中，妳是否曾對他說起大屠殺的事？

布德戈爾：嗯，我們談過。是的。

採訪者：他當時幾歲？

布德戈爾：高中的時候。

採訪者：他說了什麼？

布德戈爾：他知道我一直參與其中，他知道的……

採訪者：妳認爲，身爲倖存者的小孩，他應對得如何？

布德戈爾：他沒有任何反應。應該說，他絲毫不受影響。[5]

沒有任何反應？她對他說的是哪個版本的故事？

「我一開始〔訴說真相〕的時候，」施圖特霍夫的倖存者瑪莎．羅恩說，「有些人甚至沒聽過大屠殺這回事。」

> 有些猶太人也不知道，就像我告訴你的那樣……事情有如……你知道的，晴天霹靂。

5 在布德戈爾談起貝諾以及她對他說過（或沒說過）她的那些經歷之前，她是這樣描述兒子的。（她畢竟是個猶太母親。）

布德戈爾：我知道我兒子會接受雙課程教育，他的大腦會——會很靈光。果然，他完成猶太教育，成績優異、拿獎拿到手軟、代表畢業生致詞，然後進入加州大學洛杉磯分校，前程似錦。他確實也取得了很多成就……

採訪者：他現在在哪裡高就？

布德戈爾：他是核子物理學家，非常……

採訪者：結婚了嗎？

布德戈爾：結婚了，有兩個漂亮的孩子。他娶了來自聖塔芭芭拉的一位優秀女孩——也是猶太人。

他們對大屠殺感到震驚，而這些人都是我非常要好的朋友。

今天，我們把二次大戰期間發生在歐洲的種族滅絕稱為「Holocaust」（納粹大屠殺）——大寫的H。這起暴行**有了名字**。它是希伯來語「shoah」的籠統翻譯，在以色列，這個詞很早就被用來描述納粹的種族滅絕。但在戰後幾年，如果有人提起這個話題，在集中營裡發生的事則會被稱為「納粹暴行」或「恐怖駭事」，又或是納粹自己使用的術語「最終解決方案」（必須加上引號來建立某種道德距離）。戰後那幾年，如果你在閒聊中提到「Holocaust」這個詞，沒有人會知道你在說什麼。

看看下面這張取自《新共和》週刊（*The New Republic*）的圖表，顯示過去兩百年間，首字母小寫的holocaust和大寫的Holocaust在印刷品上出現的頻率。小寫的一般名詞的使用情況，從零星的涓滴匯聚成了穩定的河流。大寫的專有名詞在一

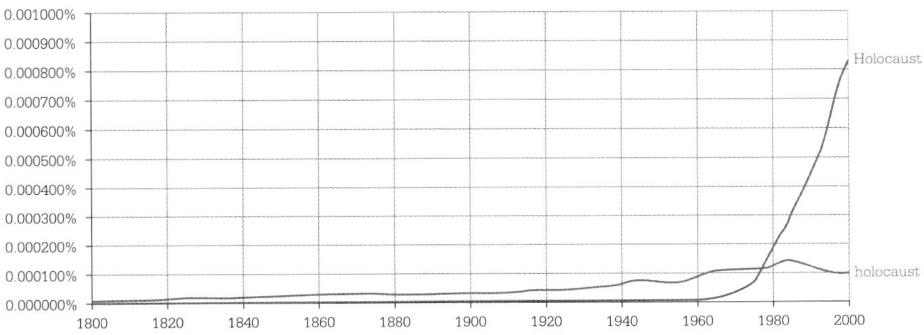

九六〇年代末以前幾乎不曾出現，即便偶有出現，次數也屈指可數。

但是等等，一九七八年左右想必發生了什麼戲劇性事件，不是嗎？大寫Holocaust的使用線幾乎呈垂直上升。那麼，一九七八年究竟發生了什麼事情，引爆了翻天覆地的變化？

3

一九七六年，NBC廣播網的兩位高層主管路過一家書店，看到櫥窗裡有一本關於猶太人二戰經歷的書。他們其中一人是負責安排NBC節目表的保羅・克萊恩（Paul Klein），另一位則是他的上司，主掌公司節目排播部的厄文・席格斯坦（Irwin Segelstein）。他們兩人掌控著電視網的播映內容。

席格斯坦看了看那本書，轉頭對克萊恩說：「我們何不做做這個？」

克萊恩回答：「確實該做。」

席格斯坦留著一臉棕紅色的落腮鬍，戴著一副方框的超大型眼鏡，身材圓滾滾的，渾身是勁。他身穿休閒西裝和花襯衫，釦子開得很低。席格斯坦出身廣告業，在NBC

的《週六夜現場》（*Saturday Night Live*）開播初期，創立該節目的洛恩·麥可斯（Lorne Michaels）去找席格斯坦，嚷嚷著要退出節目。麥可斯老是跟上層爭執哪些內容能做、哪些不能做，無止盡的鬥爭讓他心灰意冷，疲憊不堪。席格斯坦靜靜聆聽，然後在電視史上最著名的一次咆哮責罵中，他告訴麥可斯，他哪兒也別想去：

仔細看看你的合同，上頭寫著節目時長九十分鐘，預算是X。我們從來沒說過一定得把它做得多好。如果你是那麼一板一眼、那樣雄心勃勃，以至於感到有壓力，逼著自己一定要把節目做好，那就別來找我們抱怨說你受到了不公平的對待，說你正在努力想把它做好，而我們扯了你的後腿。因爲我們從來沒有規定節目內容必須多精彩，對我們來說，你神經兮兮地追求完美是額外的紅利。我們的職責就是撒謊、欺騙和剽竊——而你的工作就是把節目做出來。

克萊恩每天早上開著他的賓士車接席格斯坦去上班（門房還以為克萊恩是席格斯坦的司機）。「保羅和我在所有事情上都能取得共識，除了基本原則之外。」席格斯坦曾如此評價克萊恩。克萊恩是兩人當中，比較聰明的那一個。他曾因為聲稱美國觀眾有一半是「白癡」而聞名；當被追問精確數字，克萊恩變本加厲地暗示觀眾也許**全都**是白癡。他也因提倡他所謂的「最低反感度節目」（Least Objectionable Programming；簡稱ＬＯＰ）理論而家喻戶曉，認為電視節目的成功與否，取決於它**少**冒犯了多少人。克萊恩還創了「撩撥」（jiggly）一詞來形容競爭對手ＡＢＣ過於情色化的內容。

這對搭檔並非意識形態的衛道人士，他們只是非常了解美國的時代精神。他們的職責是精準捕捉大眾心理——而他們非常擅長此道。席格斯坦的一個叔叔、一個嬸嬸和三位堂兄妹也死在奧斯威辛。他**知道**歐洲曾發生過什麼事。當席格斯坦轉頭對克萊恩指著櫥窗裡的書，他的意思是：**我們認為美國人民也終於準備好聆聽這件事了嗎**？克萊恩的回答意味著：**我認為他們已經準備好了**。

這段對話的結果是一部名為《大屠殺》（*Holocaust: The Story of the Family Weiss*）的迷你影集，講述魏斯一家人（一個富裕的柏林猶太人家庭）和艾瑞克．多夫（一名正在竄起的納粹官員）之間的糾葛，由詹姆斯．伍茲（James Woods）和年輕的梅莉．史翠普（Meryl Streep）擔綱演出。該劇耗資六百萬美元（這在當時是一筆不小的數字），拍攝時間超過一百天。其中大部分是在奧地利的毛特豪森（Mauthausen）集中營拍攝的。梅莉・史翠普後來表示，在死亡集中營實地拍攝，「對我來說簡直難以承受」。那太痛苦了。她接著說：

街角有一間皇家啤酒屋，當老兵們喝得酩酊大醉，加上天色夠晚，他們就會掏出他們的戰爭紀念品。那氣氛既詭異又帶點變態。

導演馬文・喬姆斯基（Marvin Chomsky）招了一群臨時演員來扮演集中營的囚犯。他警告他們，他們將會被要求脫掉衣服，然後被機槍掃射而死。

「我們拍攝這場戲的時候，一名非常年輕的攝影師走上前來。」喬姆斯基回憶道。

接著攝影師說：「馬文先生，這是您爲電影編造的劇情，不是眞的發生過的歷史吧。」當時我們身邊還有一位持有武器許可證的先生……一名軍人。「格拉夫先生，」我用我能說出的最好德語問：「**事情究竟是真是假？**」所有目光都投向了他。他想了想，然後說：「**是的，這是真的。**」所有年輕人都哭著跑開，哭得撕心裂肺。

喬姆斯基得一次又一次面對當地劇組人員的質疑。他們千里迢迢跑到奧地利北部，在真正的集中營地點進行拍攝，但劇組人員還是無法相信這個故事是真實事件。他們會看著集中營解放時的照片，搖頭不已。喬姆斯基記得他們說：

這些都是美國攝影師或英國攝影師偽造的照片。全都是竄改的、編造的，這些從來沒有發生過。從來沒有。伯根—貝爾森〔集中營〕的死人堆不是眞的。

這部迷你影集最終長達九個半小時，比ＮＢＣ原先預想的長得多。電視公司很緊張，因為它在那年稍早曾播出關於金恩博士（Martin Luther King Jr.）的另一部超長迷你影集，收視率慘敗。《大屠殺》在ＮＢＣ連續四晚播出。下面是第二集的一個場景。該劇沒有粉飾納粹的「最終解決方案」。

兩名德國軍官走上一片草地，有人在那裡挖了一個大坑。我們看到十二個人蜷縮在一起，全都赤身裸體，瑟瑟顫抖。

一名士兵轉向其中一名軍官，布洛貝爾上校。

士兵：長官，今天人數不多。這個村莊已經清理乾淨了。

副官——艾瑞克．多夫上尉——指著站在不遠處的一群鄉民。他是黨衛軍高層，從柏林前來視察。

多夫：中士，那些是平民嗎？

士兵：烏克蘭人，長官。他們喜歡觀看行刑。

多夫：那個攝影師和那個拍攝影片的人，他們是誰？

布洛貝爾：那是爲了替軍團留下紀錄……

多夫：我不喜歡這樣，一點兒都不喜歡。

布洛貝爾：你不喜歡？你他媽的以爲這是什麼？芭蕾舞表演嗎？你正在建立一個沒有猶太人的俄國，不是嗎？

多夫：這樣不乾淨俐落。

布洛貝爾：不乾淨俐落，我就讓你看看什麼是乾淨俐落。

布洛貝爾轉向士兵。

布洛貝爾：讓他們排成一列！

兩名士兵將所有人位移成一列。我們還沒看清發生了什麼，就先聽到了槍聲和哭喊聲。鏡頭切換到一名不停開槍的槍手，接著，我們看到人一個一個倒在地上。

大屠殺倖存者兼社運人士艾利・魏瑟爾（Elie Wiesel）在《紐約時報》上撰文，聲稱NBC的《大屠殺》影集「不真實、唐突、廉價」，並且「是對遇難者和倖存者的侮辱」。某種程度上，他說得沒錯——這是電視劇版本的歷史。但魏瑟爾忽略了一點：這是大多數美國人第一次聽說大屠殺的事。

布洛貝爾和多夫的這一場景持續了很久，時間長到令人不適。我們看到士兵隨意洗劫死屍，圍觀的民眾則喝酒抽菸，彷彿在觀看足球賽一般。多夫轉向布洛貝爾，反唇相譏。

多夫：上頭的命令是在這些事情上保持祕密和秩序，你卻在開嘉年華會。

布洛貝爾的反應是抓住多夫的槍，把它強塞進他的手中。

布洛貝爾：該死，你自己去清理乾淨。

多夫轉身走到坑邊。

布洛貝爾：多夫，這就像吃麵，一旦開始就停不下來了。

鏡頭轉向一堆滴著鮮血、毫無生氣的屍體。

布洛貝爾：問問其他士兵這是什麼感覺，上尉。射殺了十個猶太人後，接下來的一百個就容易多了。射殺了一百個之後，你就會想殺一千個。

布洛貝爾傳授心得的時候，多夫走下了坑。我們聽到呻吟聲。至少有一個人還活著，深陷痛苦中。一名士兵指著某個方向，不過我們看不到他。

士兵：那一個，長官。

多夫舉起槍，又垂下手，左顧右盼，然後開了兩槍。

布洛貝爾：很好，很好。兩槍很夠了……多夫上尉。祖魯戰士說，一個人只有用鮮血浸泡過他的長矛，才算是真正的男人。

追蹤「Holocaust」一詞使用頻率的圖表顯示，在一九七八年初的某個時間點，這個詞，從幾乎未曾出現突然變成不斷被提及。《大屠殺》迷你影集是何時播出的？一九七八年四月十六日。6

4

我意識到，在當今媒體高度分化的時代，人們很難相信一個電視節目竟然可以改變整個世界。觀眾已經被有線電視、串流服務和電玩遊戲切割成無數碎片。以二〇一〇年代最受歡迎的喜劇《宅男行不行》（*The Big Bang Theory*）為例，該劇講述一群住在帕薩迪納（Pasadena）的聰明年輕人的故事。全劇共播出十二季，其中七季榮登電視情境喜劇收視榜首。《宅男行不行》系列大結局在二〇一九年春季播出時，僅僅吸引了一千八百萬名觀眾，相當於全美觀眾的百分之五點四。五點四個百分點？這意味著收看《宅男行不行》大結局的美國人，其人數和相信登陸月球是一場騙局的美國人不相上下。

但是在一個世代前，電視的收視生態截然不同。一九八三年，情境喜劇《外科醫生》

（*M*A*S*H*）——堪稱那個時代的《宅男行不行》——系列大结局吸引了**一億零六百萬名觀眾**，超過了美國人口的百分之四十五。一九八三年二月二十八日黃金時段，《外科醫生》的最後一集〈珍重再見〉播出時，整個美國的街道幾乎空無一人。[7]**這就是**力量。

6 在追蹤以「大屠殺」一詞指稱納粹暴行的使用情況上，投入最多的研究人員是強納森·皮特里（Jonathan Petrie）。皮特里發現，從一九三八年十一月開始，這個詞便零零星星地出現在猶太領袖和學者之間的私人通信中。例如，在一九四一年十月三日出刊的《美國希伯來人》（*The American Hebrew*）雜誌上，有一張兩名法國猶太人手持《五經》經卷的照片，標題是「大屠殺之前」。之後，這個詞出現的頻率愈來愈高，主要是在猶太雜誌或學術文章中。但引爆點是什麼？皮特里寫道：

> 一九七八年春天，超過一億美國人觀賞了NBC的迷你影集《大屠殺》——這次播映是一項重大文化事件。其直接影響是，在對這場悲劇產生了全新敏感度的美國社會中，首字母大寫且未經修飾的「Holocaust」一詞，成了人們對希特勒猶太大屠殺的公認專有名詞。

7 節目／年分／觀眾（以百萬計）／最後一集的收視人數占人口比：

外科醫生／一九八三／一〇六／四五·五

歡樂酒店（*Cheers*）／一九九四／八〇·四／三〇·九

歡樂單身派對（*Seinfeld*）／一九九八／七六／二七·五

六人行（*Friends*）／二〇〇四／五二·五／一七·九

宅男行不行／二〇一九／一八／五·四

「那是三大電視網主宰主流文化的時期，這三巨頭的熱門節目每每獲得觀眾的青睞，火紅程度令當今任何人、任何事相形見絀。」研究電視的力量已有半個世紀的南加大學者賴瑞・格羅斯（Larry Gross）這麼說。

最紅的電視節目會比今天的超級盃更受歡迎。毫無例外，它們總能把觀眾聚在一起——不分老少、不分知識分子或販夫走卒，也不分男女和族裔等等。這是一個大熔爐……就像工業化之前的宗教活動，整個社區聚在一起吸收相同的訊息。

格羅斯和他的幾位同事曾做過一項引人入勝的研究，顯示那個時代的電視具有怎樣的力量。他分析一大群受訪者的回應，這些人被問到對一九七〇年代最敏感的種族議題有什麼看法，例如：**學生是否應搭乘校車到新學校以利融合？在租房或賣房時，是否應允許基於種族的歧視？是否應立法禁止跨種族婚姻**？在這些議題上，自由派、溫和派和保守派的看法南轅北轍，一點兒也不奇怪。不過隨後，格羅斯特別挑出各個群體中大量看電視的受訪者的回應，這改變了一切。在大多數情況下，**只有不常看電視的**自由主義者、溫和主義者和保守主義者才會在熱門議題上出現重大分歧。不管抱持什麼意識形態，人們愈常看電視，意見愈容易趨向一致。當一大群人夜復一夜觀看相同的故事，這會將他們凝聚在一起。

「並不是媒體刻意按下某個按鈕來達到這種效果，」格羅斯說，「而是媒體創造了關於世界如何運作……以及具有哪些規則的文化意識。」電視上的故事塑造了人們思考的內容、談論的話題，還有他們重視和摒棄的事情。這樣的共同經驗非常強大，能徹底扭轉人們的觀點，以至於知道一個人看了多少電視，比知道他在上次選舉中投票給誰，更能有效預測他對當前時事的看法。「我總喜歡引用蘇格蘭作家安德魯．弗萊徹（Andrew Fletcher）的這句話，」格羅斯說，「『如果我能譜寫一個國家的歌謠，便不在乎是由誰來制定他們的法律。』」[8]

我們需要更關注我們高唱的歌曲。

8 原話是：「讓我來譜寫一個國家的歌謠，我就不在乎誰來制定它的法律。」

話題回到一九五〇年代末，在好萊塢高中聚會的洛杉磯倖存者俱樂部。他們是一群從悲慘經歷中倖存下來的人——而且依然年輕。我們很容易想像，這群倖存者對於他們所經歷的一切會有一百萬種不同的反應：有些人渴望傾訴，有些人則希望揮別過去，繼續前進。但實際上卻沒有這樣的多樣性：在戰後的歲月裡，人們不約而同地保持緘默。

這就是歷史學家諾維克在提到大屠殺的記憶時，所指的奇怪「節奏」。他所談論的是大背景故事的影響。那是什麼樣的大背景故事？諾維克寫到了美國猶太人委員會（American Jewish Committee，簡稱ＡＪＣ）在第二次世界大戰即將結束時召開的一次會議。他們邀請了當時的一些頂尖學者，探討如何消除對猶太人的仇恨，這樣的仇恨剛剛在歐洲各地造成了可怕後果。專家委員會的共識是，觸發反猶太主義的力量，在於認定猶太人很軟弱：在這種觀點下，反猶太分子有如懷恨在心的惡霸，專門對無助的人下手。因此，正如猶太人委員會主席解釋的那樣，猶太組織應該：

避免將猶太人描繪成弱者、受害者和苦難者……需要抹去或至少減少猶太人受害的恐怖故事……我們必須讓猶太人的形象正常化……戰爭英雄的故事很棒……猶太人應該被描繪成和其他人**一樣**，而不是與他人不同。必須消除猶太人的軟弱形象。

一九四〇年代末期，有人提議在紐約市蓋一座大屠殺紀念館。「在一九四六年、一九四七年和一九四八年的三個不同場合中，美國猶太人委員會、反誹謗聯盟、美國猶太人大會、猶太人勞工委員會和猶太人退伍軍人協會的代表，一致反對了這個想法——並有效否決了這項倡議，」諾維克寫道，「他們擔心這樣的紀念碑會導致美國人將猶太人視為受害者：這會成為『猶太人弱小且無助的永久紀念碑』；它『不符合猶太人的最大利益』。」這樣的態度情有可原，自**有其必要**。[9] 一九五九年，席格・哈爾布里希從克里夫蘭搬到

9 一九五〇年代有個風靡一時的電視節目，叫做《一日女王》（*Queen for a Day*）。節目中，女性來賓會向觀眾訴說她們的辛酸經歷，然後由觀眾票選出「獲勝者」，並封她為女王。其中一集節目的獲勝者是比克瑙集中營（Birkenau）的一位倖存者，她說：「每次我低頭望向我的左臂，看到我的刺青，都會想起可怕的往事……要是能去掉這個刺青就好了。」她贏得了比賽，節目組也替她付錢去除紋身。

洛杉磯，部分原因就是為了擺脫人們對他的過往的濃厚興趣，那讓他喘不過氣。「問題，問題，太多問題了，我不想多談我經歷過的事情。」他曾這麼說。你能怪他嗎？倖存者俱樂部第一次聚會時，他們對大屠殺的討論是私下進行的。那是一種只能跟擁有相同經歷的人進行的對話。

「他們互相談論這件事，」博物館館長李斯高說，「但他們仍有揮之不去的恐懼，仍有一些……我不想這麼說，但某種程度上，他們為此感到羞愧。他們為自己的口音而難為情，為自己的刺青而難為情，為子女不像其他孩子那樣有祖父母或家人去參觀學校的演出而難為情。我不知道他們為什麼會轉為內省，但情況就是如此。不知道為什麼，他們對此感到羞愧。」

這就是籠罩著倖存者的大背景故事：集中營裡發生的事情太令人震驚，甚至遠遠超出人們對恐怖行徑最天馬行空的想像，以至於在情感上，唯一可行的道路就是向前走。與此同時，那些沒有相同經歷的人也有他們自己的大背景故事。以寥寥數語交代大屠殺事件的一九六〇年代教科書都是由歷史學家所寫成的，他們知道如何撰寫政治、經濟、統計及其他專業素材，卻沒有足夠的語言或想像力去捕捉集中營的經驗。

戰後，哈爾布里希為時任歐洲盟軍最高司令的艾森豪將軍擔任口譯員。艾森豪注意到哈爾布里希的集中營編號刺青——六八二三三——然後問道：「他們在你的手臂上刺這個數字時，你是不是很疼？」

哈爾布里希暗忖：「我的天哪，美國人是什麼樣的民族啊？他們看到這裡的情況，屍橫遍野、到處都是死人……而他卻問這是不是很疼？但後來我明白了，他毫無概念。對美國人來說，這樣的事情讓他們感到陌生，無所適從。」艾森豪同樣不知道該如何談論他周圍的一切。

德國陷入了最深的沉默。德國人有自己的羞恥需要面對。戰後，在靠近法國邊境的比辛根（Bisingen）集中營，地方當局進行了漫長的辯論，討論應該在埋葬集中營受害者的墓園前放置什麼標誌。他們最後定名為「榮譽公墓」，因為正如當地政府所解釋的，「讓當地居民銘記國家社會主義的罪行是絕對合宜的。」然而，政府有話要說，它認為沒有必要「向行駛在二十七號國道（這是一條跨國交通要道）上的大量外國駕駛人指出國家社會主義的罪行」。

地方社區隨後種了數千棵大樹和灌木，植被很快蔓延到集中營的部分區域。比辛根足球俱樂部在囚犯被迫用頁岩填滿的炭窯上蓋了一座運動場，附近豎立著一座小型石造金字塔，上頭刻著：**流浪的人啊，如果你路過這裡，請記住那些還沒活出生命意義就被奪走性命的人們**。他們可以暗示發生了什麼事，卻無法大聲說出口。

想像一下，在一九七〇年代中期，如果某人想讓全世界知道大屠殺事件，他肯定會有什麼樣的感受。戰爭結束三十年了，一般用來思索和消化過去事件的窗口已經關閉。歷史學家們忽略這個主題，倖存者不想談它，好萊塢基本上保持沉默。在德國，足球隊在集中營遺址上練球。全美只有洛杉磯威爾榭大道上有一座臨時湊合的博物館，一群受難者將他們無法忍受留在家中的紀念品存放在那裡。大屠殺甚至還沒有**名字**。在全世界看來，戰爭期間在德國發生的一切最終似乎就是個歷史書上的註腳——似乎沒有什麼可以改變這個事實。

不過話說回來，邁阿密在一九八〇年經歷了三次衝擊，徹底換了一個模樣。白楊林曾是個安全的避難所，但現在不再是了。來自波德的心臟專科醫師到了水牛城，突然變成了截然不同的心臟專科醫師。或許在那一刻，我們更該問的問題不是**可否**改變世界對大屠殺的看法，而是**如何**改變。

6

就這樣，在威爾榭大道的一個小角落，倖存者俱樂部開啟了他們的小型博物館。

「我想，他們對於有人在乎這件事感到震驚，」李斯高說，「我認為他們真的很驚訝居然有人會關心，居然有人有興趣聽他們說話。」

但是人們**確實**感興趣，大屠殺的倖存者們了解到，他們確實可以說出那些不可言說的事，刺在他們手臂上的數字並不丟臉，重溫記憶也不是軟弱的表現。

接下來的二十年裡，這個想法慢慢從威爾榭大道散播到全國各地。在芝加哥郊外，一位名叫澤夫．維斯（Zev Weiss）的奧斯威辛倖存者開始嘗試說服大學開設有關大屠殺的課程。他後來回憶道，他一開始得到的反應是「迴避、推三阻四和普遍不感興趣」，但他沒有放棄。他走遍全美遊說各大學，有時甚至睡在車上。他出現在教授的辦公室，堅決要求他們在課堂上講授大屠殺。「他的一些要求有點極端，」一個朋友回憶起維斯如此表示，「而且他不是一個容易與之爭辯的人，索性直接答應他會簡單一些。」

一九七〇年代中期，猶太團體與國會合力通過了《傑克遜－凡尼克修正案》（*Jackson-Vanik Amendment*），促使蘇聯做出一度被認為難以想像的事：放寬人口外移政策，允許成千上萬的俄羅斯猶太人移民以色列和美國。用一位歷史學家的話來說，這是「驕傲而強勢的猶太特選民族主義」的一次勝利。然後在一九七七年，一群新納粹分子申請在伊利諾州的斯科基（Skokie）進行遊行，這是芝加哥郊區的一個猶太人聚居區。鎮民的直覺反應是忽視這次遊行，但他們最後沒有這麼做，反而展開了反擊。美國的猶太族群變得不太一樣了，正是這樣的轉變讓保羅・克萊恩和厄文・席格斯坦在書店的櫥窗前停下腳步，做出了他們的重大決定。

這兩位電視台高層並沒有等著看看能否在猶太社區之外找到相同的意識形態萌動的證據。他們沒有兩邊下注，也沒有小心翼翼地迂迴探討這個話題。他們創造了現代史上最不留情面、最直言無諱的一個歷史論壇。節目在一九七八年四月十六日開播，連續播映四個晚上，創下了一億兩千萬名觀眾（相當於**全美半數人口**）的驚人收視紀錄。

隔年一月，《大屠殺》在德國上映，效果更加震撼。節目在深夜播出，將近午夜才結束，在一個鮮少有人觀看的地方電視台播放——儘管如此，最後**仍有**一千五百萬名西德人民（大約全國四分之一人口）收看了該節目。它被稱為「德國一九七〇年代的電視界盛事」，報章雜誌也因而企畫了關於大屠殺的特刊和專欄。成千上萬的觀眾致電當地電視台，有些人甚至熱淚盈眶。新納粹團體在科布倫茨（Koblenz）和明斯特（Münster）的電視台放置炸彈，試圖阻止節目播出。深感內疚的老兵威脅要自殺。一名退役的黨衛軍軍官表示，他的妻子和四個孩子在看完第二集後稱他為「老納粹」並離棄他。在德國，起訴前戰犯的時效即將到期，《大屠殺》播出之後，西德國會改變主意，廢除了追訴時效。用一位德國記者的話說：

《大屠殺》以德國知識分子無法做到的方式撼動了後希特勒時期的德國。沒有任何一部影片能如此生動地拍出猶太人通往毒氣室的苦難之路……只有在《大屠殺》播出之後，大多數國人才知道在「猶太人問題最終解決方案」這個可怕而空洞的公式背後，到底隱藏著怎樣的眞相。

如今，比辛根集中營的遺址上有一座正規博物館，這是德國各地後來興建的數千座大屠殺紀念館和博物館之一。

7

《大屠殺》播出多年後，NBC電視台的前台長赫伯特．施洛瑟（Herbert Schlosser）

接受採訪，談起這部劇的製作始末。他是克萊恩和席格斯坦的頂頭上司，施洛瑟將功勞歸給相關人士——他只不過是上頭的人——但有一件事情除外。在這部迷你影集的最初討論中，劇本的標題是《大屠殺》，但在劇本完成後，這個詞被刪掉了。畢竟，這個詞在一九七〇年代中期並沒有什麼特殊意義。

「有一天，一疊**這麼高**的劇本送到我門口，」施洛瑟回憶道，「我做了一個貢獻……我讀了劇本。但我注意到這部劇不叫《大屠殺》，而是叫做《魏斯一家人》，就是劇中經歷大屠殺的那個家庭。所以我打電話〔給製作人〕，我說：『劇名不要叫《魏斯一家人》。』」

施洛瑟想改回原本的劇名。「就叫《大屠殺》吧。」他這麼指示製作人。

這就是每個人都把納粹對猶太人的屠殺稱作「大屠殺」的原因。回頭看看美國博物館的名單：一九七八年以後，**每個人**都在館名上使用了大屠殺這個詞，即便是威爾榭大道上那座最早的紀念館，館名也從殉難者紀念館改成了洛杉磯大屠殺博物館。那場沒有人知道該如何談論的大規模暴行現在有了名字。為什麼呢？因為電視台的一位高層認為這個名字比《魏斯一家人》更響亮。

這就是說故事者的本事；他們可以改變大背景故事。

第八章 家有喜事

「我是故意把車衝出車道的。」

1

一九九五年，蘇聯剛解體四年後，政治學家蒂穆爾．庫蘭（Timur Kuran）寫了一篇著名的文章，標題為〈未來突發革命的必然性〉（The Inevitability of Future Revolutionary Surprises）。

「知識分子在許多議題上各持己見，因此，東歐共產主義垮台後，會湧現諸多論戰，一點兒也不足為奇，」庫蘭開宗明義，「令人驚訝的是，我們幾乎一致認為這場重大的顛覆來得令全世界猝不及防。」

庫蘭列舉了所有應該可以預見、卻沒有預見到這場革命的人。首先是「記者、外交官、政治家、未來學家和學者」，這些負責解讀世界事務的專家被打了個措手不及。那麼東歐老百姓呢？柏林圍牆倒下後不久，東德進行了一項民意調查：「一年前，你是否預料到會發生如此和平的革命？」只有百分之五——少得可憐——的人回答「是」。百分之十八的人說：「是，但沒想到這麼快。」而剩下的人——四分之三的受訪者——表示，事情完全在他們意料之外。

庫蘭進一步剖析。那麼共產黨高層呢？這些人的權力和生計取決於他們對國情民意的掌握；他們毫無所覺。就連異議分子——為了推翻蘇聯而奮鬥了數十年的一整代人——也始料未及。庫蘭指出，後來成為民主捷克首批領袖之一的劇作家瓦茨拉夫．哈維爾（Vaclav Havel）於一九七八年寫了一篇文章，名為〈無權勢者的力量〉（The Power of the Powerless）。他在文中正確地預言，蘇維埃帝國並不像表面看來的那麼堅不可摧。他說，「社會運動」、「爆發的內亂」或「明顯單一化的權力結構內的尖銳衝突」，都可能推翻蘇聯帝國。哈維爾的結論具有驚人的先見之明：「倘若〔更光明的未來〕早已存在，只不過因為我們自身的蒙昧和怯懦而未能察覺它已近在咫尺且深藏於心，更遑論去開發它，那又當如何？」

但是，當哈維爾預言的革命真正開始時，發生了什麼情況？他並未看清。當蘇聯領導人戈巴契夫來到捷克斯洛伐克演講——這是俄羅斯願意放鬆對其衛星國家控制的第一波真正跡象之一——哈維爾因他的同胞為戈巴契夫歡呼而憤怒。「我感到悲哀；我們這個國家從來學不會教訓。有多少次，它把所有希望寄託在某個外來力量上，相信這個力量可以解決它的問題？……我們現在又犯了同樣的錯誤。人們似乎認為戈巴契夫是來解放他們的……」

這些人對東歐的歷史和文化瞭若指掌：知識分子讀過所有重要書籍，衡量過所有可以衡量的維度；東歐人民每天都生活在蘇聯的統治之下；異議分子更是打從記事以來就一直在爭取自由。合起來看，沒有什麼是他們不知道的。但庫蘭的觀點是，革命（無論規模大小）總有令人感到困惑的時候：當一群人聚在一起，熱血沸騰，驟然改變了他們的行為方式或信仰，我們會突然啞口無言，不知所措。「就在一九一七年二月俄國革命的幾星期前，」庫蘭寫道，這場戰爭的推手列寧「表示俄國的大爆發還遠在未來，而他自己不會活著看到它」。

這是他自己的革命耶！

我認為邁阿密和《大屠殺》迷你影集的故事，為我們提供了部分答案，說明我們為什麼總是感到意外；大背景故事遠比表面上看起來的更加變化無常。但在這一章，我想探討第二個原因——我認為這更能解釋我們為什麼總是感到困惑。我們錯過了變化的跡象，因為我們在錯誤的地方尋找它們。而任何一個成長於二十一世紀初的人，都曾經歷關於這種盲目性的教科書級案例：同性婚姻之爭。

2

一九八〇年代初，埃文・沃爾夫森（Evan Wolfson）於法學院就學後，讀了歷史學家約翰・波斯維爾（John Boswell）所寫的一部名為《基督教、社會容忍與同性戀》（*Christianity, Social Tolerance, and Homosexuality*，暫譯）的學術著作。沃爾夫森當時二十出頭，剛結束在西非的和平隊（Peace Corps）任務回來。他在那裡出櫃了。「我的意思是，我一直都知道自己是同性戀，」他說，「但〔那時〕我才真正開始有性行為，並真的在想像〔公開同性戀身分的」生活會是什麼樣子。」波斯維爾的書讓他大開眼界。「我抓起這本書，用偽裝的封面包起來，隨身帶到佛羅里達海灘探望我的祖父母。」

沃爾夫森從波斯維爾的書中學到的是，「同性戀者的處境並非向來如此，不同的社會以不同的方式對待同性戀，對於性慾的理解和安排也不盡相同。」這段訊息給了他莫大的希望：「如果曾經不同，那就可以再次不同。」他開始思考如何改變世界對同性戀者的看法。

> 我問自己，**為什麼同性戀者在我們的社會受到了其他社會所沒有的歧視和壓迫**？我認爲這其實可以理解爲一種排斥——對我們愛的方式、愛的對象的歧視……
>
> 接著我問自己，**那麼，什麼是我們的社會所教導、理解和支持的愛的核心結構**？當然，在我們的社會以及幾乎所有其他社會中，答案就是婚姻。於是，我決定透過爭取婚姻和主張婚姻權，來發出最有力的聲明：我們是平等的、重要的、有價值的。

沃爾夫森相信，婚姻將成為「變革的引擎，改變非同性戀者對同性戀者的理解。」

當時是一九八〇年代初。今天可能很難理解沃爾夫森的結論在當時有多麼激進。同性婚姻根本不在任何社會或政治議程中；大背景故事還遙遠到未認為婚姻應延伸到同性伴侶上。例如，如果你和你的父母（或祖父母）聊聊，他們肯定記得一九六〇年代末一本名為《About SEX：所有你想知道的、你應該知道的、你不好意思問的》（*Everything You Always Wanted to Know About Sex *(*But Were Afraid to Ask)*）的書，作者是加州的精神科醫生大衛・魯賓（David Reuben）。魯賓的書是當代第一本性愛指南。它在五十一個國家榮登暢銷書第一名，並在《紐約時報》暢銷書排行榜上名列前茅超過一年。伍迪・艾倫（Woody Allen）根據這本書拍了一部非常賣座的喜劇片。魯賓曾多次參加強尼・卡森（Johnny Carson）的《今夜秀》（*Tonight Show*），扮演慈祥的全民性治療師角色。《About SEX》定義了當時的時代精神，而魯賓在專門討論「男性同性戀」的章節中是這麼說的：

大多數男同志在尋覓性伴侶時，省掉了求愛的過程。他們甚至沒有時間暗中勾勾搭搭，或在衛生紙上寫情書。同性戀似乎有一種急不可耐的緊迫感。

魯賓形容洗手間裡鬼鬼祟祟的會面是一種典型現象。他說，男人經常一個晚上發生多達五次性行為，每次持續「約六分鐘」。又說，同性戀者「在危險中茁壯成長」，他們「有一種在公共場合炫耀性行為的強烈慾望」。他滔滔不絕地談論他們對服裝的熱愛、對食物的迷戀、對勒索的嗜好，以及他們冒險的性行為。

然後還有這個。在書中，魯賓的敘事方法是提出一連串問題，跟著給出簡短的答案：

那麼，那些幸福地生活在一起多年的同性戀者呢？

他們怎麼了？他們是同性戀鳥群中極爲稀有的鳥。再說了，「幸福」與否仍有待觀察。和男同志葛格與底迪之間的對話相比，夫妻之間最激烈的爭吵簡直就像一首充滿激情的愛情十四行詩。一起生活？是的。幸福嗎？才怪。

這些「婚姻」與幸福不符的另一點是，當事人從未停止獵豔。他們也許會一起做家務，但「陰莖遊行」的勢頭通常持續不減，只是這一次額外添加了妒忌、威脅、發脾氣和互相背叛。值得慶幸的是，兩人的關係會很短暫。

如果整個世代都以這種態度看待同性戀者的生活，那麼你要如何爭取婚姻平權？如果社會上的其他成員認為你會這樣對待婚姻，他們怎麼會讓你分享他們最重要的社會制度？沃爾夫森決定以同性戀婚姻為題，撰寫他的法學院論文。但他找不到願意指導他的教授。

「我去找了一些有份量的自由派和比較有同情心的教授。他們全都一口回絕。」他回憶道。他們都是讀大衛．魯賓的書長大的。沃爾夫森的話聽起來很荒謬。「他們要嘛覺得這件事情太困難……要嘛認為不值得去做。」[1]沃爾夫森離開法學院後，多年來一直努力爭取改變州級別的法律。但身為同志運動分子取得的任何進展都會遭到強烈反彈，反彈的頂點出現在二〇〇四年二月，小布希總統發表了任內最著名的演講之一：

> **布希總統：**男人和女人的結合是最持久的人類制度，在所有文化和宗教信仰中都受到尊崇和鼓勵。長久以來的經驗告訴人類，夫妻之間彼此相愛與服務的承諾，可以促進兒童的福祉和社會的穩定。

布希站在全國人民面前說——夠了。

婚姻不能脫離其文化、宗教和自然的根源，否則就會削弱它對社會的良好影響。今天，我呼籲美國國會迅速通過憲法修正案，並送交各州批准，將婚姻定義爲男人和女人作爲丈夫和妻子的結合，並予以保護。

一個接著一個州議會通過了憲法修正案，徹底扼殺了同性婚姻的可能性。沮喪的氣氛在同志運動人士之間蔓延開來。「許多人呼喊著撤退、放棄、停止、放慢腳步，其中包括這場運動中的一些關鍵人物。」沃爾夫森回憶道。人權戰線（Human Rights Campaign）的領袖呼籲謹慎行事；加州參議員黛安・范斯坦（Dianne Feinstein）所見略同，她是該運動的長期盟友。「整個議題來得太大、太快、太急了。」她說。

多年的努力在二〇〇四年付諸東流。

「許多運動人士真心感到絕望。」當時的同志平權領袖麥特・科爾斯（Matt Coles）說。

1 最後，沃爾夫森找到了一位論文指導教授，他是個「務實、非自由派、非同性戀身分的……普通家事法教授，名叫大衛・韋斯特福爾（David Westfall）」。韋斯特福爾給了他一個B。

那些主要將注意力放在國會或州立法機關的組織，眞的、眞的認爲這條路根本走不通。

同志運動人士召開了一次峰會，地點在紐澤西州的澤西市，與曼哈頓隔河相望。他們一起為運動制定了長期計畫，謹慎、小心、深思熟慮。他們決定放慢腳步，從州的層面展開工作，並從他們認為已有了立足點的地方著手。他們將從最不具爭議的理念開始——承認家庭伴侶關係，然後是公民權利。唯有贏得了這兩場戰役，他們才會去爭取最大的獎勵：婚姻自由。

科爾斯說，如果你當時問他，他認為需要多長時間才能在美國各州贏得婚姻平等，他會毫不猶豫地給出答案。

「在二〇〇五年……我會說需要二十到二十五年，」他頓了頓，「但也可能是三十到四十年。」

他和跟他一起奮鬥的所有運動人士都錯了。不到十年，反對同性婚姻的聲浪就漸漸消失。薩沙．伊森伯格（Sasha Issenberg）撰寫了婚姻平權奮鬥的權威歷史《交戰》（*The Engagement*，暫譯）一書，稱這場勝利是「在我有生之年，美國民意最重大的一次轉變」。

他接著說：

在十五、六年間，支持度上升了一倍半，而且跨越了人口和政治族群。年輕人、老年人、白人、黑人、拉丁裔、福音派，所有人都朝著同一個方向前進。

在戰鬥如火如荼的時刻，運動人士並未意識到勝利其實已近在咫尺。借用蒂穆爾．庫蘭的話：**知識分子在許多議題上各持己見，因此，爭取同性婚姻會引發諸多論戰，一點兒也不足為奇。比較令人驚訝的是，我們幾乎一致認為這場重大的顛覆來得令全世界猝不及防。**

他們在各種錯誤的地方尋找改變的跡象，所以讓我們回頭重新看看。

3

一九九二年，電視電影《家有喜事》（*Doing Time on Maple Drive*）在福斯電視網播映，並獲得了三項艾美獎提名，意味著它比一般電視節目更勝一籌。影片內容講述了卡特一家的故事；這是一個住在美麗社區的富裕家庭。父親是一名成功的餐館老闆，和妻子育有三名成年子女：一個已婚的女兒和兩個兒子——其中小兒子麥特是家中的寵兒，英俊聰明，畢業於耶魯大學。在電影的開場場景中，我們看到麥特攜著未婚妻第一次回家見家人；她是個白富美且深愛著他。

如果你看過那個時代的電視電影，你會知道接下來的發展。事實證明，卡特家並不完美。哥哥是個酒鬼，父親專橫霸道，母親拒絕接受現實，已婚的女兒則打算瞞著丈夫去墮胎。而麥特——我們很快就會知道——隱藏著一個可怕的祕密。

最先發現真相的是麥特的未婚妻。她在他的臥室發現一封可作為罪證的信件，淚流滿面地質問他，然後跳上她的ＢＭＷ揚長而去，從此未再出現。麥特的告別單身派對就在當晚舉行，他故作鎮定，強顏歡笑。但是到了深夜，在開車回家的路上，他突然偏離了車道，一頭撞上電線桿。他告訴父母一個精心編造的故事，說他是為了避開動物才緊急轉彎。但隨著問題愈堆愈高，麥特的母親在卡特家裝潢雅緻的客廳裡質問他。

媽媽：你最好解釋清楚，年輕人。你欠我一個解釋！

麥特：妳明知故問，妳根本一清二楚，妳想讓我說出來嗎？

媽媽：別用那種語氣跟我說話。

麥特：不！妳想讓我說出來嗎？妳想讓我說出來嗎，媽？我不是因爲閃一條狗才急轉彎的，我是爲了逃避這種生活！

我想你能猜到麥特的祕密是什麼了，是吧？

麥特：因爲我覺得死了總好過告訴妳⋯⋯

媽媽：好了，我聽夠了⋯⋯

麥特：不，妳沒有，媽媽！妳還沒聽夠。我企圖自殺。

媽媽：不，你沒有。你只是⋯⋯你只是出了個意外。

麥特：不！不！不！我覺得死了更好⋯⋯

媽媽：不！不，你只是⋯⋯

麥特：媽！我寧願死也不願⋯⋯

媽媽：不⋯⋯

這時，《家有喜事》的數百萬名觀眾開始哽咽。

麥特：是的！總勝過告訴妳我是同性戀！我是故意把車衝出車道的。我是故意的，媽。故意的。

《家有喜事》的觀眾從中學到了什麼？

在影集《大屠殺》的案例中，我們不難看出文化事件可以如何改變大背景故事。在連續四天的時間裡，大半個美國同時上了一堂強而有力且毫不留情的歷史課。《大屠殺》所做的，是促使世界開始談論和思考此前被視為禁忌的話題。但我認為，這種過程也可以用更微妙的方式進行。在上一章中，我描述了南加州大學教授賴瑞・格羅斯的研究，我覺得值得在此重複格羅斯的話：「並不是媒體刻意按下某個按鈕來達到這種效果，而是媒體創造了關於世界如何運作……以及具有哪些規則的文化意識。」而在上空的大背景中，這些規則不斷被改寫和修訂。

舉例來說，在《大屠殺》播出的同一時期，電視上出現了大量的「女權主義」節目。

《瑪麗・泰勒・摩爾秀》（*The Mary Tyler Moore Show*）是先驅。《菲利斯》（*Phyllis*）、《莫德》（*Maude*）、《羅達》（*Rhoda*）、《踏實新人生》（*One Day at a Time*）、《警花拍檔》（*Cagney & Lacey*）和《風雲女郎》（*Murphy Brown*）等節目接踵而至。這些節目的外顯訊息很明確，內容都是關於堅強、能幹、專業的女性，清楚地表明女性可以像男性一樣有能力。但請記住，電視的力量不在於告訴我們思考什麼，而在於告訴我們**如何**思考。那麼這些節目的內隱規則是什麼呢？那就是成功的女性幾乎總是有點年紀、白皮膚、異性戀且**單身**。

「所以，如果妳是女權主義者，妳就不能結婚。」學者邦妮・陶（Bonnie Dow）說道，她寫了一本精彩的書來分析這波電視節目。

> 如果妳是女權主義者，妳就不能有孩子……這裡的假設是，如果妳有這樣的政治理念……如果妳願意公開支持女性平等，妳就很難擁有一段正常的關係。這是其中一條規則。
>
> 這些節目將女性的進步嚴格定義為事業成功，而且是「像男人那樣的成功」。陶繼續說道：

重點在於擁有與男性相同的機會，實現男性被允許實現的相同事情。當然，這也徹底抹殺了承認女性因爲——好比說——生育問題而與男性不同，因而可能需要不同工作環境的可能性。

這些節目創造的大背景故事是混亂且矛盾的，在女權問題的思考上，它強調女性必須做出巨大犧牲才能取得事業成功。沉浸在《瑪麗·泰勒·摩爾秀》或《踏實新人生》中的觀眾，不會變成女權主義者，反而很容易認為如果想擁有孩子和家庭，就不可能實現女權主義。

那麼，讓我們回到《家有喜事》。這部電視影片的播映，正值埃文·沃爾夫森等人開始為同性婚姻而戰的時期。像這樣的故事——在那個時代，有著數量驚人的電視影片觸及同性戀主題——對於推動同性婚姻究竟是幫助還是傷害？

邦妮·陶也針對這個問題進行了分析。她發現，一九八〇年代和一九九〇年代的同志敘事隱含著一套規則，就像女權主義情境喜劇中的規則那樣。

規則一：在表面上以同性戀為主題的節目中，同性戀者絕不會是主角。實際上，這意味著同性戀角色通常只在連續劇中短暫出現——只是個跑龍套的小角色。而當他們確實扮演更重要的角色時，陶寫道：「故事往往圍繞著他們的出櫃，如何影響了他們與異性戀角色、朋友、家人和同事等的關係。」

規則二：同性戀者的性取向不是一件小事；那是能界定並搗亂他們人生的唯一大事。正如陶所說，同性戀角色「成爲他們的異性戀朋友人生中必須解決的問題」。電影歷史學家維托．魯索（Vito Russo）曾列舉一九一〇年代到一九八〇年代初，電影中同性戀角色的各種死亡方式。他細數四十三個被賜死的同性戀角色，其中二十七人遭到謀殺，十三人自殺，一人被處決，一人在被閹割後死亡，還有一人壽終正寢。這就是所謂的同性戀是個「必須解決的問題」。

規則三：同性戀角色只會孤零零出現。「同性戀角色很少出現在同性戀社群中，」陶說，「他們通常沒有同性戀朋友，也不會參加同性戀活動。」這可能是三條規則中，最重要的一條，因爲這是埃文．沃爾夫森和其他同志運動人士多年來，在奮鬥中所遇到的最大阻礙：同性戀角色只能孤零零出現，因爲文化不接受同性戀者有能力建立眞正的關係。正如大衛．魯賓所言，同性戀生活只是「陰莖的遊行」。

那麼，我們在《家有喜事》中看到了什麼？乍看之下，這部影片似乎有助於推動同性婚姻：它講述了一個家庭如何誠實、痛苦且深情地應對麥特的祕密身分。但事實上，它並沒有幫助，因為它實際上體現了邦妮・陶的三條規則。

首先，《家有喜事》並不是一部探討同性戀意義的電影，而是在描繪異性戀者發現身邊的人是同性戀時要如何消化吸收。麥特出了車禍後，劇情基本上圍繞著他一個接一個地向他生命中的每個人透露他的祕密身分。而劇情的主軸在於**他們**對麥特的消息有什麼反應，而不是麥特如何回應他們。

其次，同性戀是一個需要解決的問題。麥特試圖自盡，因為他無法接受自己的性取向。在其中一幕裡，他對母親說：「我沒有選擇這樣，我本來就是這樣。」麥特接著說：

妳以為我選擇跟別人這麼不同嗎？我選擇讓妳和爸爸這麼難過嗎？我選擇失去像艾莉森這樣美麗善良的人嗎？還有愛滋病呢？我的意思是，假設有人刻意想成為同志，他們現在還會這麼想嗎？

就連麥特也認為他的同性戀傾向是一個有待解決的問題！怎麼會有人選擇成為同志呢？

順帶一提，那句關於愛滋病的台詞，是唯一提到世界上其他男同志可能過著什麼樣的生活——這符合陶的第三條規則：「同性戀角色只會孤零零出現」。我們知道麥特有一位名叫凱爾的前男友，但我們只在凱爾來醫院探望麥特的短暫瞬間，對他匆匆一瞥。

陶認為，在一九七〇、八〇和九〇年代，最強大的流行文化媒體就是以這種態度處理同性戀題材。《家有喜事》這樣的電影雖然不像《About SEX》那樣公開敵視同性戀生活，但它們仍舊否認了同性戀者建立真實關係的能力。如果你想知道這個世界是否準備好以不同的方式看待同性戀者——和同性婚姻——你不能只看選舉結果、法律裁決或民意調查。

這些東西自然有其作用，但它們並未觸及問題核心，**你必須觀察大背景故事的規則是否正在改變**。事實證明，它們確實改變了。你可能聽說過這場變革的煽風點火者；它叫做《威爾與格蕾絲》（*Will & Grace*）。

《威爾與格蕾絲》是兩個一起在洛杉磯長大的編劇的心血結晶。他們是大衛・科漢（David Kohan）和馬克斯・穆奇尼克（Max Mutchnick），兩位都是情境喜劇界的老手，但有個故事問題他們一直無法解決。穆奇尼克是這麼說的：

> 薛尼・波拉克（Sydney Pollack）是大衛的恩師，他教了我們很多關於寫……愛情故事的技巧。有一天，我們在他的辦公室裡。他知道我們當時正在寫情境喜劇，他說：「男孩和女孩一旦接吻，愛情故事就結束了。所以，如果你能想辦法講一個男孩和女孩不接吻的愛情故事，你就能拍出一部非常長壽的劇集。」

波拉克是他那一代最偉大的電影導演之一。他認為愛情故事需要有**摩擦**。

「對吧？」科漢接著開口（他們兩人經常互相接話）。「只有當重重障礙阻止他們在一起，故事才會精彩。我記得薛尼曾為此苦惱，他說：『哎呀，種族不再是阻礙，階級也不再是阻礙了。』你不能在一九九〇年拍《誰來晚餐？》（*Guess Who's Coming to Dinner?*）這樣的電影。那麼障礙在哪裡呢？馬克斯和我開始合作時，我們靈光一閃，突然有個點子。」

他們的想法是探索穆奇尼克與他的「高中女友」珍娜・艾森伯格（Janet Eisenberg）的關係。

馬克斯：她是我在希伯來學校認識的女朋友。附帶一提，特別的是，她的父親是爲我患糖尿病的祖父截肢的外科醫生。所以我們之間有一種非常奇怪的連結，但我們立刻成爲了朋友。

大衛：馬克斯會走進她家，對她父親說：「腿在哪裡？你把它們怎麼了？」

馬克斯：〔艾森伯格〕醫生從來不喜歡這個玩笑，但這是一件無可迴避的事。〔珍娜〕對我一往情深，我也很傾慕她。況且當時我還沒準備好面對自己的眞相……是的，所以〔珍娜〕和我之間……這是一個大祕密。事實上，在那個年代，當你是個未出櫃的同志，你眞的會想：「好吧，我該怎麼解決這個問題，該怎麼過上雙面生活？」……當我告訴她我是同性戀時，她說：「我必須重新釐清思緒……」

好萊塢總是以一種標準方式來解決這類故事——一個未出櫃的同性戀男人和一個異性戀女人之間的故事。正如穆奇尼克所解釋的：「當那個同性戀男人向女性揭示他是怎樣的人，以及他愛的是怎樣的人時，他會被放逐和懲罰，而她則是受害者。」[2]

但是穆奇尼克和科漢仔細思考了一下，覺得還有另一種方式可以訴說同性戀男人和異性戀女人相愛的故事：如果女人不是受害者，而男人也沒有受到懲罰呢？

《威爾與格蕾絲》在一九九八年至二〇〇六年間於NBC首播，被NBC譽為週四晚間「不容錯過的電視節目」。[3]它是當時最受歡迎且收視率最高的電視節目之一。威爾是一名同性戀律師，格蕾絲則是一名異性戀室內設計師。他們在紐約合租一間公寓，格蕾絲的助理——狂熱的凱倫——和威爾的同性戀朋友傑克也加入共同生活。他們四個人一起在無窮無盡的喜劇組合中互相爭吵、開始戀愛、結束戀愛、親吻彼此，而這一切全都基於第一集奠定的前提：格蕾絲即將結婚，威爾說服她打消念頭。她在祭壇前拋下了新郎，和威爾上酒吧借酒澆愁。她還穿著婚紗，酒吧裡的客人們在一旁起鬨。

一號客人對威爾說：嘿，爲你可愛的新娘乾一杯怎麼樣？

人群歡呼：乾啊！乾啊！

他們當下胡亂編造誓言。

2 順便說一下，這正是《家有喜事》中發生的情節。麥特的未婚妻艾莉森不小心發現的那封信，正是麥特的前男友凱爾所寫的。那是一封情書。她心碎地含淚質問他：

艾莉森：我不知道從何說起。麥特，我愛你。

麥特：我也愛妳。

艾莉森：但是我們不能這樣下去。我整晚都沒睡。我一直醒著……一直坐著思考……反覆回想這些事，很抱歉，但我們不能繼續了。

麥特：等等，等等，艾莉森……

麥特試圖安慰她，但毫無作用。

艾莉森：你知道嗎，有趣的是，在我心底……我一直覺得……我一直覺得你可能是個同志。我討厭自己有這樣的想法……因爲我覺得那是我的錯。

3 它在二〇一七年至二〇二〇年間進行第二輪放映，但收視率不如第一輪成功。

一號客人：來吧，你們兩個，親一個吧？

人群齊聲高呼：親一個！親一個！親一個！親一個！親一個！

他們對視一眼，心想，**這也許行得通**。威爾親吻了格蕾絲。

格蕾絲：沒感覺嗎？一點兒也沒有？

威爾：抱歉。沒有，怎麼說呢……

如果你看過《威爾與格蕾絲》，我相信你會同意科漢和穆奇尼克設定的前提非常聰明，而且這部劇本身非常好笑。但從表面上看，它似乎沒有什麼驚天動地的突破。它就是一部關於一群住在曼哈頓公寓裡的單身年輕人的情境喜劇——一如《歡樂單身派對》和《六人行》，這是當年紅極一時的另外兩部電視情境喜劇。在節目的策劃和執行過程中，科漢和穆奇尼克小心翼翼地磨平所有稜角，以免惹惱廣告商和觀眾。他們選擇了艾瑞克．麥科馬克（Eric McCormack）來飾演威爾——這部劇的同志主角。麥科馬克在現實生活中是個直男，是傳統意義上的帥哥。他的角色威爾是一名公司法律師——按照一九九〇年代末的刻板印象，這並不是一個會被貼上「同性戀」標籤的職業！[4]

第一季的導演吉米．巴羅斯（Jimmy Burrows）是好萊塢的資深導演，幾乎執導過一九七〇年代以來的所有情境喜劇：《菲利斯》、《羅達》、《歪星撞地球》（*3rd Rock from the Sun*）、《六人行》、《歡樂一家親》（*Frasier*）。巴羅斯後來回憶道：

> 我知道同性戀對美國中產階級來說有多難接受。所以我告訴馬克斯和大衛，**我覺得我們應該在第一年試著讓美國人相信威爾會迷途知返，娶格蕾絲為妻**。因爲這就是這部劇的核心，這部劇講的是一段關係，一段沒有性愛的性關係。讓我們安排一些威爾和格蕾絲聊天的場景……看起來就像夫妻一樣。讓我們在試播集中安排一個吻……讓我們在最後一集裡、在猶太婚禮的結婚棚下安排一個吻。

4 「卡森．克雷斯利（Carson Kressley）演不了威爾。」馬克斯說。克雷斯利是從電視節目《酷男的異想世界》（*Queer Eye for the Straight Guy*）中竄紅的那位活潑、搞笑、裝模作樣的電視名人。

《威爾與格蕾絲》是一部關於同性戀男人的劇，但巴羅斯想確保在一開始，威爾看起來**不太像**同志。正是基於這個原因，《威爾與格蕾絲》首次播出時，同性戀社群中的一些人非常討厭這部劇，評論家們也對它不屑一顧。一篇學術期刊上的評論標題是〈沒有酷兒的酷兒電視劇〉（Nothing Queer about Queer Television），文中指出，我們從未看到威爾與另一個男人同床共枕。此外，這部劇鮮少提及愛滋病疫情，即使它是在疫情最嚴重的時候播出。當這部劇首次推出時，《紐約時報》說它「普通到不行」。評論繼續寫道：

這些演員們超級討喜，卻被劇本給坑了；編劇以爲讓威爾和格蕾絲在玩《金字塔遊戲》（The $25,000 Pyramid）時配合得天衣無縫是很妙的情節，而且他們身邊還有一堆煩人的配角，包括威爾的同性戀朋友傑克（肖恩・海耶斯〔Sean Hayes〕所飾），一個神氣活現的傻瓜，一邊打撲克一邊唱音樂劇歌曲。傑克的一舉一動符合了所有刻板印象，好讓威爾可以完全避開它們；這算哪門子的標新立異？

說得沒錯！這就是《威爾與格蕾絲》的最終判決——這部劇的大膽前提被稀釋到跟其他

一堆無聊的情境喜劇沒什麼兩樣。但事實證明，所有人對《威爾與格蕾絲》的看法是錯的。這部劇其實具有深刻的顛覆性！為什麼？**因為它打破了陶的每一條大背景故事規則**。

以同性戀角色為故事的核心？做到了！沒有威爾和傑克，這個故事根本講不下去。

同性戀不是「有待解決的問題」？做到了！

同性戀者和其他同性戀者廝混？也做到了！

《威爾與格蕾絲》的訊息其實是：**看看威爾。一個風趣、成功、討人喜歡的男人，有能力愛人與被愛。他與身邊的人維持著持久且深厚的關係。他很正常，只是碰巧是同性戀。**

「我們知道自己打了一場勝仗，因為我們節目的核心是一名出櫃的男同志，」穆奇尼克說，「我們就這樣慢慢向美國大眾灌輸這個同性戀陰謀。」

他是在開玩笑。但也不完全是。

5

在第四章，我談到了從戴蒙・森托拉的「命名遊戲」中，發現到的關於引爆點的奇怪動態。森托拉想知道需要多少個「異見者」才能打破多數人達成的共識。他的答案是：**並不需要很多**。在任何群體中，一旦有百分之二十五的成員開始推一個新名字，其餘成員很快就會放棄立場、隨聲附和。但這種變化並不是漸進的，並不是說在百分之二十時會出現一些叛逃者，然後在百分之二十二時又多了一些人變節，最後在百分之二十五時所有人都加入。在達到百分之二十五以前，什麼都不會發生——在那之後，瞬間天翻地覆。

想一下這種變化的心理學。「如果你剛好低於引爆點——比如在百分之二十——你完全不知道自己有多接近。」森托拉說。在他的一個遊戲版本裡，二十人當中有四名異見者並沒有造成任何差異；但當他再增加一個人——將邊緣人的比例提高到神奇的百分之二十五——共識就突然改變了。「你並不知道再加上那一兩個人就能觸發引爆點。」他說。如果變化是漸進的，你可以看到自己愈來愈接近目標——當你達到目標，你不會感到驚訝。但假如是從八風不動突然間天翻地覆，你會處於一種奇怪的狀態：在什麼都沒有發生的一段長時間裡感到氣餒，而在一切突然改變的瞬間感到震驚。

這正是同婚運動人士在陰鬱的澤西市會議上所處的狀態。他們離勝利愈來愈近，但**感覺**卻像在節節敗退。他們看不見在大背景上空，事情正在悄悄地朝著對他們有利的方向發展。

當然，諷刺的是，這場社運中的許多人——正如其他數百萬名觀眾——每週四晚上都在收看《威爾與格蕾絲》。潮水轉向的證據就在他們眼前上演；但你必須能夠將螢幕上的故事與觀眾的態度聯繫起來。社運人士做不到這一點——我不怪他們，因為我不認為當時有誰能做到。頭頂上有一個模糊而遙遠的林冠層，正向著我們所有人投下陰影——而有關這個林冠層的線索，可以在電視情境喜劇中找到——這個想法似乎太難接受了。但如果四個晚上的《大屠殺》迷你劇可以改變時代精神，那演了十一季純粹普通人的威爾怎麼會改變不了什麼？

爭取同性婚姻的實質領導人埃文．沃爾夫森說，這項志業的引爆點出現在二〇一二年。在此之前，當同性婚姻在各州進行公投時，他們總共輸了三十次。但在那一年，他們開始贏了。

> 我們終於找到了方法，四戰全勝，緬因州就是其中之一。緬因州是我們在二〇〇九年輸掉公投的州……我們決定不接受「不」這個答案。我們花了三年時間，挨家挨户敲門、說服——找出那些尚未支持我們，但可以被說服的人，並想辦法讓他們改變立場。

他們提出了自己的公投提案，詢問緬因州公民是否願意推翻他們三年前的決定，讓同性婚姻合法化。這一次，他們贏了。事後，沃爾夫森的團隊開始進行焦點小組討論。他們與那些在二〇〇九年投反對票而在二〇一二年投贊成票的人面對面坐下來，想知道他們為什麼這麼快改變了主意。

我們問道，你們最常在哪裡聽到關於這個問題的討論？我是說，你們是在哪裡想到和聽到這個議題？結果，絕大多數人的答案是電視。

多年來收看《威爾與格蕾絲》的影響開始顯現。「我從政十六年，有了一些心得，特別是在道德和文化議題上……」事情塵埃落定後，共和黨參議員瑞克．桑托榮（Rick Santorum）在一次演講中說道，「政治不能決定這些問題的樣貌，**流行文化**才能，特別是在〔同性〕婚姻議題上……當談到婚姻問題，以及改變婚姻定義時，三十年來沒有任何變化，巍然不動。然後，一部名為《威爾與格蕾絲》的電視劇出現了。」

同性婚姻**引爆**了。這讓我們大吃一驚，但其實不該感到意外。

PART

4

結語

第九章

大背景故事、超級傳播者和群體比例

「疼始康定是我們登月的門票。」

1

罌粟花是一種有著長長莖幹的美麗花朵。花瓣凋零後，會露出有如鵪鶉蛋大小的莢果，裡面貯藏著濃稠的淡黃色漿液。幾千年來，這種漿液一直令人類魂牽夢縈——用一位歷史學家的話來說，它是豐饒的化學寶庫，「蘊含著糖、蛋白質、氨、乳膠、樹膠、植物蠟、脂肪、硫酸和乳酸、水、罌粟酸，以及各種生物鹼。」

將這漿液風乾凝煉，便得到令許多王國為之興盛與衰敗的鴉片。但若從這飽含各種化合物的漿液中萃取出生物鹼，會獲得更為珍貴的饋贈。十九世紀初，德國藥劑師弗里德里希・瑟圖納（Friedrich Sertürner）首先分離出罌粟的第一種生物鹼。他以希臘夢神摩耳甫斯（Morpheus）之名，將這種生物鹼命名為「嗎啡」（morphium或morphine）。嗎啡能緩解疼痛並帶來愉悅的快感，但也非常容易成癮。

一八三二年，一位名叫皮埃爾・讓・羅比蓋（Pierre Jean Robiquet）的法國化學家分離出罌粟的第二份厚禮——可待因。大約四十年後，英國化學家阿爾德・瑞特（C. R. Alder Wright）將嗎啡和醋酸酐的混合物熬煮數小時，尋找一種不會上癮的鴉片製劑。他的混合物最終被稱為**海洛因**，一度被譽為嗎啡的絕佳安全替代品。

然後在一九一六年，兩位德國化學家將一種類似可待因的生物鹼——蒂巴因——重新合成，得到了他們所稱的**羥考酮**（oxycodone）。羥考酮從未像它的遠親海洛因和嗎啡那樣惡名昭彰——直到一家名為普渡製藥（Purdue Pharma）的公司，在它問世八十年後重新塑造了它。普渡將羥考酮包裝成一種高劑量的緩釋藥錠，以前所未有的熱情和大膽將這項發明行銷全世界，並將它命名為疼始康定（OxyContin）。我敢打賭，你一定聽過這個名字；它已經成為歷史上最聲名狼藉的處方藥品。

這本書從一場國會聽證會開始談起；某家未具名公司的三位高階主管在聽證會上發表證詞。想必你已經猜到，這些主管來自創立普渡製藥並為這個世界帶來疼始康定的家族：薩克勒家族（Sackler）。而當被問及家族在鴉片類藥物危機中扮演的角色，普渡三位創始兄弟之一的女兒凱瑟・薩克勒（Kathe Sackler）說：

我一直努力想搞清楚的是，當年——或就以此刻來說，我能不能以過去而非現在之所知，想到什麼不一樣的做法。而我必須說，我想不到——我想不到自己還能有什麼別的做法……

另一位在國會聽證會上發言的薩克勒家族成員是大衛・薩克勒（David Sackler），他是某一位創始兄弟的孫子。在凱瑟・薩克勒否認對鴉片類藥物危機負有任何責任後，大衛・薩克勒說了什麼？

我願意在此承擔深刻的道義責任，因爲雖然我們問心無愧且已經盡力而爲，但我認爲我們的產品確實被牽扯上了濫用與成癮。

被牽扯上了。

他用了被動語態。

在《暗黑引爆點》一書中，我指出這種推諉卸責的態度屢見不鮮。我們不進反退，為流行病畫上神祕的色彩，認為我們無力影響它們，也不必為它們的傳播負起任何責任。白楊林的家長沉浸在悲傷中不願面對。我們說服自己相信邁阿密和其他城市沒什麼不同，並對美國輿情在同性婚姻議題上的大逆轉感到驚訝。但事實證明，我們每次都錯了。

所以讓我們回到起點——鴉片類藥物危機。讓我們利用從白楊林、邁阿密、勞倫斯社區、哈佛、《大屠殺》和《威爾與格蕾絲》中學到的教訓——有關超級傳播者、群體比例和大背景故事的心得——來嘗試理解疼始康定引發的混亂。

我們現在能否真正理解導致鴉片類藥物氾濫的決策和環境因素？我相信我們可以。

二〇一九年三月，學術期刊《人口與發展評論》（*Population and Development Review*）刊登了由人口統計學家潔西卡・何（Jessica Y. Ho）撰寫的一篇文章：〈從國際視角看美國當代用藥過量的流行現象〉（The Contemporary American Drug Overdose Epidemic in International Perspective）。文章中間有一張圖，呈現高收入國家在一九九四年至二〇一五年間死於用藥過量的人數。這張圖顯示的是每十萬人中的男性死亡率。

這張圖告訴我們，丹麥和芬蘭一開始是這群國家中問題最嚴重的兩國，但後來情

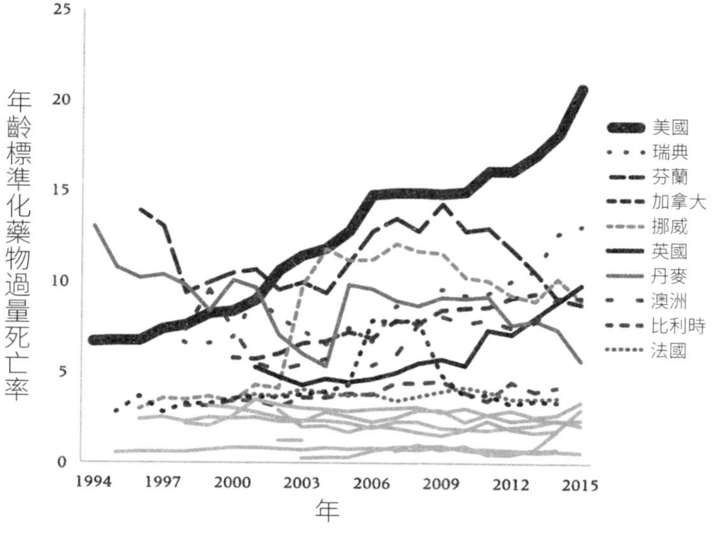

況有所改善。加拿大、英國和澳洲的危機持續惡化，但總體數字仍落後於世界領先者。你看到最底下在零點線附近糾纏的幾條灰線嗎？那是奧地利、義大利、德國、日本、荷蘭、葡萄牙、西班牙和瑞士。它們從未出現鴉片危機。只有一個國家在鴉片類藥物過量方面經歷了真正的災難——那條遠遠高於其他國家的粗線所代表的國家。

美國。

潔西卡．何的圖表告訴我們，鴉片類藥物危機並不是真正的國際問題。它本質上是一個**美國**問題。這是小區域差異——發生在特定邊界內的一場流行病——只不過在這個案例中，涉及的區域並不算小，也許稱為「大區域差異」更合適。

但是等等。我們真的確定這不是小區域差異嗎？讓我們看看美國疾病控制中心的萊娜．希伯（Lyna Z. Schieber）團隊在二〇一九年三月發表的鴉片類藥物危機分析：在論文的附錄中，有一張圖表詳細列出了二〇〇六年至二〇一七年美國各州每年開出的鴉片類止痛藥數量。為了簡單起見，讓我們把焦點放在二〇〇六年的數據上，因為那是這場大流行剛剛開始升溫的時候。這些數字代表人均「嗎啡毫克當量」，這是個花哨的術語，指的是在特定年分中，每人消耗的劑量。以下是圖表的前幾列。

阿拉巴馬 808.8
阿拉斯加 614.4
亞利桑那 735.0
阿肯色 765.7
加利福尼亞 450.2
科羅拉多 495.4
康乃狄克 648.3
德拉瓦 881.5

州與州之間有**很大**的差異。阿拉巴馬的數字幾乎是加州的兩倍。德拉瓦的數字高得離譜，但科羅拉多就還好。這下子，情況看起來很像小區域差異之父約翰·溫伯格在佛蒙特看到的現象，或者像邁阿密在醫療保險詐欺上與其他地區的差異；愈往下看，這種差異就愈明顯。

伊利諾 366
印第安納 756.6

伊利諾和印第安納是相鄰的兩州，貧困率、失業率和所得水準都非常相似。為什麼印第安納的問題比伊利諾嚴重兩倍？

鴉片類藥物的大流行，往往被歸因於美國勞工階級所面臨的社會和經濟危機：製造業就業機會流失、社區人口出走、家庭破裂，以及憂鬱症、精神疾病和絕望情緒的飆升。這些問題固然重要，但它們無法解釋潔西卡・何的圖表。義大利比美國窮得多，失業率也更高，但為什麼沒有出現鴉片危機？英國的社會問題也不少，但它的曲線為什麼遠低於美國？這些理論絕對無法解釋為什麼印第安納州深陷鴉片危機，毗鄰的伊利諾州卻沒有。

我們到目前為止學到的是，理解這種差異的關鍵在於尋找大背景故事。邁阿密有其獨特的大背景故事。而當ＮＢＣ的迷你劇改變了大背景故事，我們談論大屠殺的方式也隨之改變。那麼，是否有相應的大背景故事，可以幫助我們理解鴉片類藥物用量這種奇特的差異模式呢？事實證明，確實有這麼一個故事。這涉及一個幾乎已被歷史遺忘的人。他的名字叫做保羅・E・麥登（Paul E. Madden）。

3

保羅・E・麥登是一名來自舊金山的律師，曾任職於該市地檢署。一九三九年，他被任命為加州禁毒執法局（California Bureau of Narcotic Enforcement）局長，這是一個致力於控制危險藥物使用的州政府機構。

麥登當時正值不惑之年，一身正氣。他的頭很大，有一副雙下巴，金髮往後梳，個性說一不二、一板一眼、鐵面無私，憑藉著野心和道德信念，一步步爬上了政治階梯。

一個因吸食大麻而神智恍惚的人，可能會覺得自己非常渺小，以至於瑟縮於路緣、不敢步入街道，或者覺得自己體型巨大、擁有超人的力量和激情，然後在這種狀態下，犯了迥異於原本個性的罪行。

這是麥登的文字，寫的是他最喜歡的主題之一：非法麻醉品的危險。

時間、空間和距離感都被抹去了；他可能以每小時八十英里的速度駕駛汽車，卻以為自己的時速只有二十英里，紅燈看起來也許是綠色的，而朝他逼近或迎面駛來的汽車看起來可能遠在一英里之外。在這種狀態下駕車的人，其結果可想而知。

麥登喜歡用誇張的方式說話。事態從來不是**糟糕**的，而是**邪惡**的。非法藥物不會**危害**使用者，而是會**摧毀**他們。鴉片和海洛因成癮者「徹底失去保持清潔的感知，在精神上也失去了區分對錯的能力」。在加州境內，麥登與他同時代的著名人物、聯邦調查局局長埃德加·胡佛（J. Edgar Hoover）齊名；他是執法單位的公眾形象代言人。你可以在報紙上看到他站立於查獲的古柯鹼堆旁的身影，也可以在收音機裡聽到他提出有關來自墨西哥、中國或日本的非法藥物正在入侵加州的警告。

各位女士，各位先生，大家晚安。這世上也許還有比打擊販毒集團更困難的工作，我不知道，我從未見過。尤其困難的是圍捕一幫毒販，包括這幫人的首腦。

麥登逮捕那些大量購買嗎啡類獸醫用藥的人，懷疑這些人可能在街頭轉售。他突擊搜索停泊在舊金山港口的日本貨船，沒收一袋袋古柯鹼，並敦促華府高層採取外交行動。他聽說有農民在種植罌粟籽，心想：如果這些罌粟籽**不是**用來烘焙圓麵包的呢？如果它們被轉而用於生產鴉片呢？麥登是轉個不停的苦行僧，是最瘋狂的狂熱分子，是後來一長列慷慨激昂的美國反毒十字軍中的佼佼者。

然而，麥登真正癡迷的不是從海外走私進來的非法毒品，而是醫生開出的止痛劑。麥登最擔心的是合法藥物被轉於非法用途。無良醫生肆意開立鴉片類藥方；犯罪分子偽造處方箋並在街頭轉售這些藥物。於是，麥登想出了一個優雅的解決方案：他列出以罌粟為原料的所有產物——嗎啡、鴉片、可待因，外加其他幾項藥品——並說服加州立法機關在該州的《健康與安全法》中，增加一項修正案，即一九三九年六月六日在參議院通過的第二六〇六號議會法案。關鍵文字出現在第11166.06節。醫生每次開出鴉片類藥物處方，都必須使用麥登的禁毒執法局提供的特殊處方簿：

> 空白處方箋應印在特殊紙張上，處方簿的編號應列在每張處方上，而每張處方也都應該編上序號。

每張處方箋均應印成一式三份，其中一份應以方便撕下的方式附於處方簿上，而另外兩份應穿孔以便取出。

關鍵詞是「一式三份」。在麥登的特殊處方簿上，每一頁處方都附有兩份複寫本。最下面的那一份必須由開立醫生保存至少兩年，原件供藥房留存，最後一份複本則必須在月底前直接寄到禁毒執法局。

在三聯單措施納入法條不久後，麥登遇到了他的第一起高調案件。案件涉及一位在舊金山執業的醫生，名叫內森·豪斯曼（Nathan Housman）。豪斯曼是出身富裕家庭的花花公子，他的辦公室位於市場街上華麗的弗拉德大廈（Flood Building）——至今仍是舊金山市中心最美的辦公大樓之一。豪斯曼形跡可疑。幾個月前，他的名字出現在一起轟動一時的案件中，涉及一筆巨額的遺產信託，以及一位被布置成遭肇事逃逸的汽車輾斃、實則是被棄屍街頭的富孀。然而，引起麥登注意的案件主角阿爾瑪·伊麗莎白·布萊克（Alma Elizabeth Black），根據報紙的描述，「她是〔豪斯曼〕治療了十七年的病人，但在他要求下進行的屍檢，卻未能發現豪斯曼為其治療的疾病。」內森·豪斯曼施予布萊克的「療法」是嗎啡。在她死後，布萊克將全部遺產——據一些報導，按今天的美元計算，價值超過一百萬美元——留給了……內森．豪斯曼。

麥登的探員突襲了豪斯曼在該市田德隆區艾迪街上的地方藥房。在那裡，他們發現豪斯曼正瘋狂地抄寫他開給藥劑師留存的嗎啡處方清單。「我們的探員找到豪斯曼醫生為兩百名不同的病人開出的三百四十五張處方，」麥登宣布，「我們的紀錄顯示，其中只有四張處方曾通報我們的辦公室，這是一種令人無法容忍的情況。」豪斯曼於是被逮捕並起訴，但不是因為謀殺或醫療事故——而是因為沒有以一式三份的形式，將布萊克夫人的嗎啡處方歸檔。

「我好幾次向豪斯曼醫生要這些紀錄，豪斯曼醫生每一次都說他沒有，」麥登的一位調查員在審判中作證，「他說他不知道應該保存這些紀錄。」

豪斯曼最終被關進聖昆丁監獄（San Quentin Prison），而他的定罪向全加州的醫生傳遞了一個訊息：保羅．麥登是**認真的**。他並不認為加州的所有醫生都跟內森．豪斯曼一樣惡劣。但麥登認為加州有足夠多像豪斯曼這樣不走尋常路線的醫生，這足以造成很大的傷害。他想利用豪斯曼向這些危險的少數分子傳遞一個訊息：你逃不過政府的監視。他的總部有一排排檔案櫃，裡頭有加州所有鴉片類處方箋的複寫本。他所需要做的，就是去查看在舊金山市中心弗拉德大廈開業的內森・豪斯曼的檔案。假使檔案鼓鼓的，那就該去拜訪豪斯曼醫生了；但如果麥登得知豪斯曼醫生的某位病人因服用過量嗎啡處方藥致死，而他查看H姓氏開頭的檔案時，卻發現醫生的檔案裡空無一物——那麼，豪斯曼醫生的麻煩就更大了。

本書到目前為止，探討了形成大背景故事的多種方式。在白楊林，中上階層的父母多年來鞭策子女追求成功，這就是當地大背景故事的由來。邁阿密之所以成為邁阿密，是因為一九七〇年代末，一系列非凡事件的匯聚：古巴難民的湧入、古柯鹼貿易的興起以及種族動亂。當談到我們對大屠殺的理解時，一部電視迷你影集似乎扮演了極大的角色。

乍看之下，保羅・麥登的一排排檔案櫃似乎不屬於同一範疇。但隨著麥登在許多演講和公開場合中不斷談論他的新計畫，他的簡單想法開始愈滾愈大。開處方的行為曾經是醫生和病人之間的私事，現在，它是一種公共行為，會帶來真正的後果。正如他在寄給加州醫學會期刊的一封信中所寫的，「這項制度所帶來的巨大好處是，加州禁毒執法局每三十天，就會收到全州開出的麻醉品的完整報告。」靠著那兩份複寫本，麥登促使醫生們三思而後行。

一九四三年，夏威夷通過了麥登三聯單規則的修訂版。十八年後，伊利諾州仿照辦理，緊接著是愛達荷、紐約、羅德島、德州和密西根州。一開始只是一個人特立獨行的聖戰，後來演變成全國性現象。全國各州開始把手伸進醫生的藥櫃，告訴他們當涉及這種藥和那種藥時，**你不能隨心所欲，恣意妄為**。一項政策變成了一個大背景故事。

五十年過去了，第二個大背景故事接著出現了。

4

羅素．波特諾伊（Russell Portenoy）成長於紐約市郊的揚克斯（Yonkers），來自一個工人家庭。他是家中第一個上大學的人，表現非常出色：充滿魅力、積極進取、有創新精神。醫學院畢業後，他在紐約市的愛因斯坦醫學院（Albert Einstein College of Medicine）實習，羅恩．肯納（Ron Kanner）醫生是他當時的一位導師。

「和他第一次見面的情景還歷歷在目，他是個充滿活力的人。」多年後，波特諾伊在二〇〇三年為國際疼痛研究協會（International Association for the Study of Pain）所做的口述歷史中回憶道，「我問他專攻哪個領域，他說他治療疼痛。我不禁發笑，我說：『那太傻了，因為疼痛是一種症狀，不是疾病。你不能治療症狀。』他向我保證，不，事實上，你確實可以治療症狀。」

波特諾伊的第一反應是當時醫學界的主流立場。如果有人因為背部劇痛就醫，你會設法治療他的背。如果癌症患者感到疼痛，你會專注於治療癌症。疼痛只是潛在問題的實質表現。但肯納這一流派的人認為這種方法落後不前——他們認為，如果有人感到疼痛，無論出於什麼原因，**你都應該治療疼痛**。

對波特諾伊來說，與導師的這次初見有如醍醐灌頂。他開始相信，由於醫學界將疼痛視為一種症狀，而不是一個獨立的問題，他的職業正在讓病人無謂地受苦。醫生需要認真看待疼痛，波特諾伊認為，這意味著他們不應該害怕開出鴉片類藥物。

在採訪過程中，波特諾伊會講述病人的故事，例如以下這位飽受嚴重「叢發性」頭痛折磨的病人：

他有長達八年的時間因劇烈疼痛而完全喪失生活能力，多次進出急診室，多次住院治療。後來，他被轉診到我這裡，我給他開了鴉片類藥物，並加重劑量，他就不痛了，如今已兩年免於疼痛。他就像在地獄裡走了一遭，而今重返人間。

他克制不住的情緒之一是憤怒。他不停談論他之前的神經科醫師，事實上，這位醫生是一名頭痛專家，懂得很多，但他不認識鴉片類藥物，也不知道可以使用鴉片類藥物。我認識這個人，他是個好人，絕不希望病人受苦，也絕不會囑咐病人硬撐過去。只不過他擁有的工具有限，也不知道可以參考其他工具。我認爲這是一個非常眞實的現象。

波特諾伊**熱愛**鴉片類藥物，稱它們是「大自然的恩賜」。他在一九九三年告訴《紐約時報》，這些藥物「可以長期使用，副作用很少，而且……沒有成癮和濫用的風險。」他後來會克制這股熱情，但也只是稍微收斂一點。他的基本理念是，你不能按照教科書上的標準程序來治療疼痛，就像治療——好比說——鏈球菌咽喉炎那樣。疼痛沒有固定性質，而且是主觀且個人化的。他會說，治療疼痛是「三分科學、七分直覺與藝術」。他是否認為長期服用高劑量鴉片類藥物會有上癮的風險？當然——對**某些**病人確實如此。但他確信這類病人非常少——不到全體病人的百分之一——他認為一名判斷周密的醫生，應該能區分哪些病人適合使用鴉片類藥物，哪些不適合。

波特諾伊在二〇〇三年為國際疼痛研究協會所做的口述歷史長達三個半小時，對照後來二十年發生的事情，這段文字讀來令人不勝唏噓。

舉例來說，假設有位病人來到你的辦公室。他今年二十二歲，自從一年前動了膝蓋手術之後，就出現創傷後疼痛。

你問了他一些問題，發現他在大學時期就有大麻問題，現在到了週末仍會吸食，他的父親和哥哥有酗酒的家族史，他的胳膊和背部都有刺青，而他告訴你他疼得非常厲害。相對於疼痛症候群的其他治療方法，你會將鴉片類藥物放在什麼位置？

相反地，如果有一名七十五歲的婦人來找你，她的好幾個部位都患有嚴重關節炎，並且曾有出血性潰瘍。她因疼痛來就診，你的病歷顯示這位病人六十年來滴酒未沾，家族中也沒有成癮的歷史，並且，她告訴你她願意付出一切努力，就是不願意服用止痛藥。對於這位病人，你又會如何定位鴉片類藥物的試驗？

你必須是一個非常愚蠢的臨床醫生才會說：**哦，是的，他們兩個都應該優先使用鴉片類藥物，或者都應該最後再嘗試**。那根本毫無道理。

這就是籠罩著波特諾伊的大背景故事。他認為，舊的大背景故事沒有抓住重點。麥登這些人過於擔心一小群不守規矩的醫生（內森．豪斯曼之流）可能造成的損害，結果，他們施加的限制使得其他醫生幾乎無法處理疼痛這一非常真實的問題。「我們想說的是，」他主張，「醫生必須感到自己有充分的能力與信心，可以放心地基於合法的醫療目的使用這些藥物。」麥登擔心的是危險的少數分子，波特諾伊關注的則是善良的多數人。

波特諾伊成了超級明星。為了招攬他，曼哈頓的貝斯以色列醫療中心（Beth Israel Medical Center）成立了一個特殊的疼痛中心，要掛他的號得排到四個月後。他經常出現在新聞中，也經常發表演講，並被譽為「疼痛之王」。與此同時，麥登這一派的人驚恐地看著這一切。波特諾伊在想什麼？各種辯論在藥劑師會議、醫學會會議和智庫研討會上激烈地展開。華府的政策制定者們撰寫了立場文件，立法機關也各持己見。

一九九一年春天，美國國家藥物濫用研究所（National Institute on Drug Abuse，簡稱NIDA）在馬里蘭州郊區舉行了一場小型會議。有位白宮人士想知道三聯式處方箋是否應該成為全國性規定，要求NIDA進行調查。該研究所召集了所有可能對這個問題有所了解的人，並邀請他們前往NIDA總部附近的一家飯店。當然，羅素．波特諾伊也在受邀之列。（那些年的止痛劑研討會，他無役不與。）他發表了長篇大論。他說，他擔心止痛劑處方**開得太少**帶來的風險。在場的還有製藥業的代表、州醫療委員會、公共衛生團體。人們提出了論文，與會人士爭論不休。最後，一位在紐約一個貧困地區執業的非裔美國醫生傑拉德・迪亞斯（Gerald Deas）站了起來，向波特諾伊的支持者揮舞拳頭。「我希望任何一個反對三聯式處方箋的人都能和我一起走進現實世界，看看這些規定如何拯救生命。」他說。討論變得**激烈**起來。

三聯式處方箋的推廣計畫最後不了了之，波特諾伊的理念獲得了新的追隨者。到了一九九〇年代中期，只剩下五個州使用三聯式處方箋，不到美國人口的三分之一：德州、加州、紐約州、伊利諾州和愛達荷州。其他州都選擇了波特諾伊。事情就這樣畫下了休止符——在眾多晦澀難解的政策差異中，各州之間又出現了另一個晦澀難解的政策差異。那些年間，如果你問普通美國人他們的州站在哪一邊，他們很可能答不出來。這就是大背景故事的本質：我們大多數人不會費心去關注在時代背景上空流動的想法。

除了康乃狄克州一家名不見經傳的藥廠，普渡製藥。

普渡製藥已在止痛劑市場打滾多年，賣的是一款名為美施康定（MS Contin）的緩釋型嗎啡錠。美施康定的主要訴求對象是癌末病患，讓他們在安寧病房和家中使用。這是一門好生意，但規模很小，經營普渡的薩克勒家族有更大的野心，他們將重心轉向了羥考酮。羥考酮一般會跟乙醯胺酚（acetaminophen）或阿司匹林（aspirin）組合使用，這就分別成了Percocet和Percodan兩種藥；這樣的複方可使羥考酮很難被過量使用，因為攝入太多乙醯胺酚會嚴重傷肝。一些研究人員把這種機制稱為「調節器開關」。（這就是為什麼常用於治療腹瀉的鴉片類藥物地芬諾酯〔diphenoxylate〕總是與阿托品〔atropine〕結合使用，後者在高劑量下會有毒性：如果你試圖靠地芬諾酯取得快感，你將付出代價。）普渡的第一項創新，是從羥考酮中，去掉乙醯胺酚這個調節器開關。

普渡接著提高藥物的劑量。Percocet和Percodan各含五毫克的羥考酮。普渡決定，該公司最低劑量的藥片將含有**兩倍**的藥量。接著，普渡創造了一種特殊的緩釋型藥錠，這意味著患者不必每隔幾個小時吞一次藥，承受服用鴉片類藥物的峰谷效應帶來的不適，而是可以在一整天內得到均勻、穩定的劑量來緩解疼痛。他們將這種重新包裝的新型止痛藥命名為「疼始康定」，然後立刻著手打破長期以來將強效止痛劑保留給癌症患者使用的醫學規範。普渡希望將它推廣給**所有人**。你背痛嗎？疼始康定。你剛拔了智齒嗎？疼始康定。

在普渡總部，這款新藥是眾人雀躍的焦點。「疼始康定，」創立公司的薩克勒兄弟之一說，「是我們登月的門票。」

一九九五年春天，普渡聘用了一家名為 Groups Plus 的市場研究公司。疼始康定距離美國食品藥物管理局（ＦＤＡ）的最終核准還有幾個月時間，普渡企圖搶先制定它的行銷策略。Groups Plus 在紐澤西州的李堡、德州的休士頓和康乃狄克州的西港與醫生們舉行了五輪會議。與會者包括家庭醫生、外科醫生和風濕科醫生，他們都經常開立止痛藥。普渡想知道醫生們怎麼看待他們的高劑量緩釋型鴉片類藥物。

首先是好消息。事實證明，非癌症的疼痛——普渡希望打開的這個未經開墾的巨大市場——是這群醫生的一大部分業務；而醫生們也希望擁有更多治療選擇。「當討論到『理想』的止痛劑時，」Groups Plus 的報告指出，「焦點小組中的醫生一致希望藥物擁有麻醉劑的功效，而不必擔心副作用或成癮問題。」普渡並不煩惱副作用或成癮問題的顧慮：他們只需要讓業務員謊稱疼始康定不會那麼容易成癮就行。「根據我們的判斷，」該報告繼續說，「普渡絕對有機會……為疼始康定擴展可觀的業務。」

然後是壞消息。與休士頓醫生的會談是一場災難。為什麼？因為德州是規定三聯式處方箋的一州，休士頓的醫生活在麥登的大背景故事下。

三聯單法律似乎對醫生使用產品的行為產生了巨大的影響。具體來說，德州的醫生團體顯示他們幾乎從不使用二級麻醉藥來治療非癌症疼痛。

「第二級」或「第二類」是專業術語，指的是不當使用之下可能會出問題的藥物，例如Percocet、Percodan或可待因。疼始康定也將被列為第二類藥物，而休士頓醫生開立這些藥物的次數，「每年不到五次……甚至完全沒有。」報告繼續說道：

〔休士頓的〕醫生不想提供任何彈藥給政府來質疑他們在疼痛管理上的醫療方案。光想到政府質疑他們的判斷，就讓焦點小組中的醫生產生了高度焦慮。

比起其他治療方案，開立三聯式處方箋麻煩多了，因爲表格非常繁瑣，而且需要將副本抄送給各方人員。爲了避免耗費額外力氣，他們寧可採取其他做法。

焦點小組的結論報告長達七十頁，其中反覆提到這一點：三聯單州和非三聯單州之間的差異，有如白晝與黑夜之別。

非三聯單州（紐澤西州）的〔家庭醫生〕和外科醫生表示，他們很可能選擇性地使用疼始康定來治療非癌症相關的疼痛，康乃狄克州的風濕科醫生也認爲疼始康定可以用於他們的業務。然而，三聯單州的醫生對這項產品完全不感興趣……

於是：

我們的研究顯示，在這些三聯單州中，那些眞的會使用第二級麻醉藥治療非癌症疼痛的醫生，每年也只開出爲數很少的處方，數量恐怕抵不過任何獨立行銷活動所需耗費的成本。

普渡的管理團隊讀了Groups Plus的報告，並認真對待。疼始康定的推出——醫學界有史以來最複雜、最大膽的藥品行銷計畫之一——主要針對沒有立法規定三聯式處方箋的州。因此，紐約州沒有大力推廣，但西維吉尼亞州有。伊利諾州沒有，但印第安納州有。加州沒有，但內華達州有。德州和愛達荷州沒有，但奧克拉荷馬州和田納西州有——結果是，鴉片大流行並沒有一視同仁地席捲**整個**美國。相反地，它成為小區域差異的完美例子。鴉片類藥物只在沒有三聯單法律或麥登大背景故事抑制下的幾個州大肆氾濫。

讓我們再次看看使用鴉片類藥物的前五大州。這些都是沒有規定三聯式處方箋的「波特諾伊州」。

內華達 1,019.9
西維吉尼亞 1,011.6
田納西 938.3
奧克拉荷馬 884.9
德拉瓦 881.5

以下是麥登州同年的人均鴉片類藥物消耗量。

伊利諾 366
紐約 441.6
加利福尼亞 450.2
德克薩斯 453.1
愛達荷 561.1

伊利諾州的鴉片類藥物使用量是內華達州和西維吉尼亞州的**三分之一**。紐約州的問題是田納西州的**一半**。在三聯單州中，只有愛達荷的數字接近全國平均水準。

如果你繼續深入研究這些數字，差異會顯得更加驚人。以下顯示了骨科醫生為患者開立鴉片類藥物的意願有多高。時間是二〇一三年到二〇一六年——遠在所有人都意識到這一級藥物的危險性之後。前百分之十開立處方者的地理分布如下：

西部 741 (8.7%)

東北部 745 (8.8%)

中西部 1,854 (21.8%)

南方 5,170（60.8%）

西部的最大州是加州——麥登的州。根據統計，那裡只有少數幾位高處方量的骨科醫生。東北部則以紐約州為主；情況相同。但只要看看南方——免於開立三聯式處方箋的地區，被波特諾伊的大背景故事覆蓋的大地：

哇啊。

想想看，整件事情多麼令人驚嘆！在第二次世界大戰前的幾年，舊金山一位作風強硬的禁毒戰士靈機一動，要求加州醫生使用一種帶有複寫功能的特殊止痛藥處方箋。簡單的官僚干預演變成了一個大背景故事——這個故事表明鴉片類藥物是特殊的，促使醫生在開立處方時三思而後行。而這個大背景故事**如此**強大，以至於半個世紀後，普渡在三聯單州測試他們的新型止痛藥時，遇到了巨大的阻力。

大背景故事**很重要**。你可以創造它們，它們可以散播開來、威力強大，而且可以持續好幾十年。如今在經濟學界，有一大群人專門研究三聯單州與其他州之間的許多不同之處。以麻薩諸塞州和紐約州為例，經濟學家艾比·阿爾珀特（Abby Alpert）估計，如果紐約在二〇〇〇年至二〇一九年間的鴉片類藥物過量率跟麻州一樣，那麼會有額外的兩萬七千名紐約人死於藥物過量。兩萬七千人！麻州並不比紐約貧窮，失業率也沒有比較高，幫派、集團犯罪或走私毒品問題也沒有更嚴重。這兩個州簡直一模一樣。**唯一**的差別是，半個世紀前，紐約強迫醫生在開處方的時候多寫兩份複本——而麻州沒有。結果，這些複寫本拯救了成千上萬條生命。

或者看看當前的鴉片類藥物危機，這一波危機早已從疼始康定轉向了吩坦尼（fentanyl）。吩坦尼可以在實驗室中製造，並且可以輕易地非法生產。三聯單法律管不到中國或墨西哥的毒梟和他們的美國同夥。所以你可能會認為，三聯單州和非三聯單州之間的差異應該早就消弭於無形。錯！如果普渡的業務員在一九九〇年代末和二〇〇〇年代初把你歸於某條路線，那麼就算這些業務員早已離開，你仍然會繼續走這條路。

「我們看到非三聯單州死於用藥過量的人數迅速增加，」阿爾珀特說，「而在三聯單州，增加的速度則慢得多，這些趨勢持續不斷，甚至在藥品上市二十年後仍然如此。」

在鴉片類藥物危機期間，三聯單州的經濟增長比較強勁。那裡的新生兒比較健康，疏忽兒童的案例比較少，勞動力的參與率比較高。對了，還記得保羅．麥登說過，成癮者會失去「區分對錯的能力」嗎？這是今天讓很多人翻白眼的那些過激的麥登信條之一。但以下是經濟學家辛永博（Yongbo Sim）在比較了三聯單州和非三聯單州的犯罪率之後，得出的結論：

「我發現，疼始康定問世後，比起規定三聯式處方箋的州（三聯單州），非三聯單州的財產犯罪和暴力犯罪都相對上升，增加率分別是一二%和二五%。」

在經濟學家的分析中，經常會看到一%或二%的差異；二五%是聞所未聞的。「這是一個絕對巨大的影響，」辛繼續說道，「坦白說，當我第一次得到這個結果，我自己都不太敢相信。」

不論保羅．麥登如今何在，他都在看著我們說：**我早就告訴過你了**。

6

現在，讓我們談談流行病的第二個要素：超級傳播者。

二〇〇二年，首屈一指的麥肯錫管理顧問公司（McKinsey & Company）在該公司期刊上刊登了由明星顧問馬丁．艾林（Martin Elling）執筆的一篇長文。文章標題為〈提升藥廠銷售團隊的效能〉（Making More of Pharma's Sales Force），探討製藥公司應如何向醫生推銷產品。多年來，藥廠的做法只是將全國劃分為若干區域，然後指派業務代表在各自的區域內向醫生推銷產品。如果你是一家擁有兩種心臟藥品的公司，你會成立一支銷售團隊，負責拜訪全國每家醫院的心臟科醫生。艾林撰寫這篇文章時，全美有將近九萬名醫藥代表，總人數在此前六年間增長了一倍。整個行業建立了一支大軍來勸誘醫生，但艾林表示，這種策略並未奏效。

他寫道：「幾十年來，美國製藥公司一直仰賴『彈珠台巫師』式的銷售方法：業務代表從一個醫生辦公室彈跳到另一個醫生辦公室，希望抓住時機與醫生洽談片刻，影響他們的處方選擇。」

艾林認為這種做法太過隨意，毫無章法。醫生們漸漸不堪其擾，醫院也開始設下重重限制，讓醫藥代表愈來愈難接近他們的醫生。傳統的銷售手段──例如請醫生吃飯、送禮或提供旅遊──正招來各種抨擊；業務代表們也感到心力交瘁。艾林寫道，這種制度「成本高昂、效率低下，人們怨聲載道」。

他接著寫道：

……醫生們覺得受到圍攻。開藥量最高的醫生表示，現在來拜訪他們的業務代表是十年前的三到五倍……一位醫生抱怨說，這種情況「變得令人難以忍受」，而且業務代表「不如以前知識淵博，卻更加咄咄逼人」。根據我們的調查，近四成的醫生辦公室現在會限制每天接待的業務代表人數。

該怎麼做？艾林說，解決之道是讓業務代表明白並非所有醫生都是一樣的。製藥公司需要學會如何「區隔」醫生。在同一家醫院相鄰診間看診的兩位骨科醫生，開出的藥物在數量和種類上可能存在巨大差異。有些醫生就是比其他人更有價值。三十五歲的醫生比六十五歲的醫生有價值得多，即使這位年長的醫生開了很多藥。六十五歲的醫生不太可能改變他的執業習慣，而且很快就要退休了，何必浪費時間在他身上？而三十五歲的醫生還有很大的成長空間。

艾林建議，製藥公司應根據個別醫生的開藥習慣，對每位醫師的「終生價值」進行精密的評估。更重要的是，艾林指出，你必須「確定〔醫生〕對某些議題的態度」。他對何謂「某些議題」語焉不詳，但任何了解他所描述的世界的人都知道他的意思。業務代表通常年紀較輕且外表出眾，有些醫生對這種關注特別買單。製藥公司若能掌握這些「高反應者」，就能取得巨大的優勢；這是一個激進的論點，打破了製藥業數十年來的慣例。而有一家公司對此格外關注：普渡製藥。

普渡在二〇一三年致電麥肯錫。[1]一支顧問團隊驅車從紐約到普渡位於康乃狄克州的總部。薩克勒家族向麥肯錫解釋，公司正處於危機之中。疼始康定的銷售額從上市第一年的四千九百萬美元飆升至二〇〇五年的超過十億美元，但之後卻停滯不前。美國司法部剛剛指控普渡製藥誤導醫生相信疼始康定不會致人成癮，並對該公司處以製藥業史上最大的一筆罰款。疼始康定的聲譽受到損害。它的專利即將到期，其他藥廠正密謀推出更便宜的普渡止痛藥仿製品。他們該怎麼辦？

麥肯錫迅速行動起來。他們派出最優秀的年輕顧問，與一位疼始康定業務代表一起在麻薩諸塞州伍斯特市進行實地考察。顧問的發現令人沮喪：

> 過去，他可以在醫院舉辦午餐會，與住院醫生見面，並在醫院內隨意走動。但現在醫院說：「放下你的資料，我們會再聯繫你。」
>
> 他嘗試了一些更具創意的方法，例如針對他想接觸的知名醫生製作一份「臉書」，在附近的咖啡館逗留，跟醫院工作人員搏感情等等。然而，他多次收到來自醫院系統的負面回應，包括伍斯特市最大醫院系統的一封信；他曾為了向辦公室祕書自我介紹而在接

待處排隊，醫院要求他不要再來了。

這正是馬丁．艾林所警告的一切。普渡製藥正在玩彈珠台遊戲，而這種方法並不奏效。於是麥肯錫提出了一套新計畫，並且毫無反諷意味地將其命名為「向卓越進化」（Evolve to Excellence），簡稱E2E。公司的聯合董事長理查．薩克勒（Richard Sackler）聽完麥肯錫的報告後，給他的堂弟發了一封電子郵件：「麥肯錫的發現令人驚嘆。」在接下來的十年裡，普渡製藥將支付八千六百萬美元給麥肯錫，以獲取讓疼始康定的銷售額「強勁增長」的建議。

下頁這張圖表是麥肯錫讓疼始康定重啟生機的策略核心。

這張圖表描述的故事相當驚人。它追蹤了二〇一三年一月至七月的數據，這段期間，醫界總共開出了六百一十七萬張疼始康定處方。這個數字被等分為十個組別——**十個十分位數**——並由高至低依次排列。讓我們先看圖表底部的十分位數1。這是開藥醫師人數最多的群

1 這並非兩家公司首度合作，普渡在二〇〇四年第一次聘用了麥肯錫。

組：九萬九千八百二十五名醫生。他們在六個月內平均每人開出一張疼始康定處方。這是個微不足道的數量。

十分位數2，包含了兩萬四千三百九十九名醫生。他們在一月至七月這段期間，平均開出了三點六張處方。十分位數3，則有超過一萬三千五百名醫生，他們在這段期間平均開出了六點五張處方。當你往圖表上方移動，各組的醫生人數愈來愈少，開出的處方數量卻愈來愈多。看看十分位數10，這個群體只有三百五十八名醫生，但他們在六個月內平均每人開出了兩百四十七張處方。疼始康定的

二〇一三年一月至七月的開藥者				
處方十分位	醫師人數	醫師占比	處方數量	醫師每月處方量中位數
10	358	0.2%	617,887	246.6
9	778	0.5%	617,624	113.4
8	1,300	0.8%	617,149	67.8
7	2,182	1.4%	617,248	40.4
6	3,613	2.3%	617,056	24.4
5	5,668	3.5%	617,075	15.6
4	8,668	5.4%	617,056	10.2
3	13,636	8.5%	617,048	6.5
2	24,399	15.2%	617,331	3.6
1	99,825	62.2%	620,667	0.9

成功並非依賴**大多數**美國醫生，甚至不是依賴**部分**美國醫生。這是一場由十分位數8、9和10的極少數醫生推動的大流行——大約兩千五百名醫生，開出了為數驚人的處方。在麥肯錫E2E的術語中，這些位於前三組的醫生被稱為「核心」和「超級核心」。

麥肯錫的第一條建議很直白：「疼始康定業務代表所做的客戶拜訪，五成以上都集中在低十分位數（0-4）的開藥醫生。」這種做法並不合理。圖表最下方的那一大群醫生，六個月內只開了一兩張疼始康定處方，他們都來自麥登州，或者在本能上對高劑量鴉片類藥物持謹慎態度，又或者是那些固執己見、不願嘗試新藥的老醫生。麥肯錫建議：**忽略他們。你應該專注於頂端的超級傳播者**。普渡聽進去了。

「普渡設置了一套積分系統來分配紅利，以點數獎勵那些與『超級核心』或『核心』開藥醫生接觸比例最高的業務代表。」這是普渡所面臨的眾多刑事罪狀中的一條，當時，該公司的行為終於受到嚴詞批判。普渡反覆向銷售團隊強調：「把全副心力集中於核心和超級核心的特定開藥醫生。」

麥肯錫接著說：**你需要更進一步探索那些核心和超級核心醫生，找出其中最容易受業務代表說服的對象**。他們指的是正準備自行開業的年輕醫生，或是忙得無暇顧及疼始康定潛在風險的醫生，以及那些——不論出於何種原因——特別熱中於與業務代表互動往來的醫生。

看看下面這張圖表，它顯示普渡公司在聽取麥肯錫建議後的幾年內，如何改弦更張。這是田納西州的疼始康定業務拜訪總數，這個非三聯單州長期以來一直是普渡公司的肥沃市場。

二〇〇七年到二〇一六年間，疼始康定業務代表拜訪醫生的次數增加了將近**五倍**。他們並非一視同仁地拜訪田納西州的全體醫生；這五倍的增長完全瞄準了那些超級傳播者。

在第六章，我們討論了超級傳播者與其他人有著深刻差異的事實：他們的生理構造存在某種與生俱來的特質，使他們能產生比其他人多出幾個數量級的病毒。普渡發現，**他們的**超級傳播者也是如

普渡在田納西州的業務拜訪

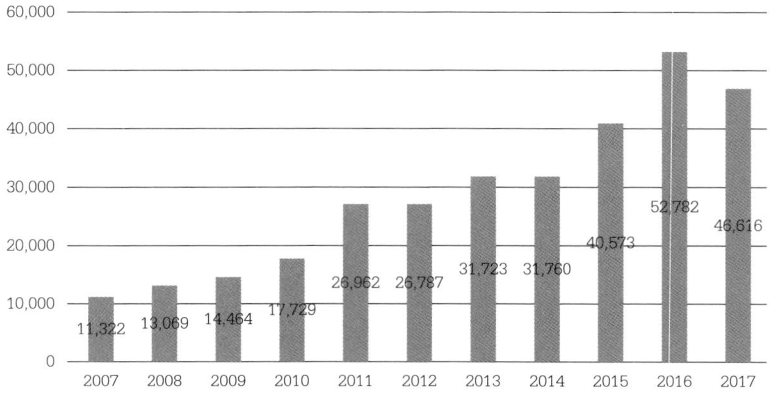

此：這些醫生的思維與大多數醫生不是同一個路數。當普渡的業務代表淡化成癮風險——提出一種荒謬的說法，聲稱藥物以長時間、緩慢、平穩的速度進入血液，意味著它不會產生導致依賴的欣快感——這些超級傳播者照單全收。當疼始康定明顯遭到濫用——人們直接將疼始康定藥錠磨成粉末吸食，一口氣攝入相當於十二小時劑量的鴉片類藥物——這些超級傳播者卻無動於衷，或渾然不覺。他們認為隨意開藥本來就是醫生的**權責**。

普渡公司在田納西州的目標之一是一位名叫麥可・羅德斯（Michael Rhodes）的醫生，他開了一家疼痛科診所，位於納許維爾北郊。二〇〇七年，他開出兩百九十七張疼始康定處方，這使他落入「核心」族群。於是，當地的普渡業務代表開始拜訪他，招待他吃飯，送給他許多禮物。在羅德斯最終被吊銷執照之前，他與普渡的業務代表見了一百二十六次——**這是我們已知的次數**，因為，正如田納西州首席檢察官對普渡公司的刑事訴狀中所指出的那樣，「有跡象表明，普渡拜訪他的次數比紀錄中顯示的更多。」

受到如此殷勤的對待，羅德斯如玫瑰般綻放。他在二〇〇八年開出一千零八十二張疼始康定處方。此時，他已不再是核心醫生，而是**超級**核心醫生。他在二〇〇九年開出一千兩百零四張處方，二〇一〇年又開出一千三百零七張——如此這般穩定攀升。訴訟書中繼續寫道：「即便在二〇一三年五月二十二日田納西州醫事審議委員會對羅德斯醫生祭出執照限制的處分後，普渡的業務代表仍持續拜訪了他三十一次。」

業務代表這種幾近騷擾的關注會令大多數醫生感到不勝其擾。他們很忙，有病人要看，有家庭要照顧，誰有閒情逸致花這麼多時間跟一個試圖指導他們如何工作的人共進午餐或晚餐——**而這個人甚至沒上過醫學院**？羅德斯的反應卻恰恰相反。

普渡曾針對核心和超級核心醫生對業務拜訪的反應進行分析。普渡發現，如果你完全不搭理他們，他們開出的疼始康定處方數量會呈斷崖式下降。與大多數醫生不同，超級核心醫生不喜歡被業務員忽視。如果你每年拜訪他們一到四次，他們的處方量同樣會下降。即使你每年拜訪他們八次、十二次，甚至十六次，處方量依然會減少。超級核心醫生渴望被愛，這樣的頻率根本不夠。

但如果你每個月拜訪他們兩次——月復一月——會發生什麼情況？**他們開出的處方量會跳躍式激增**。一年二十四次是引爆點。如果你握住超級核心醫生的手，盛宴款待他們，他們永遠是你最好的朋友。

於是業務代表們繼續拜訪麥可・羅德斯。從普渡的銷售紀錄來看，羅德斯的診所顯然狀況連連，亂成一團。他被指控保險詐騙，他的病人有用藥過量致死的紀錄。他很需要幫助，也很無助。「當我坐在他的辦公室，有兩名病人在診所大門外持刀打架，」一位業務代表在報告中表示，「〔羅德斯〕說，有很多病人告訴他，他們的醫生將病人轉介給他，因為那些醫生無法開具麻醉藥，但他可以。他問我那些醫生為什麼不能開藥，他說他那天早上的約診人數就達到了四十人……」

一個早上四十名病人？

二〇一四年五月，業務代表和普渡的地區經理「拜訪了羅德斯醫生……並繼續鼓勵他開出更多處方，儘管他表示反對」。事後，地區經理給予業務代表高度評價：

> 很好地運用了第十六招，形成了有建設性的張力。醫生提出了退出疼痛管理的異議，但將他的焦點重新引導到適合使用疼始康定的病人身上，因爲他仍在治療疼痛病患。

二〇〇六年到二〇一五年間，羅德斯總計開出了三十一萬九千五百六十錠疼始康定。麥可・羅德斯是田納西州的內森・豪斯曼。

普渡公司的整套策略就是圍繞著這樣的人建立的。全美開立最多疼始康定的人是康乃狄克州的一位醫生，他讓普渡為他安排有酬勞的演講活動。如果他們停止這樣做，他說：「愛也許會消失。」**愛**；普渡與其最佳客戶之間的關係不僅僅是交易；業務代表和醫生之間是講交情、是講友愛的。在另一個案例中，普渡的業務代表與一位藥劑師談到了他們的一位超級核心處方醫生：

> 藥房經理說，〔這位醫生〕被稱爲「糖果人」……因爲她會二話不說地給每位病人開立她所能開出的最高劑量痲醉藥……他說，當他去參加當地的藥劑師會議，只要有人提起她的名字，在場的所有人都會因她的做法而皺起眉頭發牢騷。他說她在使用各種古怪的劑量和藥片強度……

從二〇一〇年一月到二〇一八年五月，普渡的人員拜訪了這位「糖果人」三百次。即便是你最好的朋友，在過去八年裡，你和他碰過三百次面嗎？

當鴉片類藥物開始大流行，根據流行病學家馬修・江（Mathew Kiang，音譯）的計算，排名前百分之一的醫生「開出了百分之四十九的鴉片類藥物」。「糖果人」和麥可・羅德斯這樣的人開出的鴉片類藥物劑量是普通醫生的一千倍。普渡助長了一場最終吞噬了數十萬美國人生命的流行病，而這一切的基礎，僅僅是少數幾個州的幾千名醫生受到誘惑。

COVID帶給我們的重要教訓是，當涉及空氣傳播的病毒時，流行病並不需要大量招兵買馬，只需要一個擁有某些罕見生理特性的超級傳播者站在房間前面即可。鴉片類藥物危機的教訓完全相同。你看得出這讓我們多麼脆弱嗎？絕大多數醫生——占壓倒性的絕大多數醫生——對疼始康定之類的鴉片類止痛藥抱持適當的謹慎態度。整體而言，醫學界的表現令人欽佩。他們深思熟慮，講究證據，並遵循希波克拉底誓言的智慧：首要之務，不造成傷害。**但這並不足以阻止我們陷入歷史上最嚴重的用藥過量危機**。為什麼？因為有零星的幾位醫生並不那麼深思熟慮，而這一小部分人足以引發這場流行病。我們再次遠遠超越了「少數法則」，這是「非常、非常、非常少數法則」。

鴉片類藥物危機分成三幕展開。第一幕是普渡決定避開那些受麥登大背景故事影響的州。第二幕始於麥肯錫對「少數法則」的惡意重新詮釋。但第三幕也許是最具災難性的一幕；危機的群體比例在這時發生了變化。

鴉片類藥物危機的最後一章在低調中拉開序幕。二〇一〇年夏天，普渡公司發布了一則簡短聲明，舊版的疼始康定將退出市場，由該公司稱為疼始康定ＯＰ的新版本取而代之。ＯＰ看起來沒什麼不同，成分也一模一樣。但和之前的版本不同的是，它無法被碾成粉末來吸食。[2]它的質地有如小熊軟糖，癮君子磨碎普渡的藥片、一口氣吸進等同十二小時鴉片藥物劑量的好日子結束了。

「我想，每個人都認為這會有幫助。」蘭德智庫（RAND）的經濟學家大衛．鮑威爾（David Powell）說。有些癮君子可能嘗試改用其他藥物，但許多人會索性停用——而源源不絕地為這場大流行添加助力的新患者，肯定會漸漸減少。他們還有什麼選擇？使用疼始康定的人並不認為自己是傳統意義上的癮君子。在某些情況下，他們是有工作、有家庭、有社會地位的人，卻被魯莽地介紹使用疼始康定。當然，海洛因可以帶給他們與疼始康定相似的快感，但這些人基本上不是那種想沾染非法毒品市場的人。

「我知道怎麼取得疼始康定，」鮑威爾繼續說道，「我只需要去看醫生，隨便編個故事。但我完全不知道怎麼取得海洛因，對吧？這一步跨得很大。所以我想，人們普遍認為……濫用疼始康定的人一般不會說出『我要想辦法搞到海洛因』這樣的話。這可是一次巨大的跳躍。」

事實證明，這個跳躍一點兒也不巨大。

那些喜聞樂見普渡公司重新調整配方的人認為，有藥物問題的人之所以使用他們正在使用的藥物，自有其原因。每天下午在住家附近的酒吧安安靜靜地喝啤酒喝到醉的酒鬼，不會突然跑到停車場注射海洛因。即便鴉片類藥物也各有區別：有些人用吸的，有些人用注射的，還有些人吞下整粒藥丸。人們假設鴉片類藥物危機的群體比例相對固定，意味著如果你

2　正如普渡的一貫伎倆，此舉暗藏不可告人的動機。原來的疼始康定即將失去專利保護，意味著更便宜的學名藥將蠶食其銷售額。該公司需要一個新版本來與競爭對手區分開來。

打擊某一類使用者，問題的整體規模就會縮小。

但事實證明，這種想法大錯特錯。群體比例根本不是固定的。而我們從勞倫斯社區、哈佛的悠久歷史，以及羅莎貝絲·肯特和戴蒙·森托拉等學者的研究中學到了什麼？那就是流行病對群體比例的變化極其敏感。

看看下面這張圖表。它顯示了三類鴉片類藥物的用藥過量死亡率。第一欄是疼始康定這類的處方藥，第二欄是海洛因，第三欄則是合成的鴉片類藥物，如吩坦尼。

鴉片類藥物用藥過量死亡率，依類別劃分
美國，1999–2010
（每十萬人死亡人數）

年	常見的鴉片類處方藥（天然與半合成鴉片類藥物及美沙酮）	海洛因	美沙酮之外的合成鴉片類鎮痛藥
1999	1.3	0.7	0.3
2000	1.4	0.7	0.3
2001	1.7	0.6	0.3
2002	2.3	0.7	0.4
2003	2.7	0.7	0.5
2004	3.1	0.6	0.6
2005	3.4	0.7	0.6
2006	4.1	0.7	0.9
2007	4.5	0.8	0.7
2008	4.6	1.0	0.8
2009	4.6	1.1	1.0
2010	5	1.0	1.0

這些是鴉片類藥物危機在疼始康定調整配方之前的群體比例。你可以看到，死於疼始康定等藥物的人數是死於海洛因和吩坦尼的五倍多。雖然聽起來很奇怪，但如果不得不來一場鴉片類藥物大流行，這正是你希望看到的群體比例：你會希望大多數使用者依賴的是處方藥。處方藥流行病是由依法經營、對股東負責並受政府機構監管的公司推動的；開處方的是醫療專業人員；公司與醫生之間的每一筆交易，以及醫生與患者之間的每一筆交易，都會被紀錄在案；公家和私人保險業者會替使用者支付藥費。當事情出錯，我們會知道出現了問題。我們擁有控制的手段，可以找到超級傳播者醫生並試圖阻止他們，也可以追蹤病人並試圖幫助他們。最終，訴訟和刑事案件程序的壓力將普渡製藥推向了破產。

但重新調整配方發揮了什麼作用？它**改變**了群體比例。出乎所有人的意料，無法碾碎疼始康定藥片的處方藥使用者，乾脆轉向了海洛因和吩坦尼。看看下頁調整配方後幾年的統計數據。

處方藥物致死——三種罪惡中最輕微的一種——在接下來十年中僅略為上升。但到了二〇一七年，海洛因過量致死人數增加了百分之三百五十，而死於吩坦尼的人數則增加了**二十二倍**，從幾乎可以忽略不計的數字，變成了讓歷史上每一場鴉片類藥物危機都相形見絀的問題。

這下子，成癮者成了罪犯的顧客。保險不再給付他們的藥費，使用者必須自己籌錢來滿足藥癮。他們買的是某個來路不明的地下工廠製造的產品，裡頭摻雜了天知道什麼東西。他們不再吸食，現在，他們用注射的，而注射比吸食危險一百倍。不潔的針頭是得到愛滋病毒或肝炎、引發膿腫和感染的原因。對癮君子來說，使用海洛因起初比較便宜，最終卻會變得所費不貲，因為這種毒品的用量龐大得多，品質也參差不齊，並且得花更多時間去尋找與購買。如果你想戒掉，戒除海洛因的過程比斷然停用疼始康定要痛苦得多：劇烈腹瀉、嘔吐、難以忍受的疼痛。如果你有

鴉片類藥物用藥過量死亡率，依類別劃分
美國，2011–2020
（每十萬人死亡人數）

年	常見的鴉片類處方藥（天然與半合成鴉片類藥物及美沙酮）	海洛因	美沙酮之外的合成鴉片類鎮痛藥
2011	5.1	1.4	0.8
2012	4.7	1.9	0.8
2013	4.6	2.7	1.0
2014	4.9	3.4	1.8
2015	4.9	4.1	3.1
2016	5.4	4.9	6.2
2017	5.4	4.9	9.0
2018	4.7	4.7	9.9
2019	4.4	4.4	11.4
2020	5.1	4.1	17.8

小孩（就像許多鴉片類藥物成癮者一樣），使用海洛因的父母會比使用疼始康定的父母更糟糕，虐待和忽視兒童的案例急遽增加。隨著時間的推移，海洛因逐漸被吩坦尼取代，而吩坦尼甚至更致命、更容易上癮。

你可以起訴當地毒梟、或管制他們，又或檢查他們製造吩坦尼的工廠嗎？當這場藥物大流行轉向吩坦尼，許多使用者只需上網訂購他們的仙丹，然後透過郵寄方式配送。你如何阻止這種情況？鴉片類藥物問題現在如此嚴重，相較之下，這場流行病的早期——問題只圍繞著疼始康定的時候——情況就顯得輕鬆寫意了。如果我們在二〇一〇年阻止普渡公司調整配方，讓一切保持原狀，我們的情況會好得多。

但我們究竟要如何做到這一點？在這本書中，我們談到了流行病帶給我們的艱難選擇。勞倫斯社區想要對抗白人大遷徙，但這意味著他們必須拒絕一戶黑人家庭入住。超級傳播者不成比例地推動了COVID這類疾病的發展。但是要根據這項事實採取行動，意味著我們必須特別針對一小部分人。然而，鴉片類藥物的困境更加艱難。必須有人早早在二〇一〇年就站出來說：**聽著，我們有兩種版本的高度成癮性藥物。原版的很容易被濫用，新的改良版則不然。但是我們不想要新的改良版，我們希望人們繼續像過去十五年那樣碾碎疼始康定來吸**

食。你可以想像採取這種立場的衛生官員會引來什麼反應嗎？「這會是一項非常瘋狂的政令，是吧？」鮑威爾說，「這是最瘋狂的想法。但我的意思是，根據我們現在所知道的，我認為這是正確的決定。是的，你會毫不遲疑地這麼做，想都不用想。」

鮑威爾和他的同事羅莎莉・帕庫拉（Rosalie Pacula）估算了如果普渡維持疼始康定的原始配方會發生什麼，下面是他們的結論。圖中有兩條線，實線是美國實際發生的情況，看看在二〇一〇年調整配方後，用藥過量率如何開始急遽上升。「反事實」的虛線是他們估算如果一切維持不變會發生的情況。

他們寫道：

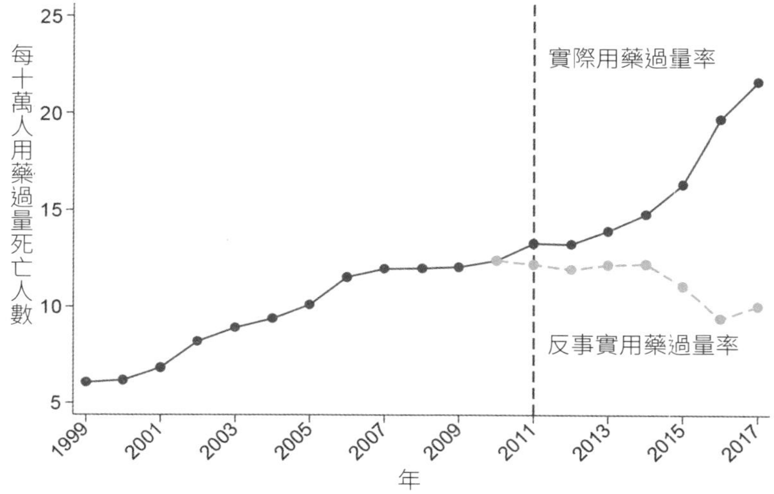

我們的估算值表明，到了二〇一七年，新配方導致每十萬人的用藥過量死亡率增加了十一點六例，相較於我們的反事實情節，增加了百分之一百以上。

百分之一百！

請注意，在帕庫拉和鮑威爾的反事實分析中，曲線最終會**向下**：也就是說，如果維持原來的疼始康定配方，鴉片藥物危機會隨著時間而逐漸緩和。正如他們所寫的：

在非法鴉片類藥物市場沒有增長的前提下，政策帶來的改善和處方模式的改變，會開始扭轉鴉片危機的走向；我們預估的下降吻合這樣的趨勢。

換句話說，我們正在慢慢贏得鴉片類藥物戰爭。但我們從來沒有真正誠實討論過流行病是如何傳播的，於是疼始康定OP出現了，所有事情變得一團糟。

我在本書一開頭就承諾要對鴉片類藥物危機做一次鑑識分析。現在就來兌現承諾：一家位於康乃狄克州的小公司決定重振罌粟賦予人類的最古老禮物之一。然而，當時仍有許多州處於麥登的大背景故事之下，讓美國得以避免一場真正的全國性大流行。於是，疼始康定的業務大軍轉而湧向了非三聯單州，美國因此出現了小區域差異。接著，麥肯錫登場，將普渡的行銷重心轉移到超級傳播者身上。普渡的業務代表告訴核心和超級核心醫生，疼始康定很少會出現成癮現象，病人可以耐受連續幾週的高劑量。當然，這不是實話。但要說服核心和超級核心醫生，根本不需要像說服十分位數1至7的醫生所需的嚴格證據。麥可・羅德斯這樣的人不會在《美國醫學會期刊》(*Journal of the American Medical Association*)上查資料，核實他們最喜歡的業務代表的說法。

因此，疼始康定多延續了十年生命，更多患者成癮。在街頭，它被稱為鴉片類藥物中的「勞斯萊斯」，因為它能帶來相當滑順的快感。普渡更使勁地推銷，核心和超級核心醫生也給予了回應。疼始康定的年銷售額達到了三十億美元。然後普渡調整配方，讓藥片不可能像使用者十年來一直做的那樣被碾碎和吸食。因此，那些對疼始康定上癮的人轉而使用海洛因，跟著又從海洛因轉向了吩坦尼。最終，他們從吩坦尼轉向了上述所有藥物的某種組合，再混入鎮靜劑、獸醫用藥以及手邊可以取得的任何其他東西。到了二〇二〇年代初，這場自一九九六年疼始康定問世而展開的鴉片類藥物大流行，每年奪去了近八萬美國人的性命。

流行了二十年後，這條線應該是下降的，不該持續攀升。

「我一直努力想搞清楚的是，當年——或就以此刻來說，我能不能以過去而非現在之所知，想到什麼不一樣的做法，」凱瑟．薩克勒說。還記得本書一開頭的那句引言嗎？她接著說：「而我必須

美國鴉片類藥物用藥過量致死人數，1999–2022

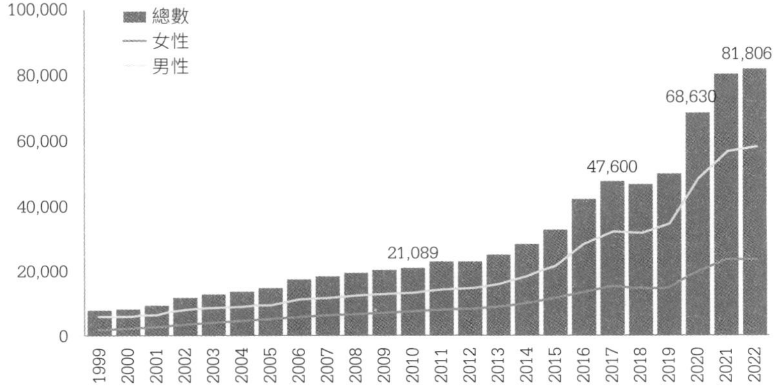

說，我想不到。」

這話很難令人信服。但我們對自己說的故事不也是如此？我們告訴自己，我們對身邊發生的大流行不具任何責任——它們憑空出現，總是讓我們大吃一驚。

流行病是有規則的。它們有邊界，且受制於大背景故事——而**我們**就是創造大背景故事的人。一旦達到引爆點，它們的規模和態勢會發生變化——我們可以知道引爆點會出現在什麼時候、什麼地方。它們由一群人驅動，而這些人是可以被識別出來的。控制流行病所需的工具就擺在桌上，就在我們面前。我們可以讓黑心的人們取走它們，或者我們可以自己拿起來，打造出一個更美好的世界。

致謝

偉大的經濟學家阿爾伯特・赫緒曼（Albert O. Hirschman）曾寫道：

創造力的降臨總是無跡可尋，令人意想不到；因此，我們永遠無法指望它，也不敢輕信它會降臨，直到事情成眞。換句話說，我們不會有意識地從事那些明顯需要創造力才能成功的任務。因此，我們能充分發揮創意資源的唯一方法，就是誤判任務的性質，說服自己相信它比實際情況更平凡、更簡單、更不需要眞正的創造力。

在寫這本書的過程中，我時常想起赫緒曼的這些話。我最初只想趁著《引爆趨勢》出版二十五週年，對這本書做一次簡單快速的修訂。我當時想：**哎呀，這會是小事一樁**。但寫到一半時，我意識到我想撰寫一本全新的書。我之所以能「充分發揮創意資源」，純粹是因為我誤判了這項任務的性質。所以，感謝阿爾伯特，謝謝你一如既往地解釋了萬事萬物的真正原理。

我的好朋友Jacob Weisberg是建議我重新審視《引爆趨勢》的人。謝謝你，Jacob。

在這段旅程中，好長一串慷慨且具有深刻見解的同事給了我許多幫助。Tali Emlen為我找到無數資料。我在所有請求研究協助的郵件標題上都填入一個代號：「神奇力量」。Tali確實擁有神奇力量。Nina Lawrence協助進行了上百次訪談。（每當看到Nina在錄音室玻璃的另一邊開心地點頭，我就知道我摸對了方向。）Adam Grant、Ben Naddaf-Hafrey、Eloise Lynton、Dave Wirtshafter、Mala Gaonkar、Meredith Kahn和Charles Randolph都閱讀了早期的草稿，並給了我非常有用的意見。這本書的有聲書版本——你應該聽聽，因為真的很棒！——是Louis Mitchell、Alexandra Gareton和Kerri Kolen的傑作。

我在Little, Brown出版社的編輯Asya Muchnick讀了這份手稿無數次，我不禁開始擔心她的精神狀態——但每次她讀完，這本書都會變得更好。謝謝妳，Asya。Jael Goldfine非常出色地查核了所有事實。然後，我的手稿交到了Little, Brown出版社的眾多魔法師手中：

Ben Allen、Pat Jalbert-Levine、Melissa Mathlin、Allan Fallow、Katherine Isaacs、Deborah Jacobs和Kay Banning。

我現在的經紀人跟我寫《引爆趨勢》時是同一位：Tina Bennett。妳是最棒的，Tina。感謝我在Pushkin Industries的全體同仁，他們在我寫這本書的時候忍受我一次次的缺席。

最重要的是，感謝我的家人——Kate、Edie和Daisy。你們是我每天早晨起床的原因，也是我在最黑暗的日子裡依然能感受到陽光的理由。

關於作者與譯者

作者▼麥爾坎．葛拉威爾 Malcolm Gladwell

- 一九六三年出生於英國，成長於加拿大安大略省，畢業於多倫多大學歷史系，現居紐約。
- 曾任《華盛頓郵報》記者近十年，縱橫商業及科技領域，後來升任該報紐約分社主任。自一九九六年起為《紐約客》特約撰稿人。
- 善於分析生活中難以表述卻無所不在的現象，藉此解析隱藏在各個行業、各個領域的成功法則。二〇〇〇年，首部著作《引爆趨勢》一出版隨即登上《紐約時報》暢銷書榜第一名，獲得美國《商業週刊》、《財星雜誌》等極度好評，「引爆趨勢」一詞更成為商業界一再傳頌和強調的觀念。
- 著有《異數》、《解密陌生人》、《引爆趨勢》、《失控的轟炸》、《決斷2秒間》、《大開眼界》、《以小勝大》等重量級鉅作（中譯本皆由時報出版）。葛拉威爾的每一部作品都創下了銷售與討論熱潮，好評不斷，更長期盤踞《紐約時報》、亞馬遜書店暢銷榜，寫下書市傳奇。

● 曾獲《時代》雜誌選爲全球一百位最具影響力人物，並有「21世紀的彼得．杜拉克」之美譽。

譯者▼鄭煥昇

在翻譯中修行，在故事裡旅行的譯者。賜教信箱：huansheng.cheng@gmail.com。

譯者▼黃佳瑜

臺灣大學工商管理系畢業，美國加州大學柏克萊校區企管碩士。曾任聯合利華行銷企劃、美商麥肯錫管理顧問公司管理顧問。現爲自由譯者，作品有《慢速工作力》、《Jack》、《但求無傷》、《敦克爾克大撤退》、《成爲這樣的我》（合譯）、《隱谷路》等。

葛拉威爾作品集 013

暗黑引爆點：小事件如何燎原成大災難？

作　者—麥爾坎・葛拉威爾 Malcolm Gladwell
譯　者—鄭煥昇、黃佳瑜
副總編輯—陳家仁
協力編輯—巫立文、聞若婷
企　劃—洪晟庭
封面設計—日央設計
內頁排版—李宜芝

總 編 輯—胡金倫
董 事 長—趙政岷
出 版 者—時報文化出版企業股份有限公司
108019 台北市和平西路三段 240 號 4 樓
發行專線—(02)2306-6842
讀者服務專線—0800-231-705・(02)2304-7103
讀者服務傳真—(02)2304-6858
郵撥—19344724 時報文化出版公司
信箱—10899 臺北華江橋郵局第 99 信箱

時報悅讀網—http://www.readingtimes.com.tw
法律顧問—理律法律事務所 陳長文律師、李念祖律師
印刷—勁達印刷有限公司
初版一刷—2025 年 6 月 20 日
初版二刷—2025 年 9 月 9 日
定價—新台幣 520 元
（缺頁或破損的書，請寄回更換）

時報文化出版公司成立於一九七五年，
並於一九九九年股票上櫃公開發行，於二〇〇八年脫離中時集團非屬旺中，
以「尊重智慧與創意的文化事業」為信念。

暗黑引爆點：小事件如何燎原成大災難？/ 麥爾坎．葛拉威爾 (Malcolm Gladwell) 著；鄭煥昇，黃佳瑜譯．-- 初版．-- 臺北市：時報文化出版企業股份有限公司，2025.06
400 面；14.8×21 公分．--（葛拉威爾作品集；13）
譯自：Revenge of the tipping point : overstories, superspreaders, and the rise of social engineering.
ISBN 978-626-419-465-5(平裝)

1.CST: 社會心理學

541.7　　114005227

ISBN 978-626-419-465-5
Printed in Taiwan